한 권으로 읽는
북한사

한 권으로 읽는

북한사

인 쇄 | 2016년 9월 22일
발 행 | 2016년 9월 27일

지은이 | 이신재
발행인 | 부성옥
발행처 | 도서출판 오름
등록번호 | 제2-1548호 (1993. 5. 11)

주 소 | 서울특별시 중구 퇴계로 180-8 서일빌딩 4층
전 화 | (02) 585-9122, 9123 / 팩 스 | (02) 584-7952
E-mail | oruem9123@naver.com

ISBN 978-89-7778-468-0 93340

※ 잘못된 책은 교환해 드립니다.
※ 값은 뒤표지에 있습니다.

한 권으로 읽는
북한사

이신재 지음

North Korean History at a Glance

Lee Sin-Jae

ORUEM Publishing House
Seoul, Korea
2016

책을 내면서

　남북이 분단된 지도 어느 덧 70년이 더 지났다. 70년은 분명 어린아이가 노인이 되고도 남을 만큼의 긴 시간이다. 그 시간 동안 우리들은 제각기 자신만의 시각으로 북한을 바라보고, 재단하면서 우리사회에 북한에 대한 다양한 '이미지(象)'를 만들어 놓았다. 그 이미지는 한편으로는 유사한 면도 있지만, 때로는 극복하기 힘든 '편차'를 보이기도 한 것이 현실이었다. 그러나 그것의 옳고 그름을 떠나 한 단계 더 깊숙이 북한을 알고자 했던 시도는 '빈곤하다'는 표현이 적합할 정도로 일부 전문가들을 제외하고는 부족했던 것이 사실이었다.

　그 원인 중에는 환경의 제약도 물론 한몫했다. 한때는 일부 '정보' 분야에 종사하는 사람들만이 북한소식을 접하던 시절도 있었다. 북한을 학문적으로 연구하려는 이들에게도 북한은 다가가기 쉽지 않은 곳이었다. 물론 지금도 북한은 많은 부분이 베일에 가려져 있다. 그러나 과거에 비하면 변화된 환경 속에서 우리는 살고 있다. 지금은 날마다 신문과 방송에서 북한소식을 쏟아내고 있고, 2만 9천 명의 탈북 새터민들은 북한소식의 새로운 전달자 역할을 하며, 우리가 이제는 북한자료의 홍수 속에 살고 있지 않나 하는 느낌을 줄 때도 있다. 그 때문일까? 우리는 마치 김정은의 머릿속 생각을 꿰뚫고 있는 듯한 '착각' 속에 빠지기도 한다.

그러나 누군가 자신에게 '당신은 북한을 잘 알고 있는가'라고 묻는다면 어떻게 대답을 할까? 필자는 이 질문이 그리 쉽지 않다고 생각한다. 이 질문에 자신있게 '나는 북한을 잘 알고 있다'고 답할 수 있는 사람도 그리 많아 보이지 않는다. 비록 북한은 우리에게 낯선 곳은 아니지만, 그렇다고 친근하거나 우리가 잘 알고 있는 그런 존재도 아닌 것이 현실이기 때문이다.

그동안 북한은 우리를 향해 무수히 많은 도발을 끊임없이 감행했던 주체였다. 변하지 않는 대남적화 전략 속에서 북한의 계속된 도발은 우리 안보와 생존의 심각한 위협이 되었던 것도 틀림없는 사실이다. 그렇지만 북한은 다른 한편으론 우리와 공존의 대상이자 향후 통일을 이뤄야 할 파트너이기도 하다. 또 북한 문제는 민족 내부의 문제이면서 동시에 국제적인 성격도 지닌다. 이 같은 북한의 양면성으로 인해 우리에게 북한 문제는 쉽사리 해결되지 않는 난제 중의 난제이면서 동시에 북한을 알아야 하는 것은 선택이 아닌 '시대적 책무'라 할 수 있을 것이다.

그럼에도 불구하고 북한을 알고자 하는 노력은 우리들 자신의 관심 속에서 후순위에 머물러 있었다. 이것은 마치 오랜 분단과 북한의 계속된 도발 속에서 우리의 북한과 통일에 대한 생각, 그리고 북한을 알고자 하는 노력도 함께 늙어갔기 때문은 아닐까 자문해본다.

이런 점에서 이 책은 북한을 조금이라도 더 알고 이해하는 데 작은 도움을 주고자 하는 목적에서 나오게 되었다. 북한 관련 서적이 범람하고 있는 상황에서 또 하나의 책을 낸다는 것은 선뜻 내딛기 쉽지 않은 발걸음이었다. 그러나 다행히도 『국방일보』의 기획시리즈로 이 글을 쓸 수 있었다. 이 책은 2014년 7월부터 2015년 6월까지 1년 동안 『국방일보』에 '이야기로 풀어 쓴 북한사'라는 이름으로 매주 연재했던 원고를 한 권으로 엮은 것이다. 책으로 엮으면서 상당 부분의 수정과 보완을 거쳤고, 또 일부 주제는 새로 추가했다.

국방일보의 주 독자층이 젊은 장병들과 일반인이라는 점에서 북한사에 대해 전문가 수준의 '학문적 글쓰기'보다는 가급적 이해하기 쉽고 편안히 읽을 수 있도록 쓰고자 했다. 그러나 이미 알려진 단편적인 지식전달보다는 분석적인 내용을 함께 담고자 했다. 이러한 필자의 생각이 어느 정도나 충족되었는지는 책을 읽는 독자들의 평가에 달려 있을 것이다.

당초 기획 취지가 북한사 전체를 한눈에 쉽게 이해하고자 했던 것인 만큼 주제들도 북한의 정치, 외교, 군사, 경제, 문화, 사회, 체육, 도발 사건 등 다양했다. 이것을 책으로 엮으면서 유사한 주제들끼리 한데 모아 5개의 장으로 재구성했다.

이 책에 수록된 내용들을 간략히 소개하면, 제1장은 북한의 정치 및 군사사항을 다뤘다. 일반적인 사회주의체제의 보편성과 구별되는

김일성 일가 독재라는 북한체제의 특수성을 이해하기 위해 김일성·
김정일 부자의 생애, 조선노동당, 8월 종파사건, 북한군, 총정치국, 전
시사업세칙, 6·25전쟁 승리인식, 군사정전위원회, 북한에서 신년사의
의미, 유일사상 10대 원칙 그리고 북한군부의 쿠데타 가능성 등에 대해
서 살펴보았다.

제2장은 남북관계 편이다. 남북한 최초의 합의문인 7·4남북공동성
명을 비롯해 북한의 화전양면전술과 대남선심공세, 통일 3원칙에 대한
상이한 해석, 탈북자와 이산가족 문제, 남북정상회담 등에 대해 다뤘다.

제3장은 북한의 대외관계 편이다. 이 장에서는 북한과 미국, 일본,
중국, 러시아와의 관계를 비롯해 제3세계에 대한 비동맹외교, 쿠바와
의 관계에 대해 다뤘다. 또 베트남전쟁 당시 북한군의 참전 및 남베트
남 패망 당시 한국외교관에 대한 북송공작에 대해서도 살펴보았다.

제4장은 북한의 도발사례 편이다. 여기서는 그동안 북한이 벌였던
대남·대미 도발사례를 묶었다. 주요 사례로는 1967년 당포함 사건,
1·21 청와대 기습 사건, 푸에블로호 사건, EC-121기 사건, 판문점 도
끼만행 사건, 아웅산 테러 사건, 1·2차 북핵 문제 그리고 서해 북방한
계선(NLL)에서의 도발에 대해서 다뤘다.

제5장은 북한의 교육·과학·문화·체육 편이다. 여기서는 북한의
교육, 경제와 과학기술, 5·25교시, 올림픽·월드컵·아시안게임 등 국
제스포츠 경기 참여, 그리고 북한소설에 대해 다뤘다.

필자에게 1년간의 국방일보 연재는 실로 쉽지 않은 과정이었다.
내공(內工)의 한계는 차치하고서라도 매주 다가오는 원고 마감시간

의 시침(時針)은 언제나 필자에게 게으름을 용서치 않았다. 필자가 몸
담고 있는 연구소의 일정상 출장이나 학술회의가 있을 때에는 더 부
지런을 떨어야 했다.

이 점에서 연재기간 중 필자가 속해 있는 국방부 군사편찬연구소
의 연구소장님과 선배 연구원님들의 관심과 격려는 언제나 큰 힘이
되었다. 특히 남정옥 박사님은 신문연재가 처음이던 필자에게 훌륭
한 길잡이가 되어 주셨다. 또 국방일보는 필자에게 귀중한 지면을 할
애해주셨고, 유호상 취재팀장님은 언제나 따뜻한 조언을 아끼지 않으
셨다. 도움을 주셨던 모든 분들께 이 기회를 빌어 깊은 감사의 인사를
드린다. 부족한 글을 출판해주신 도서출판 오름의 부성옥 대표님과
최선숙 부장님 등 관계자 여러분들께도 깊이 감사드린다.

끝으로, 주중에 부족했던 남편과 아버지로서의 역할을 주말에는 보
충해야 할 '의무'가 있음에도 불구하고 집필이라는 명목으로 주말시간
까지 너그러이 양보하고 이해해준 아내 김성진과 두 아이 정민, 은민에
게 사랑의 마음을 전한다.

2016년 9월
삼각지 연구실에서
이신재

| 차 례 |

제3장 **대외관계 편** 159

CONTENTS

제**1**장

정치·군사 편

북한을 어떻게 볼 것인가? 이 문제는 그리 간
단하지 않다. 이 물음에 대한 해답이 북한연구의 출발점이라고 할 수
있을 만큼 중요한 문제라 생각된다.

　　학자들 사이에서도 북한에 대한 시각차는 존재한다. 북한을 유격대
장인 김일성을 중심으로 움직이는 유격대 국가로 보거나, 연극처럼 모
든 것이 각본에 짜인 대로 움직이는 '극장국가'로 평가하는 이도 있다.
또 3대 권력세습의 왕조국가, 더 나아가 죽은 김일성의 권능을 빌려
통치하는 신정체제(神政體制)로 평가하기도 한다. 한편에서는 북한을
제대로 이해하기 위해서는 북한을 '안'으로부터 보고, 분석·비판해야
한다고 주장하는 이도 있지만, 이에 대한 반론도 만만치 않은 것이
사실이다.

　　이처럼 북한에 대한 다양한 시각이 생긴 것은 북한의 폐쇄되고 통
제된 현실, 그리고 이에 따른 정보와 자료의 부족에서 기인한 탓이
크다. 그리고 우리사회에 존재하는 이념과 세대 간의 갈등 또한 북한을

제대로, 균형적으로 보는 데 장애가 되고 있기도 하다.

　그러나 각 연구자들마다 북한에 대해 각기 상이한 시각을 제시하지만, 이들의 주장은 북한이 정상(normal)이기보다는 비정상적인(abnormal) 체제라는 데 대체로 동의하고 있는 것 같다.

　제1장에서는 비정상적인 체제로 간주되는 북한에서 중심이 되고 있는 정치와 군사에 대한 내용을 담았다. 김일성과 김정일, 김일성의 북한 권력 장악과정, 권력 장악의 분기점이 되었던 8월 종파사건, 김일성 통치권력의 핵심이라고 할 수 있는 노동당과 군대에 대해 살펴보았다. 또 6·25전쟁에 대한 북한의 승리 인식과 판문점 군사정전위원회에 대해서도 다루었다. 그리고 우리와는 차이가 있는 북한에서의 신년사에 대해서도 살펴보았다.

김일성

비록 죽었지만 여전히 북한을 다스리는 독재자

　　　　북한을 이야기하면서 빼놓을 수 없는 사람을
한 명 꼽으라면 그것은 분명 김일성일 것이다. 그에 대한 연구만도
수백 편은 족히 넘을 만큼 김일성은 북한사뿐만 아니라 남북분단사에
서 빼놓을 수 없는 인물임에 틀림없다. 이 점에서 이 책의 시작도 김일
성으로부터 출발해야 하는 것은 너무도 당연한 일일 듯싶다.

기독교 집안에서 태어난 김일성
북한은 김일성의 생일을 '태양절(太陽節)'이라 부른다. 말뜻 그대로
북한에서 김일성의 존재는 태양과 같은 것이다. 북한은 1974년 4월
김일성의 생일을 북한 최대의 명절로 지정했고, 김일성의 3년상(喪)이
끝난 1997년 7월에는 그의 출생일을 '태양절'로 제정하면서 한 단계
격상시켰다. 그리고 김일성이 태어난 1912년을 원년(元年)으로 하는
'주체 연호(年號)'도 사용하기 시작했다.

▶▶▶ 김일성이 태어났다고 선전하는 '만경대 고향집'을 둘러보는
북한주민들 _북한선전화보

　　김일성은 1912년 4월 15일 현재의 평양시 만경대에서 김형직과
강반석 사이에 장남으로 태어났다. 흥미로운 점은 그가 기독교 부모
밑에서 태어났다는 점이다. 김일성의 아버지 김형직은 평양의 기독계
학교인 숭실중학 학생을 거쳐 역시 기독교 계통인 명신학교 교사생활
을 했다. 어머니 강반석은 '반석'이라는 이름에서 알 수 있듯 독실한
기독교 집안 장로의 딸이었다. 이를 두고 일부에서는 김일성도 기독교
의 영향을 받았을 것으로 추정하고, 김일성의 주체사상 또한 기독교
교리를 변형한 것이라고 주장하기도 한다.

　　김일성 생일은 북한 최대의 행사답게 참으로 많은 행사가 4월 내내
지속된다. 특히 지난 2012년에는 김일성의 100번째 생일이자, 김정은
등장 첫 해로 대규모 열병식을 포함해 사상 최대 규모로 치러진 바
있다.

항일투쟁 경력에 대한 논란

북한은 김일성이 위대한 이유를 '한 세기 안에 두 개의 제국주의 (일본·미국)와 싸워 이겼기 때문'이라고 선전하고 있다. 이 점에서 김일성의 항일유격대 경력은 김일성 우상화의 '단골소재'가 되고 있다. 그러나 그 사실 여부에 대해서는 과거 '가짜 김일성' 정도는 아니더라도 현재까지도 여전히 논란이 제기되고 있다.

김일성은 1927년 중국 길림에 있는 육문중학에 입학했고, 이곳에서 공산주의 사상을 공부했으며, 이후 중국공산당 휘하에서 '항일투쟁'을 한 것으로 알려져 있다. 이 과정에서 이른바 '민생단 사건'으로 죽을 고비도 겪게 된다. 이 사건은 일제의 계략으로 인해 중국공산당이 약 500여 명 이상의 조선공산당원들을 죽인 사건이었다. 김일성은 1937년 6월에는 함경도 갑산에서 일본군을 상대로 '보천보 전투'를 벌이기도 했다. 이런 부분은 일부 사실로 확인되기도 했다.

그러나 김일성이 14세였던 1926년에 이른바 '타도제국주의 동맹'을 결성했다든가 1930년 6월 중국 길림성에서 '주체적인 혁명노선을 제시했다'는 카륜회의, 그리고 1932년 4월 25일 조선인민혁명군을 조직했다거나 하는 것들은 대표적 조작으로 간주되고 있다.

김일성 항일투쟁 논란은 사실 북한이 자초한 측면이 강했다. 북한은 김일성 우상화 작업을 추진하면서 김일성의 항일투쟁 경력을 과장과 왜곡을 넘어 신화(myth)로까지 포장했기 때문이다.

이런 이유로 한때 북한 내부적으로도 김일성 항일 경력에 대해서는 반론이 제기되곤 했다. 대표적인 예로 1967년에 김일성의 '보천보 전투'를 기념하는 38미터짜리 기념비를 세울 때도 전투의 전과에 비해 기념물이 크다는 논쟁이 있었을 정도다. 물론 당시까지만 해도 갑산파라는 파벌이 존재했기에 가능했던 일일 것이다.

▶▶▶ 북한의 보천보 전투 기념비
_노동신문

북한은 1956년 8월 종파투쟁이 끝난 직후부터 김일성의 항일 유격대 기억을 현실정치에 활용하기 시작했다. 이른바 북한식 '기억의 정치'의 시작이었다.

1959년부터는 유격대원들의 '회상기'를 본격적으로 출판하기 시작했고, 1960년대에는 이 회상기를 전 주민들을 대상으로 학습시키면서 주민들에게 '유격대식' 삶을 강요하기도 했다.

1970년대 들어서는 '생산도 학습도 생활도 항일유격대식으로!'라는 구호가 전 사회에 울려 퍼지게 했다. 1978년에는 1948년 2월 8일이었던 북한군 창건일도 김일성이 만들었다는 조선인민혁명군 조직일인 1932년 4월 25일로 변경시켰다. 이를 통해 북한은 전 사회를 마치 하나의 유격대로 체계화시켰고, 김일성은 그 유격대의 '대장'이 되었다. 그래서 일본의 와다 하루키(和田春樹) 같은 학자는 북한을 '유격대 국가'라 부르기도 한다.

독재집권과 부자간 권력세습

김일성이 북한정치사에 본격적으로 등장한 것은 1945년 9월 22일 소련군 대위계급장을 달고 평양에 입성하면서부터이다. 사실상 이때부터 김일성이 죽는 1994년까지, 아니 죽고 나서 현재까지도 그는 북한정치에 계속해서 영향을 미치고 있다.

그러나 처음부터 김일성이 북한정치의 패권자가 되리라는 전망은 그리 높지 않았다. 잘 알려진 바와 같이 광복 직후 북한에는 김일성보다 더 화려한 경력과 세력을 가진 유력 정치인들이 많았다. 그러나 김일성은 소련의 절대적 후원으로 북한 내부에서 벌어졌던 권력투쟁 속에서 승리하였고, 참으로 '운 좋게'도 북한의 1인자가 되었다. 그리고 1956년 8월의 종파투쟁을 통해 독재체제를 구축했고, 1967년에는 갑산파마저 숙청하면서 명실상부하게 북한을 '김일성 독재왕국'으로 만들어버렸다.

이렇게 만들어진 독재왕국은 아들 김정일에게 승계되었다. 김정일은 1980년 10월 제6차 당대회를 통해 공식후계자가 되었다. 그 어떤 사회주의 국가에서도 있어보지 못했던 부자간 권력세습이 이루어진 것이다.

김정일이 후계자가 된 후부터 김일성이 죽은 1994년 7월까지는 일종의 수령과 후계자의 '동거기간'이었다. 이 기간 중 같은 사안에 대해서 김일성과 김정일의 각각 다른 지시가 내려와 정책의 혼선도 종종 있었다고 한다. 그러나 이 기간 중 대부분의 일은 김정일이 추진했던 것으로 알려져 있다. 본격적인 '김정일 시대'가 이미 1980년대부터 시작되었던 것이다.

이와 관련하여 2015년 3월 30일 공개된 우리 정부의 1984년도 외교문서에도 김일성 조기퇴진설이 포착되었다. 이 문서에는 김일성이 죽기 10년 전인 1984년에 이미 김일성의 퇴진설이 제기되었던 것으로 확인되고 있다. 이 첩보의 출처는 일본 외무성 북동아과장이 주일 한국 대사관 정무과장에게 알려준 것으로 되어 있다. 머지않아 김일성이 물러나고, 김정일이 그 자리를 승계할 것이라는 것이었다. 당시 우리 정부는 박세직 안기부 제2차창 주재하에 관계기관 실무국장 회의를 개최해 대비책을 논의하기도 했다.

죽은 김일성이 지배하는 곳

김일성은 1994년 7월 8일 사망했다. 사망원인은 심근경색으로 발표되었다. 죽기 전 김일성은 김영삼 대통령과 정상회담도 예정되어 있었다. 7월 25일 김영삼 대통령이 평양을 방문하기로 계획되었지만, 7월 8일 김일성이 갑작스럽게 사망하면서 성사되진 못했다.

김일성이 죽은 뒤 3년간 김정일은 이른바 '유훈통치'를 했다. 북한 전문가인 이종석 전 통일부장관의 말을 빌리면, '유훈통치란 죽은 김일성의 권능을 빌리는 통치로, 김정일이 자기의 정통성 확보를 위해서 죽은 김일성을 최대한 활용하는 정치전략'이다.

그러나 오늘날 북한은 김정일도 죽고 새롭게 김정은이 등장했지만, 이 '유훈통치'만큼은 변함없이 지속되고 있다. 김일성은 죽지 않고 영원히 자신들과 함께 있다는 북한의 선전을 보면 현재의 북한도 여전히 죽은 김일성의 그림자가 다스리고 있다는 생각을 갖게 된다.

김정은은 등장 이후 하나에서 열까지 김일성을 흉내 내고 있다. 이런 김정은의 모습을 지켜보자면 새삼 마르크스의 말이 떠오른다. 마르크스는 일찍이 그의 저서 『루이보나파르트의 브뤼메르 18일』에서 '역사적으로 중요한 사건이나 인물은 두 번 반복되지만, 첫 번째는 비극으로, 두 번째는 희극으로 나타난다'고 했다. 최근 북한의 모습을 지켜보면서 더 이상의 비극도, 또 희극도 일어나지 않길 기대해본다.

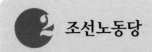

조선노동당

북한 3대 세습과
김정은 통치의 핵심기구

　　김일성은 북한에서 어떻게 권력을 잡았고, 무엇을 가지고 북한을 통치했을까? 그것은 당과 군대였다. 이것은 일반적인 사회주의 국가와 비교할 때 크게 특별한 것은 없다고 할 수 있는데, 여기서는 먼저 북한의 유일정당이라고 할 수 있는 조선노동당에 대해 살펴보자.

　　조선노동당은 북한 최고의 권력기구이다. 당-국가체제(Party-State System)에서 이것은 매우 보편적 현상이다. 그러나 현재 조선노동당은 김일성 일가의 사당(私黨)으로 전락하면서 어떠한 정치적 다원성도 존재하지 않고, 정당으로서의 기능은 상실된 지 오래된 채 독재체제를 뒷받침하는 기구로 전락해 버렸다. 그럼에도 불구하고 조선노동당의 역사와 구조, 작동원리를 살펴보지 않고는 북한을 제대로 이해할 수 없다.

조선노동당 창당 과정

조선노동당은 1949년 6월 30일 북조선노동당(북로당)과 남조선노동당(남로당)이 통합되면서 탄생했다. 그러나 북한은 6월 30일이 아닌 1945년 10월 10일을 노동당 창건일로 기념하고 있다. 당 창건일은 북한에서 가장 큰 행사로 2015년 10월 10일에는 창건 70주년 행사를 대규모로 개최한 바 있다.

그렇다면 북한은 왜 6월 30일이 아닌 10월 10일을 창건일로 기념하고 있는 것일까? 그것은 노동당의 역사에서 이유를 찾을 수 있다. 1945년 10월 10일 평양에서는 '조선공산당 서북 5도 당책임자 및 열성자 대회'가 개막했다. 10월 13일까지 나흘 간 개최된 이 대회에서는 '정치노선과 조직강화에 관한 결정서'가 채택되었다. 이것의 핵심은 평양에 '조선공산당 북조선 분국(分局)'을 설치한다는 것이었다. 이 분국은 서울에 있던 조선공산당의 하부 조직이었다.

당시 평양에 진주한 소련군과 김일성은 북한지역에 공산당을 창당

▶▶▶ 1945년 10월, 조선공산당 서북 5도 당책임자 및
열성자 대회가 열렸다는 장소 _북한선전화보

하고자 하였다. 그러나 이미 1925년 4월 조선공산당이 창당된 상태였기 때문에 새롭게 공산당을 만들 수는 없었다. 이른바 1국 1당 원칙 때문이었다. 따라서 이들이 할 수 있는 것은 분국을 설치하는 것이었다. 분국 설치에 대해 조선공산당과 국내파 공산주의자들의 반발도 있었지만, 당시 33세의 김일성은 소련의 후원하에 조선공산당 당수였던 박헌영과의 담판을 통해 이를 관철시킨 것이다.

비록 명칭은 분국이었지만, 38도선 이북에서 5개 도당(道黨)을 통일적으로 지도하는 중앙당의 성격을 지니고 있었다. 이 점에서 북한지역에 김일성 통치의 '디딤돌'이 만들어진 셈이다. 북한도 이것에 의미를 부여하여 10월 10일을 당 창건 기념일로 기념하고 있는 것이다.

이후 1946년 4월 북조선 분국은 북조선공산당으로 그 명칭을 바꾸고, 서울의 중앙과 분리하기 시작했다. 1946년 8월 29일에는 중국 연안으로부터 돌아온 조선독립동맹 계열이 중심인 조선신민당과 합당하여 북조선노동당을 만들게 된다. 그리고 1948년 8월 남조선노동당과 연합중앙위원회를 구성하고, 1949년 6월 30일 조선노동당으로 통합하여 오늘에 이르고 있다.

김일성 독재 정당으로 전락

1949년 탄생한 노동당 내에는 다양한 파벌이 존재했다. 만주파, 소련파, 연안파 등 이른바 해외파와 박헌영으로 대표되는 국내파가 그것이었다. 6·25전쟁은 박헌영 등 국내파의 몰락을 가져오는 계기가 되었다. 이어서 1956년 8월의 이른바 '8월 종파사건'은 김일성 반대파들을 숙청하고, 김일성 독재의 출발점이 되었다. 1967년에는 북한에 마지막으로 남아 있던 갑산파마저 숙청하면서 당에는 김일성 세력만

남게 되었다.

이후 김정일은 1974년 4월 '당의 유일사상체계 확립의 10대 원칙'
이라는 것을 발표하였다. 유일사상체계 10대 원칙은 북한에서 주민통
제와 주민들 간 상호감시의 근거가 되면서 북한과 노동당을 김일성
1인 독재로 완성하는 데 결정적 수단이 되었다. 동시에 북한이 각종
위기 상황에서도 당의 통제체계가 계속 작동하는 토대가 되고 있다.
따라서 일부에서는 이 유일사상체계 10대 원칙을 북한의 실질적인 '최
고지상법(最高至上法)'으로 평가하기도 한다.

2010년 개정된 노동당 규약에는 "조선노동당은 위대한 수령 김일성
동지의 당"이라고 명시하고 있다. 결국, 1949년 6월에 창당한 노동당이
6·25전쟁과 1956년 8월 종파사건, 1967년 갑산파 숙청과 유일사상체
계 10대 원칙을 거치면서 김일성의 사당(私黨)이자, 독재정당으로 전
락하게 된 것이다.

조선노동당이 지배하는 나라

북한 헌법 제11조는 "조선민주주의인민공화국은 조선노동당의 영
도 밑에 모든 활동을 진행한다"고 명문화하고 있다. 당이 국가를 이끄
는 최고 기구인 셈이다. 일반적으로 사회주의체제 국가는 당이 모든
것을 결정하고 지배한다. 내각은 당의 결정을 집행하는 기능을 수행한
다. 이를 당-국가체제(Party-State System)라고 부른다. 그러나 북한
노동당은 김일성의 사당이라는 데 중요한 특징이 있다.

당의 조직 측면에서 볼 때 소련, 중국 등 대부분의 사회주의 정당들
은 정치국과 비서국(서기국)이라는 공통된 기구들을 갖고 있다. 정치
국은 일종의 의결기구이고, 비서국은 각 전문분야별로 내각을 통제하

북한 조선노동당 기구도

고 이끄는 기능을 수행한다. 북한의 경우 김정일 등장 이후부터 정치국의 기능은 점차 사라지고, 집행기구인 비서국의 권한만 비대해지고 있다.

북한과 노동당을 이해하는 데 있어서 꼭 살펴볼 것이 조직지도부이다. 조직지도부는 당의 전문부서 중 하나지만, 당조직과 당원을 지도·통제하고, 국가, 군대 등 권력기구를 장악·지도하며, 고위층 간부들에 대한 인사권을 행사하는 최고의 권력기구이다. 과거 김정일은 조직지도부장을 겸직했었다. 지금의 김정은도 그럴 것으로 알려져 있다.

북한주민들은 '당원이 되어야 사람구실을 할 수 있다'라는 말을 한다. 당이 지배하는 곳인 만큼 당연한 얘기인 듯하다. 그렇다면 당원이 되려면 어떻게 해야 할까? 당규약에 따르면 당원이 되기 위해서는 나이가 18세 이상 되어야 하고, 기존 당원 2인의 입당보증서를 제출하고 '후보당원'이 되어야 한다. 후보당원이 되면 1년간 입당준비를 한 후 자격 심사를 거쳐 비로소 '정식당원'이 될 수 있다.

이런 절차를 모두 생략하고 곧바로 당원이 되는 것이 '화선입당(火線入黨)'이다. 북한은 6·25전쟁 기간 전공을 세운 군인들을 대거 화선입당시켰다. 최근에는 스포츠대회 등에서 활약한 선수들을 화선입당시키고 있다. 당원은 매달 수입의 2%를 당비로 내게 되어 있다.

현재 북한의 당원 수에 대해 통일부는 2016년 5월 개최된 7차 당대회를 토대로 약 366만 명으로 추산하고 있다. 당대회에 참가한 대표자가 모두 3,666명이라는 점과, 북한이 통상 당원 1,000명당 1명의 대표자를 선출하는 것을 근거로 추산한 것이다. 이전까지 당원 수를 320만 명으로 추산한 것과 비교하면 약 46만 명이 증가한 수치다.

헌법보다 높은 노동당 규약

당의 조직과 운영원리 등을 정해 놓은 것이 당규약이다. 당규약은 창당 이후 지금까지 몇 차례 개정을 거쳤다. 현재의 당규약은 2010년 9월 28일 3차 당대표자회에서 개정된 것으로, 전문(前文)과 본문 10장 60조로 구성되어 있다. 여기에는 당원, 당의 조직원칙과 조직구조, 중앙조직, 도(직할시)·시(구역) 당조직, 기층조직, 군대 당조직, 당과 인민정권의 관계, 당과 근로단체 등에 대해 상세히 규정해 놓고 있다.

2010년 개정된 전문에는 "조선노동당은 위대한 수령 김일성동지의 당"이라고 명시하고 있다. 또 당의 최종목적은 "온 사회를 주체사상화하여 인민대중의 자주성을 완전히 실현하는 데 있다"고 명시했다.

당규약에는 당의 최고기관을 당대회로 명시하고 있지만, 당대회는 1980년 10월 6차 당대회를 끝으로 30년이 넘게 열리지 않고 있었다. 그러던 것을 김정은 등장 이후인 2016년 5월 6~9일 제7차 당대회를 개최했다. 제7차 당대회에서는 김정은 제1비서를 '조선노동당 위원장'으로 추대하기도 했다.

당대회와 당대회 사이에 당의 노선과 정책 등 중요한 문제들을 결정하는 것이 당대표자회인데 지금까지 4차례 열렸다. 2010년 9월 개최

▶▶▶ 북한은 조선노동당을 '어머니당'이라고 부른다. 사진은 북한의 퍼레이드 장면
_북한선전화보

된 3차 대표자회의에서는 김정은 3대 세습을 공식화하기 위한 제도적 기반을 마련했고, 가장 최근이자 김정일 사후 처음 개최되었던 2012년 4월 11일 제4차 대표자회에서는 김정일을 영원한 당 총비서로 추대한 바 있다.

북한 3대 세습의 핵심기구

김정일이 사망하고, 30세도 못된 김정은이 권력을 세습받으면서 북한을 제대로 통치할 수 있을까에 관심이 모아졌었다. 그러나 이제 그런 '우려'는 상당 부분 사라진 것 같다.

그렇다면 김정은은 무엇으로 물려받은 권력을 유지하고 있을까? 그 핵심은 노동당이다. 김일성·김정일이 공고하게 구축해 놓은 1인 지배의 노동당 조직을 이용해 자신의 권력을 유지해 나가고 있는 것이다. 북한군 또한 당조직인 당중앙군사위원회와 총정치국을 통해 통제하고 있다. 이 점에서 노동당은 북한의 3대 세습이 이루어지게 한 핵심 기구이자, 현재 김정은 권력의 핵심원천이라 할 수 있을 것이다.

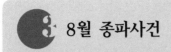

8월 종파사건

실패로 끝난
김일성 반대파들의 정치적 도전

광복 이후 북한에 들어온 김일성의 이른바 만주파는 그 규모가 다른 파벌들에 비해 크지 않았다. 그럼에도 불구하고 김일성은 소련군의 후원하에 북한 정치권력의 지도자가 되었고, 이후에도 중요한 분기점에서 '승리'하며 권력을 다져나갔다. 그렇다면 김일성은 어떻게 1인 지배체제를 구축할 수 있었을까? 그 중심에 8월 종파사건이 있다.

6·25전쟁이 박헌영 등 국내파 공산주의자들에게 전쟁 실패에 대한 책임을 씌어 이들을 제거하는 계기가 되었다면, 1956년 8월 종파사건은 남아 있던 반대파들을 일거에 제거하고, 김일성이 실질적인 1인 지배체제를 구축하는 북한정치사의 중요한 분기점이 된 사건이었다.

북한 정치파벌과 8월 종파사건

1956년 8월 30일 평양예술극장에서 북한정치사에 가장 주목할 만한 사건이 발생했다. 노동당의 주요 문제들을 논의하고 결정하는 전원회의에서 김일성을 반대하는 정치세력들이 김일성을 공개적으로 비판하며 해임을 요구하고 나선 것이다. 이른바 '8월 종파사건'이다. 그러나 반(反) 김일성파의 계획은 사전에 탐지되어 '찻잔 속의 태풍'에 그치고 말았다. 이 사건 이후 반대파에 대한 무자비한 숙청이 진행되면서 결과적으로 김일성 단일지도체제가 형성되는 시발점이 되었다.

광복 이후 북한에는 다양한 파벌이 존재했다. 그들은 일제강점기 활동했던 지역을 중심으로 김일성의 만주파, 중국의 연안파, 소련 한인 후예들로 구성된 소련파, 그리고 국내파 등이었다. 광복 직후 이른바 해외파들의 힘은 국내파에 비해 미약했지만, '연합정치'로 국내파의 대부분을 제거했다. 6·25전쟁은 박헌영 등 일부 남아 있던 국내파에게 전쟁실패의 책임을 씌워 이들을 제거하는 계기가 되었다. 결국 전쟁 이후 북한에는 만주파, 소련파, 연안파 등 해외파와 국내파 일부만이 존재하게 되었다.

반 김일성파의 공격과 김일성의 반격

전쟁 이후 북한에서는 전후복구 문제와 경제정책을 둘러싼 파벌 간에 치열한 논쟁이 전개되었다. 여기에 1956년 2월 개최된 소련 공산당 20차 당대회에서 스탈린에 대한 개인숭배가 비판되면서 북한에서도 반 김일성 분위기가 본격화되었다. 그리고 연안파와 소련파는 이러한 분위기를 이용해 김일성에 대한 반격을 도모하고자 하였다.

1956년 6월 1일부터 7월 19일까지 김일성은 평양을 비우고 소련과 동구권 9개국 방문길에 올랐다. 연안파와 소련파는 김일성이 없는 틈을 이용해 그를 몰아내려는 구체적인 실행계획을 수립하였다. 이들은 소련대사관을 드나들며 계획을 모의했는데, 이 과정에서 이들의 계획이 김일성 계열에게도 알려지게 되었다.

1956년 8월 30일 노동당 전원회의가 2일간의 일정으로 개최되었다. 이날은 반대파가 설정한 D-day였다. 회의 안건은 김일성의 해외 방문 결과와 보건 문제에 관한 것이었다. 두 안건에 대한 보고가 끝나고, 모의를 주도한 상업상 윤공흠이 계획대로 발언을 신청했다. 윤공흠은 김일성 개인숭배를 신랄하게 비판했다. 그러나 회의장은 동조하는 분위기가 아니었다. 사건 주모자 일부가 추가적으로 동조 연설을 시도했으나 회의를 자신들에게 유리하게 이끌지 못했다. 이들의 계획을 알고 있던 김일성계열이 회의를 완전히 통제했기 때문이다. 이들은 단상에서 끌려 내려왔고, 이런 분위기를 감지한 동조자들 중에는 김일성을 비판하기로 했던 사전 계획과 달리 슬슬 꽁무니를 빼기 시작했다.

김일성을 합법적으로 해임하겠다는 '야심찬 계획'이 물거품이 되는

▶▶▶ 북한의 중앙보고대회 모습 _노동신문

순간이었다. 오히려 이 사건은 김일성에게 반대파에 대한 공격의 빌미만 제공해 주었다. 사건에 참가한 연안파와 소련파 상당수가 숙청되었다. 사건을 주도했던 윤공흠 등 4명은 중국으로 망명했다.

중국과 소련의 간섭, 김일성에게 원상회복 지시

1956년 9월 15일 베이징에서 개최된 중국 공산당 제7차 전국대회에 전통에 따라 소련 부수상 미코얀을 단장으로 하는 대표단이 참가하였다. 마오쩌둥은 미코얀과의 회담에서 북한에서 일어났던 '8월 종파사건'에 대해 논의한 뒤, 공동대표단을 북한에 보내기로 결정했다. 대표단의 임무는 사건조사가 주된 것이었지만, 결과에 따라 김일성을 새로운 인물로 교체하겠다는 계획도 가지고 있었다.

공동대표단장은 미코얀과 펑더화이였다. 펑더화이는 6·25전쟁 당시 중공군 사령관이자 조중연합사령관이었다. 굳이 말하자면 김일성의 '옛 상관'이었던 셈이다. 김일성을 통제할 수 있는 적절한 인물이라 할 수 있었다. 대표단은 사건을 조사한 뒤, 김일성에게 소련파와 연안파에 대한 탄압을 중지할 것을 요구했다. 그리고 9월 23일 전원회의를 개최하여 8월 전원회의의 결정을 원상복구하라고 요구했다. 그러나 김일성을 파면시키려 했던 중국과 소련의 계획은 실현되지 못했다. 당시 북한에서는 김일성이 당을 확고히 장악하고 있었을 뿐만 아니라 그를 대신할 새 인물도 없었다.

▶▶▶ 조중연합사령관
펑더화이

김일성 독재의 시발점이 된 8월 종파사건

김일성은 일단 중소대표단의 요구를 수용해 8월 전원회의에서 제명되었던 인물들을 복당시켰다. 중·소의 원조를 받는 상황에서 이들의 요구를 무시할 수 없었다. 그러나 복당된 이들의 정치적 영향력은 회복되지 않았다. 오히려 김일성은 1956년 10월 헝가리에서 발생한 반소혁명과 이후 중·소 간의 갈등으로 북한에 대한 간섭이 줄어드는 시기를 맞아 자신의 입지를 키워나갔다.

그리고 김일성은 이 기회를 놓치지 않고 대대적인 반대파 숙청에 나섰다. 최창익이나 박창옥 등 복당시킨 인물들은 투옥되고 파면조치했다. 연안파의 주요 인물이자 소련주재 대사였던 이상조도 1957년 11월 21일, 김일성의 소환 통보에 불응하고, 소련으로 망명했다. 이 당시 반대파에 대한 숙청을 주도한 곳은 노동당 최고의 권력부서로 알려진 조직지도부였다. 당시 조직지도부장은 김일성의 동생 김영주였다.

사건 발생 1년 뒤 김일성에 대한 중·소의 태도는 관대하게 변했다. 김일성은 1957년 11월 4~21일 모스크바를 방문했다. 이것은 모스크바에서 개최된 전 세계 공산당 및 노동당 대표회의에 참석하기 위해서였다. 이 대회에서 중·소 양국은 반대파를 숙청한 김일성의 조치를 '승인'해주었다. 당시 중·소가 대립하는 상황에서 북한의 '몸값'이 올라간 탓이었다. 중국의 마오쩌둥은 북한의 내정에 간섭했던 일에 대하여 공식 사과했다.

소련도 전향적인 조치를 내놓았다. 12월 16일 소련은 북한과 '이중국적자의 공민권 조절에 관한 협약'을 체결했다. 당시 소련계는 소련국적과 북한국적을 함께 가진 이중 국적자였다. 협약에 따를 것 같으면 소련계들은 1년 이내에 한쪽 국적을 선택해야만 하게 된 것이다. 이 협약에 따라 김일성은 소련계를 숙청할 조건을 갖추었다. 결국 극히 소수를 제외하고 소련계들은 신변의 위험을 피해 소련 국적을 택했다. 그것은 소련으로의 귀국이었다. 김일성의 소련계 숙청이 자연스럽게 이루어진 것이다.

북한 전문가인 안드레이 란코프(Anderi Lankov)는 그의 저서에서, 김일성이 마오쩌둥과 펑더화이로부터 북한의 내정에 이유 없이 간섭했던 일에 대하여 공식 사과를 받았다고 했다. 이것은 8월 종파사건이 김일성의 완전한 승리로 끝난 것임을 보여주는 것이다. 그리고 김일성은 이 사건을 계기로 더욱 공고한 권력을 가질 수 있었다.

8월 종파사건은 6·25전쟁 이후 반 김일성파에 의해 시도된 첫 정치적 쿠데타였다. 그러나 김일성을 정치적으로 숙청하고자 했던 반 김일성파의 계획은 실패로 돌아갔고, 최후의 승자는 김일성이 되었다. 김일성은 이 사건을 계기로 자신의 권력을 더욱 공고히 하였고, 1967년에는 일부 남아 있던 갑산파마저 숙청하면서 '김일성 유일지도체계'를 완성했다.

역사에서 가정이란 없겠지만, 만약, 1956년 종파사건이 성공해서 김일성 대신 다른 인물이 정권을 잡게 되었다면 역사는 어떻게 전개되었을까? 그랬다면 김정일도, 또 김정은도 나오지 못했을지 모른다. 그런 점에서 현재 김정은 권력의 뿌리도 1956년 8월 종파사건으로 이룩한 김일성의 '승리의 유산'이라 할 수 있을 것이다.

4 유일사상 10대 원칙

김일성 일가 독재체제
지속을 위한 사실상 북한 '최고법'

8월 종파사건으로 반대파를 숙청했던 김일성
은 이후 본격적인 1인 독재체제를 구축하게 된다. 앞서 살펴본 바와
같이 조선노동당도 사당화되면서 정치적 다원성은 사라지고, 오직 1인
독재체제를 지탱하는 조직으로 전락해 버렸다.

이런 과정에서 김일성의 동생 김영주가 처음 제기하고, 이후 김일
성이 실행한 '당의 유일사상체계 확립을 위한 10대 원칙(이하 10대
원칙)'은 헌법보다 높은 북한 '최고법'으로 불리며 김일성 독재체제의
핵심 도구로 악용되게 된다.

북한의 10대 원칙
당-국가체제(Party-State System)인 북한을 이해하기 위해서는 노
동당이나 북한군의 조직과 작동원리 등을 꼼꼼히 살펴봐야 한다. 그러
나 이에 못지않게 빠뜨려서는 안 될 또 하나가 바로 유일사상 10대

원칙이다. 이 원칙은 이름 그대로 당의 유일사상체계, 즉 김일성 일가의 독재체제를 확립하고 지속시키기 위한 10가지 원칙을 말한다.

10대 원칙은 서문과 10개의 조, 그리고 이를 세분화한 65개 항으로 이루어졌다. 그 내용은 '김일성의 혁명사상으로 온 사회를 일색화하기 위해서 몸 바쳐 투쟁하여야 한다'라는 첫 번째 원칙부터 '김일성이 개척한 혁명위업을 대를 이어 끝까지 계승하여 완성시켜 나가야 한다'는 10번째 원칙까지 김일성에 대한 맹목적인 충성과 복종을 강요하고 있다. 그리고 각 원칙을 세부적으로 어떻게 이행하고, 이를 어길 시 어떠한 처벌을 받는지를 65개 항에 걸쳐 상세히 기술하고 있다.

유일사상체계 확립의 10대 원칙(축약)[1]

1. 김일성 수령의 혁명사상으로 일색화하기 위해 몸바쳐 투쟁해야 한다.
2. 김일성 수령을 충성으로 높이 우러러 모셔야 한다.
3. 김일성 수령의 권위를 절대화해야 한다.
4. 김일성 수령의 혁명사상을 신념으로 삼고 교시를 신조화해야 한다.
5. 김일성 수령의 교시집행에서 무조건성의 원칙을 철저히 지켜야 한다.
6. 김일성 수령을 중심으로 전당의 사상의지적 통일과 혁명적 단결을 강화해야 한다.
7. 김일성 수령을 따라 배워 공산주의적 풍모와 인민적 사업작풍을 소유해야 한다.
8. 김일성 수령이 안겨준 정치적 생명을 귀중히 간직하며 충성으로 보답해야 한다.
9. 김일성 수령의 유일적 영도아래 한결같이 움직이는 강한 조직규율을 세워야 한다.
10. 김일성 수령의 혁명위업을 대를 이어 끝까지 완성해 나가야 한다.

10대 원칙은 구소련이나 중국에는 없는 북한만의 독특한 특징으로, 주민들에게 김일성에 대해 절대적인 충성을 강요하는 '초법적 행동지침'이라 할 수 있다.

언제, 누가, 왜 만들었나?

현재 북한의 10대 원칙을 만든 것은 김정일이다. 김정일은 김일성의 후계자로 지명된 지 2개월 뒤인 1974년 4월 14일 '전당과 온 사회에 유일사상체계를 더욱 튼튼히 세우자'라는 연설을 통해 10대 원칙을 발표했다. 당시 김정일은 후계자로써 권력승계의 정당성을 부여하고, 김일성의 신임을 얻고자 이 원칙을 제정했다.

그러나 전 노동당 국제비서였던 황장엽에 따르면 김정일의 10대 원칙이 발표되기 이전에도 또 다른 10대 원칙이 존재했다고 한다. 그것을 만든 이는 김일성의 동생이자 당시 노동당 조직지도부장이던 김영주였다. 김영주는 1967년 8월 10대 원칙을 만든 후 모든 사업과 생활에서 지침으로 삼게 했고, 이를 주민들에게 학습까지 시켰다고 한다. 김영주가 10대 원칙을 작성한 1967년은 북한에서 마지막 남은 김일성계 이외의 정치파벌인 갑산파가 숙청된 직후였다. 당시 김영주는 갑산파 숙청과 동시에 김일성 유일지도체계를 본격적으로 확립하기 위해 10대 원칙을 작성한 것이다.

김정일이 만든 10대 원칙은 김영주의 10대 원칙을 부분적으로 수정한 것이다. 이것은 김일성 후계구도에서 김정일이 작은 아버지 김영주를 제친 것이 계기가 되었다. 즉, 김정일이 후계자가 되고, 이전까지 김일성 다음으로 2인자였던 김영주를 권력에서 몰아내면서 이전의 10대 원칙에 김일성 우상화를 더욱 강화하는 방향으로 보완하여 새롭게

▶▶▶ 평양 만수대에 건설된 김일성과 김정일의 동상
_노동신문

발표한 것이다. 그리고 김정일 자신을 김일성 주체사상에 대한 유일한 '해석자'로 규정하면서 후계체제 구축에 활용하게 된 것이다.

그러나 김영주나 김정일의 10대 원칙은 비록 자구(字句)의 차이는 있을지라도 북한에서 정치적 견제세력이 사라진 상황에서 김일성 체제의 공고화와 김씨 일가의 후계체제 구축을 위했다는 점에서는 같다고 할 것이다.

북한주민들에게 '최고지상법'

김정일은 김일성 우상화와 후계 문제를 위해 10대 원칙을 제정한 이후 이것의 내부 확산에 주력했다. 특히 1970년대 중반 김정일은 당의 사상일꾼대회, 각 단위·기관별 책임비서 회의와 강습회 개최, 그리고 항일유격대식 학습방식 등을 강조했다. 뿐만 아니라 북한 전역을 직접 다니며 10대 원칙 확산을 다그쳤다.

10대 원칙의 빠른 확산과 이행을 위해 '검열'도 추진했다. 탈북 외교관인 현성일에 따르면 북한은 1976년 10대 원칙 재토의사업을 벌였고, 1989년에는 10년간 당생활총화라는 전당적인 캠페인을 벌여 북한전역을 공포와 불신의 도가니로 몰아넣기도 했다. '당생활총화'란 '자신의 당생활을 스스로 검토해보고, 그 결함의 원인을 고치는 방도를 찾는 회의'를 말한다. 북한에서는 당생활총화가 매우 보편화되어 있는데, 여기서는 자아비판과 상호비판이 난무하게 된다.

그 결과 10대 원칙은 북한 전역에 빠르게 확산, 적용되면서 모든 북한주민들을 철저히 옭아매는 역할을 하게 되었다. 그래서 탈북민들은 북한의 모든 간부들과 주민들의 생활을 좌지우지하는 법은 헌법이나 당규약이 아니라 10대 원칙이라고 단언한다. 10대 원칙은 자신들의 생사와 직결된 실질적인 '법'으로 누구나 완전히 통달하고 지키기 위해 노력할 수밖에 없는 실질적인 북한의 '최고법'으로 간주되고 있다는 것이다.

반면 헌법이나 국가의 다른 법들은 자신들과는 아무 관계가 없는 대외선전용에 불과하다는 것이다. 우리가 잘 알고 있는 북한의 주민통제 및 감시체계 또한 헌법이나 당규약에 의해서가 아니라 10대 원칙에 의해 합법화되고 있다.

북한주민들에게 10대 원칙이 어느 정도 영향을 주는지 보여주는 단적인 예가 2003년 대구에서 있었다. 당시 하계유니버시아드대회에 참가한 북한 응원단은 김정일과 김대중 대통령이 악수하는 그림이 새겨진 현수막이 비에 젖자, 눈물을 흘리며 현수막을 떼서 잘 '모시고' 갔다. 10대 원칙 제3조 6항에는 초상화 등 수령을 형상화한 미술작품은 '정중히 취급하고 또 철저히 보호하여야 한다'고 명시되어 있다.

일부에서는 이를 두고 보여주기 '쇼'였다고도 하지만, 당시 응원단은 10대 원칙을 '배운 대로' 실행한 것이었다고 할 수 있다.

김정은의 10대 원칙 개정

그동안 북한의 10대 원칙은 북한 내부를 실질적으로 통제하는 기능을 수행했다. 일부에서는 전 세계적으로 사회주의가 붕괴된 상황에서도 북한체제가 유지되고 있는 요인 중 하나가 이 10대 원칙에 있다고 평가하기도 한다.

이런 가운데 김정은은 지난 2013년 8월 10대 원칙의 일부를 개정했다. 1974년 아버지 김정일이 발표한 이후 39년 만이다. 10조 65항이던 내용은 10조 60항으로 일부 축소했다. 내용 면에서는 이전까지 김일성만 언급하던 것을 '김일성·김정일'로 김정일을 추가했고, '핵무력을 중추'로 한다는 표현도 추가했다. 특정 간부에 대한 맹목적 추종을 금지했고, 무엇보다 '백두혈통을 영원히 이어나가야 한다'는 내용도 추가했다.

북한은 2014년 2월 18일에는 김정일이 발표해 유일사상체계 확립의 시작이었다고 할 수 있는 '온 사회의 김일성주의화 강령' 선포 40주년 기념일을 대대적으로 기념하며, 김정은체제에 대한 충성을 강조했다.

전문가들은 이 같은 일련의 조치가 김정은의 권력세습을 정당화하고 정치적 위상을 확고히 하기 위한 것으로 분석한다. 또한 김정은이 고모부인 장성택을 숙청한 이후 내부 동요를 막고 체제 공고화를 도모하기 위한 정치적 조치라고 평가한다.

그동안 북한은 김일성에서 김정일을 거쳐 김정은까지 절대 권력자만 바뀌었지 1인 독재의 유일지배체제는 변함없이 그대로 이어져왔다. 여기에 김정은이 10대 원칙을 더욱 강화하는 쪽으로 개정한 것을 보면 앞으로도 북한의 권력세습은 멈추지 않고 지속될 것이 자명해 보인다. 이 점에서 북한의 권력세습과 주민들에 대한 내부 통제체계를 제대로 이해하기 위해서는 10대 원칙에 대한 이해가 필수적이라 할 것이다.

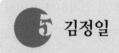

5 김정일

주민은 굶어 죽어도
피 눈물로 빚은 우상화

　　김일성의 독재체제 구축과정에서 아들 김정일은 중심적인 역할을 했다. 1960년대 중반부터 본격적인 당 활동을 시작한 김정일은 수많은 권력의 경쟁자들 속에서 김일성 우상화와 독재체제 구축에 기여했고, 결과적으로 김일성 독재의 과실(果實)도 가장 많이 받은 수혜자가 되었다.

　　이 점에서 김일성과 김정일은 보통의 부자관계를 뛰어넘어 북한권력의 절대적 협조관계였다고 평가할 수 있다. 그리고 그 또한 자신의 우상화를 위해 북한주민들에게 피눈물을 강요했던 독재자가 되었다. 여기서는 김정일의 생일인 광명성절과 그의 생애에 대해 살펴보자.

김정일 생일 광명성절

　북한에서 2월 16일은 광명성절이다. 이날은 김정일의 생일로 '광명성(光明星)'이란 '김정일을 상징하는 별'을 말한다. 김정일은 1942년

2월 16일 출생했다. 그러니까 2016년을 기준으로 하면 74회 생일인 것이다.

북한 노동당 정치국은 김정일이 사망한 다음 해이자 70회 생일을 앞둔 2012년 1월 김정일의 생일을 광명성절로 제정했다. 김일성 생일을 태양절로 부르는 것과 비슷한 것이다. 북한사전에는 광명성에 대해 '환하게 빛나는 별', '높이 우러를 만한 존재'로 설명하고 있다. 북한이 김정일을 광명성으로 부르는 것은 김정일이 백두산 밀영(密營)에서 태어났을 때 광명성이 떠올랐기 때문이라고 선전한다. 북한은 자신들이 발사에 성공했다고 주장하는 인공위성에도 광명성이라는 이름을 붙였다.

북한은 김정일 생일인 광명성절(2.16)을 비롯해 김일성 생일인 태양절(4.15), 국제노동자절(5.1), 조국해방기념일(8.15), 정권수립일(9.9), 당 창건일(10.10), 헌법절(12.27)을 사회주의 7대 명절로 부르며, 공휴일로 정하고 있다.

▶▶▶ 김정일(당시 6세)이 소련군 제25군 정치사령관 아들과 함께 현재 강원도 고성군 화진포 해변에 있는 일명 '김일성 별장'에서 찍은 사진 _김일성 별장 전시 사진

김정일 생일과 북한정치

북한에서 김정일 생일이 기념일로 정해진 과정은 김정일이 권력을 잡아가는 과정과 밀접히 관련되어 있다. 김정일은 1964년 6월부터 당

조직지도부 지도원으로 첫 '사업'을 시작했다. 그리고 1974년 2월 13일 개최된 당중앙위원회 제5기 8차 전원회의에서 당내 핵심권력기구인 정치위원회 위원이 되면서 후계자로 지명되었다. 이때부터 북한 언론은 김정일을 '당중앙'으로 호칭하기 시작했다. 북한이 김정일 생일을 기념일로 정한 것도 후계자로 지명된 다음 해인 1975년 생일부터다.

이후 김정일은 1980년 10월 제6차 당대회에서 공식후계자가 되었다. 이에 맞춰 북한은 2년 뒤인 1982년 40회 생일 때부터 김정일 생일을 공휴일로 지정했다. 김정일의 북한 내 권력이 증대되는 것에 맞춰 생일의 '격'도 함께 높아진 것이다.

북한은 김정일 우상화 작업을 추진하면서 그의 출생지도 조작했다. 북한은 김정일이 백두산에서 출생했다고 주장한다. 현재의 양강도 삼지연군이다. 북한의 주장에 따르면 당시 그곳에는 '빨치산 비밀 은거지(密營)'가 있었다는 것이다. 북한은 이를 근거로 김정일이 태어났다는 곳을 혁명사적지로 정하고, 성역화했다. 1988년에는 이곳 근처의 장수봉의 이름을 정일봉(正日峰)으로 바꾸고 이름도 새겨 넣었다.

그러나 전문가들은 김정일이 태어난 곳은 소련 연해주 하바로프스크 근처의 야영지라고 주장한다. 당시 그의 이름 또한 '유라'라는 러시아식이었다. 김정일이 태어나던 1942년에 김일성과 김정숙은 한반도에 있지 않았다는 것이 정설이다. 일부에서는 김정일의 출생년도도 1942년이 아니라 1941년이라고 주장한다. 1912년생인 김일성과 30년 차이를 맞추기 위해 출생년도를 조작했다는 것이다. 현재 통일부 인물자료에는 김정일이 1942년 2월 16일 소련 하바로프스크에서 태어난 것으로 되어 있다.

북한이 김정일의 출생지를 백두산으로 조작한 데는 '민족적 지도자'로 선전하는 김정일이 소련에서 출생했다는 것이 여러모로 '문제'

한 권으로 읽는 북한사

▶▶▶ 김정일이 실제 태어난 곳으로 알려진 러시아
하바로프스크 바츠꼬예 88보병여단 야영지 막사터
모습 _심헌용 박사 제공

가 된다는 판단에서다. 따라서 김정일의 출생지를 민족의 영산인 백
두산으로 조작하여 '다목적'으로 활용하려는 것이었다. 이것은 김정일
에 대한 우상화뿐만 아니라 현재 '백두혈통'을 강조하는 김정은에게까
지 이어지고 있다.

참고로, 북한에는 이른바 '3대 줄기'가 있다 한다. 김일성과 함께
빨치산 활동을 했던 이들과 그 후손들을 일컫는 '백두산 줄기,' 6·25전
쟁에 참가해 전사한 자들의 후손을 일컫는 '낙동강 줄기,' 그리고 평양
김일성대학이 있는 용남산의 이름을 따서 이 대학 출신들을 일컫는
'용남산 줄기'가 그것이다. 북한에서 '출세'를 하려면 적어도 이 세
줄기 중 하나라도 속해야 한다고 한다.

죽은 자의 생일에 천문학적 비용 지출

북한은 김정일 생일을 맞아 전국적으로 다양한 행사를 진행한다. 중앙보고대회를 비롯해 김정일을 상징한다는 이른바 김정일화(花) 전시회, 전국 규모의 체육대회인 백두산상(賞)대회를 개최한다. 이 밖에도 해외친북인사 초청, 영화상영, 미술전시회, 중앙연구토론회, 불꽃놀이, 얼음조각 전시회 등의 행사도 진행된다.

이뿐만 아니라 주민들에게 선물을 나눠주며 민심을 달래기도 한다. 그러나 어려워진 경제사정으로 국제기구에서 원조받은 물자가 생일선물로 둔갑되기도 한다. 2014년 자유아시아 방송은 김정일과 김일성 생일에 양강도 어린이들이 받은 1kg짜리 당과류 세트는 WFP, 즉 세계식량기구가 북한 어린이들을 위해 생산한 과자가 김 부자의 생일선물로 둔갑했다고 보도한 바 있다.

또 생일선물을 전달하는 과정에서 사고가 일어나기도 한다. 대표적인 예가 2012년 김정일 생일을 맞아 서해안의 한 섬으로 생일선물을 운반하던 헬기가 추락하기도 했다. 당시 사고로 우리의 장관격인 상업상을 포함해 5명이 사망하기도 했는데, 이에 대해 주민들은 죽은 이(김정일) 생일 때문에 산 사람 장례 치르게 생겼다는 말이 나돌기도 했다 한다.

그렇다면 이런 생일행사에 어느 정도의 비용이 들어갈까? 이에 관한 정확한 통계자료는 물론 없다. 북한이 공개하지 않기 때문이다. 그러나 대부분의 연구들은 김일성 부자의 생일과 동상 건립, 시신 유지 등 우상화 비용에 수천억 원이 드는 것으로 추정하고 있다. 생일 축하 불꽃놀이에만 수십억 원가량이 사용된 것으로 알려져 있다.

북한은 이 비용을 마련하기 위해 다양한 방법을 강구하고 있다. 국내의 한 언론보도에 따르면 북한은 김 부자의 우상화를 위해 1억

▶▶▶ 2011년 김정일의 생일선물이 섬 주민들에게 헬기를 이용해 전달되는 모습
_연합뉴스

달러를 목표로 '김일성·김정일 기금'을 모집한다고 한다.[2] 이것은
주민들과 해외 친북단체 등을 대상으로 한 '자발적 모금'이지만 '모금
액수는 충성심의 잣대'라며 모금을 강권하고 있다고 한다. 하지만 실제
모금액은 목표액에 크게 못 미친다고 한다. 한 방송은 북한이 조총련에
게 김정일 생일행사 비용 1억 엔을 강제 할당해 조총련이 불만을 토로
했다는 보도도 있다.

북한은 부진한 모금을 독려하기 위한 유인책도 쓰고 있다. 기금을
낸 해외 친북인사들에게 기부증서 교부, 명예기금 이사장직 부여, 출판
물에 이름표기, 금수산태양궁전 참배 시 우대 등이 그것이다. 또 외국
인 관광객을 대상으로 헌화용 꽃다발을 강매하거나 김 부자 생일에
맞춰 외국인들을 대상으로 북한 여행상품을 내놓기도 한다.

생일잔치의 최대 수혜자는 김정은

김정은은 김정일 사망 다음 해인 2012년 김정일의 70회 생일행사를 역대 최고수준으로 성대히 치렀다. 김정일이 태어났다는 백두산에 당·정·군 간부들을 모아놓고 충성결의대회도 했고, 금수산태양궁전에서 열병식도 거행했다. 김일성 훈장과 함께 북한 최고훈장이라는 김정일 훈장도 이때 제정됐다.

그러나 주민들은 굶어 죽는 상황에서 천문학적인 비용을 지출하면서까지 '죽은 자를 위한 생일잔치'를 멈추지 않는 이유는 무엇일까? 그것은 김일성 부자의 생일행사를 통해 이들의 업적을 대내외에 선전하고, 김정은 등장에 대한 당위성과 충성심을 유도할 수 있기 때문이다. 결국 이들 행사는 3대 세습 만들기 이벤트에 불과한 것이며, 그것의 '최대 수혜자'는 다름 아닌 김정은 본인인 것이다. 이런 상황에서 이를 중단하기는 힘든 것이다.

앞으로의 관심은 김정은의 생일(1.8)이 언제쯤 기념일이 될 것인가에 쏠리고 있다. 2016년 현재 집권 5년차를 맞이하고 있지만 북한 달력에는 아직 김정은 생일은 표시되지 않고 있다. 전문가들은 김정은이 아직 어리기에 본인의 생일을 기념일로 정하는 것에 '부담'을 느끼기 때문이라고 보고 있다. 그러나 머지않아 김정은의 생일도 기념일로 지정될 것이고, 주민들의 부담은 더 늘어날 것이 분명해 보인다. 오늘의 북한 현실을 단적으로 보여주는 것 같아 씁쓸하기만 하다.

6 북한군

소련 군사고문단, '초보' 북한군의 보모 노릇하다

조선노동당과 함께 김일성의 통치과정에서 중요한 한 축이 되었던 것이 북한군이다. '권력은 총구에서 나온다'는 마오쩌둥(毛澤東)의 말처럼 북한군은 김일성 일가 독재 권력의 핵심요소이다.

'2014 국방백서'에 따르면, 북한의 정규군 규모는 육·해·공군 합쳐 총 120만 명에 달한다. 이는 63만 명의 한국군과 비교할 때 거의 2배에 달하는 것이다. 물론 북한군 전력의 질적 수준은 우리 국군에 미치지 못한다는 평가도 있지만, 북한은 핵과 미사일 등 전략무기의 지속적인 성능개량을 통해 우리 안보에 심각한 위협을 주고 있는 것은 명백한 현실이다. 이 점에서 북한군은 현재 김정은체제에서도 핵심세력이자 우리 안보의 최대 위협이 되고 있다.

광복 이후 북한군 창건 과정

광복 직후 북한지역에는 일본의 패망으로 초래된 사회적 혼란을 관리하기 위해 자생적인 치안조직이 여러 개 생겨났다. 대표적인 것이 민족주의 진영의 자위대와 공산주의 세력의 치안대다. 여기에 대일전 승리로 북한에 들어온 소련군과 함께 입북한 공산세력은 별도로 적위대를 편성했다.

그러나 이들 조직 간에 충돌이 빈번하자 북한에 주둔한 소련군사령관 치스차코프(Ivan M. Chistiakov) 대장은 1945년 10월 12일 북한지역의 모든 무장단체를 해산하고, 무기를 반납하라는 '명령'을 내린다. 그리고 새롭게 보안대(保安隊)라는 조직을 만드는데 이것이 북한에서 공식적인 최초의 무장조직이다. 1946년 1월에는 철도경비를 위해 철도보안대도 추가로 조직했다.

이와 함께 군 간부 양성을 위해 1946년 2월 8일 '평양학원'이라는 양성기관을 설립했다. 6월에는 소대장급 간부양성기관으로 북조선 중

▶▶▶ 1945년 8월 북한 청진항에 상륙하는 소련 해병대 모습
_러시아 군사연구소 소장 사료

한 권으로 읽는 북한사

▶▶▶ 1948년 2월 8일 평양역 광장에서 창건식을 끝내고 행진을
벌이고 있는 북한군 _군사편찬연구소 소장 사료

앙보안간부학교를, 8월에는 보안간부훈련소를 연이어 개소했다. 이후
북한은 무장조직과 군 간부 양성기관을 통합해 1946년 8월 15일 새롭
게 보안간부훈련대대부를 창설했다. 1947년 5월 17일에는 보안간부훈
련대대부의 구성원들에게 계급장을 수여하고 이를 인민집단군으로 확
대 개편했다.

그리고 1948년 2월 8일 평양역 광장에서 군사 퍼레이드를 갖고
'조선인민군'의 창건을 공식 선포하게 되는데, 이것이 오늘날의 북한군
이다.

소련 군사고문단의 역할

북한이 광복 직후 짧은 시간 안에 정규군대를 창건하고, 6·25전쟁
을 일으킬 정도로 급성장하게 된 데에는 소련 군사고문단의 역할이
절대적이었다. 군사고문단은 북한군을 소련군대로 양성하고, 소련체제

를 북한군에 이식(移植)하는 실질적인 행위자였다.

그러나 지금까지 소련 군사고문단에 대한 연구는 많지 않았다. 가장 큰 원인은 접근할 수 있는 자료의 부족 때문이었다. 그럼에도 불구하고 군사고문단의 실체는 부인할 수 없는 사실로 확인되고 있다.

현재까지 이루어진 연구에 따르면 소련은 1920~30년대부터 세계 여러 나라에 군사고문단을 파견했으며, 제2차 대전 기간과 그 이후에도 동유럽과 몽골, 중국 등에 고문단을 파견한 것으로 확인된다. 여기에 북한도 포함된 것이다.

소련 군사고문단이 북한에서 활동한 기간은 1946년 9월 초대 군사고문단장 스미르노프 소장(1946.9~1949.4 재임)이 346명의 고문단원과 함께 파견될 때부터 완전히 철수하는 1957년 5월까지로 알려져 있다. 이후 북한에는 2대 슈티코프(1949.4~1950.2), 3대 바실리예프(1950.2~1950.11), 4대 라주바예프(1950.11~1953.9) 등이 군사고문단장직 외에도 경우에 따라 대사, 국방무관 등의 직책을 겸직하며 활동했다.

군사고문단은 군사고문, 군사교관, 군사전문가, 통역원 그리고 사무 및 기술보조요원 등으로 구성되었다. 그 규모는 연도별로 편차는 있으나 최대 2,000명에서 4,000명까지로 파악되고 있다.

군사고문단이 북한에 처음 파견된 1946년 9월은 북한군의 실질적 모태가 되는 보안간부훈련대대부가 창설

▶▶▶ 6·25전쟁 기간 중에 주북
소련대사 겸 군사고문단장이
었던 라주바예프
_군사편찬연구소 소장 사료

한 권으로 읽는 북한사

된 직후였다. 군사고문단은 이때부터 북한의 각 훈련소와 군사학교에 배치되어 이들에 대한 신병훈련과 간부교육을 지원했다. 뿐만 아니라 각종 무기지원을 통해 북한군이 조기에 정규군대로 체계를 잡는데 결정적 기여를 했다. 전쟁직전과 전쟁 중에는 남침계획 수립과 전쟁지도까지 수행하며, 6·25전쟁에도 깊이 개입한다.

북한의 당·군관계

공산권 국가에서 군(軍)에 대한 당(黨)의 통제는 일반적인 현상이다. 그러나 국가와 시기에 따라 당·군관계는 협력적이기도 하고 갈등관계일 때도 있다. 이 점에서 북한의 당·군관계는 북한체제 진단과 전망에서 매우 중요한 고려요소 중 하나이다.

북한군이 창건될 당시에는 당과 군의 관계에 대해 명확하지 않았다. 이 둘의 관계를 규정한 구체적인 문건이 확인되지 않기 때문이다. 김일성도 북한군 창건식에서 '인민을 위하여 복무하는 군대'라는 것만을 강조했을 뿐 당·군관계에 대해서는 별다른 언급이 없었다.

북한에서 당과 군의 관계가 명확해진 것은 6·25전쟁 중이던 1950년 10월 21일 군대 내에 노동당 조직인 총정치국을 신설하면서부터다. 북한은 총정치국 설치 배경에 대해 후퇴과정에서 나타난 군대의 무질서를 교훈삼아 군에 대한 당의 통제를 강화해 강한 군대를 만들기 위해서라고 밝히고 있다. 사실상 이때부터 군에 대한 당의 통제가 제도적으로 시작되었다고 할 수 있다. 북한은 1958년에는 군대 내에 당위원회 제도를 도입했고, 1969년에는 정치위원제를 도입하며 군에 대한 통제를 강화해 나갔다. 그 결과 '조선인민군'을 '인민'이 아니라 명실상부한 당의 군대로 만들었다.

북한의 당·군관계가 새롭게 주목되기 시작한 것은 김정일 시대였다. 김정일이 이른바 선군(先軍)정치를 시행하면서, 당보다 군을 국가의 최우선 집단으로 대우했기 때문이다. 일부에서는 이를 두고 김정일이 당을 통한 군의 통제가 아니라, 당·정·군을 각각 직할 통치하는 시스템을 구축했다고도 평가한다. 김일성 사망과 사회주의체제 붕괴라는 최대의 위기 속에서 김정일이 할 수 있었던 것은 가장 조직화된 집단인 군을 중시할 수밖에 없었다는 것이다. 이런 상황에서 당과 군은 최소 동등하거나 오히려 군이 당 위에 서게 되었다는 주장이다. 물론 이에 대한 반론도 만만치 않다.

그러나 김정은 등장 이후 주목되는 점 또한 당·군관계의 변화이다. 김정은은 군 지휘관의 잦은 교체나 '군사칭호(계급)'의 변동 등 이른바 '계급장 정치'를 통해 군을 통제하고 있는 것으로 알려져 있다. 이를 두고 일부에서는 선군정치로 비대해진 군의 권력을 줄이고, 군에 대한 당의 통제를 확고히 하려는 목적이라고 평가하기도 한다. 이 점에서 김정은의 정치를 선당(先黨)정치라고 부르기도 하는데, 보다 정확한 평가를 위해서는 좀 더 지켜봐야 할 것 같다.

우리 안보의 최대 위협인 북한군

북한군 창건일은 4월 25일이다. 북한은 1978년에 북한군 창건일을 기존의 2월 8일에서 4월 25일로 변경했다. 4월 25일은 김일성이 1932년 조선인민혁명군을 조직했다는 날로써, 이를 통해 북한군이 김일성의 빨치산부대 전통을 계승한 군대라고 선전하고 있다. 2016년 기준 북한군은 창건 84주년이 되었다.

북한은 북한군 창건일을 '국가적 명절' 중 하나로 정하고 대대적

한 권으로 읽는 북한사

으로 기념하고 있다. 5년 단위로 '꺾어지는 해'를 의미하는 이른바 '정주년'에는 군사 퍼레이드를 하는 등 대규모로 행사를 치룬다. 김일성 일가에 대한 충성을 강조하는 다양한 행사도 개최된다.

북한군은 당과 함께 김정은체제를 지탱하는 핵심요소이자 우리 안보에 심각한 위협을 주고 있는 존재이다. 우리가 북한군에 대해 계속해서 관심을 가져야 하는 이유일 것이다.

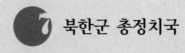

북한군 총정치국

6·25전쟁 기간 설치된
북한군 속의 노동당 조직

　　　　　　북한군은 북한체제를 받쳐주는 핵심조직이기 때문에 만약 북한군이 쿠데타를 일으킨다면 북한체제는 큰 혼란에 빠질 것이라는 예측들을 내 놓는다. 그렇다면 북한군은 쿠데타를 일으킬 수 있는가? 이에 대해 다수의 북한 전문가들은 그 가능성을 낮게 평가한다. 그리고 그 이유를 북한군의 총정치국이라는 기구에서 찾는다. 그만큼 총정치국의 위상과 역할은 중요하며, 총정치국에 대해 이해하지 못하고서는 북한군을 제대로 이해할 수 없다고 할 수 있다.

북한군을 당과 수령의 군대로 유지시켜 주는 역할

총정치국은 우리 국군에는 없는 조직이다. 북한군 속에 설치된 노동당의 정치조직으로 인민무력부, 총참모부와 함께 3대 핵심조직으로 불린다. 총정치국장은 군내 서열 1위로 그 권한 또한 막강하다. 군단에서 중대에 이르기까지 전 제대에 당의 대표로서 정치위원(대대 이하는

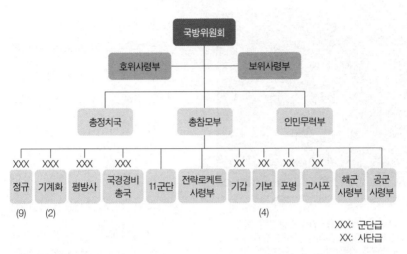

북한의 군사지휘기구도

국방위원회

호위사령부 　 보위사령부

총정치국 　 총참모부 　 인민무력부

| XXX 정규 (9) | XXX 기계화 (2) | XXX 평방사 | XXX 국경경비총국 | 11군단 | 전략로케트사령부 | XX 기갑 (4) | XX 기보 | XX 포병 | XX 고사포 | 해군사령부 | 공군사령부 |

XXX: 군단급
XX: 사단급

* 2012 국방백서

정치지도원)을 보내 군의 사업이 당의 노선과 정책에 맞게 수행되도록 통제하는 조직이다. 이를 통해 북한군을 당과 수령의 군대로 유지시켜 주는 역할을 수행한다. 이 점에서 총정치국은 당과 군의 관계를 상징적으로 보여주는 기구이자, 북한군이 당의 군대임을 실증적으로 보여주는 조직이라 할 수 있다.

총정치국 설치는 김일성의 정치적 승부수

1950년 10월은 김일성에게 시련의 시기였다. 38도선을 넘어 북진하는 국군과 유엔군에게 북한군은 무질서하게 후퇴해야만 했다. 김일성과 박헌영이 서로 연락조차 하기 힘든 정도였다.[3] 김일성은 당시 상황에 대해 군대 내에 패배주의 경향이 나타났다고 질타했다.[4]

북한의 요청으로 이루어진 중공군의 개입은 김일성에게 잠깐의 여유

▶▶▶ 1950년 12월 연합사령부 창설 직후 북한
군과 중공군 지도부의 기념사진. 왼쪽에서
세 번째가 김일성이고 그 옆이 펑더화이
_북경 전쟁기념관 전시 자료

를 주었다. 그러나 중국은
북한과의 조중(朝中)연합사
령부 구성을 제의하면서 북
한군에 대한 작전지휘권을
요구했다. 중공군의 참전은
국내정치에서 김일성의 정
치적 라이벌이었던 친중국
파(연안파)의 위상도 자연
스럽게 올려놓았다. 김일성
은 중공군의 연합사 제의를
두 달여간 거부하며 버텼다.
그러나 스탈린의 '중재(사
실은 지시였음)'로 1950년

12월 초 조중연합사령부가 설치되었다. 그 결과 김일성은 북한군 최고
사령관으로서 행사하던 작전지휘권을 중국에 내놓을 수밖에 없었다.
최대의 위기에 처하게 된 것이다.

이때 김일성으로서는 뭔가 타개책이 필요했다. 김일성은 이런 혼란
속에서 1950년 10월 21일, 총정치국을 설치하고 나섰다.[5] 군대 내에
당조직을 설치하는 것은 이전부터 고려되었으나, 김일성은 조중연합사
와 작전지휘권 '박탈'이라는 위기감 속에서 이를 실행으로 옮겼다. 명분
상으로는 군에 대한 당의 통제 강화라고 밝혔다.

그러나 군이 이처럼 혼란한 상황에서 총정치국을 설치한 것에는
김일성의 치밀한 계산이 깔려 있었다. 김일성은 북한군에 대한 작전지
휘권을 중공군사령관인 펑더화이(彭德懷)에게 넘겨주더라도, 당 중앙
위원장으로서 당을 통해 북한군에 대한 사상 통제를 하겠다는 속셈이

한 권으로 읽는 북한사

었다. 김일성은 초대 총정치국장에 전쟁의 공동 책임자인 박헌영을 임명했다. 이 점에서 총정치국 설치는 뜻하지 않은 상황에 직면했던 김일성의 정치적 승부수라 할 수 있다.[6]

지휘권 내주고 총정치국에 의해 군대 통제

조중연합사가 꾸려진 후 작전에서 손을 뗀 김일성은 용병(用兵)이 아닌 양병(養兵)의 역할만 맡았다. 그러나 김일성은 총정치국을 통해 북한군을 당의 이름으로 통제하기 시작했다. 총정치국을 통해 북한군이 중국식이 아니라 북한식 전법으로 싸울 것을 강조했고, 사상교육도 강화했다. 방호산과 같은 연안파 출신 북한군 지휘관의 전공도 깎아 내렸다. 때론 총정치국의 활동이 미흡하다고 질책하기도 하였다. 북한군이 중국군대에 넘어가는 것을 좌시하지 않겠다는 것이었다. 총정치국은 김일성 입장에서 '자존심'을 위한 최소한의 담보장치이자 북한정치에서 자신의 위상을 지킬 수 있는 마지노선이었다.[7]

총정치국은 설치 이후 계속해서 조직을 강화해 나갔다. 전쟁 기간이었던 1951년 1월 9일에는 민간사업부를 신설하고, 전선의 남진에 따라 다시 차지하게 된 지역에서 군중의 사상동향을 감시했다.[8] 전쟁 이후인 1958년에는 군대

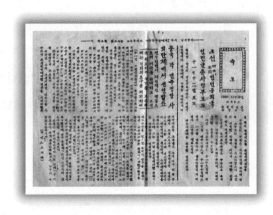

▶▶▶ 6·25전쟁 기간 총정치국에서 발행한 속보지
_국립중앙도서관 소장 사료

내에 당위원회 제도를 도입했고, 1969년에는 정치위원제를 도입하면서 군에 대한 당의 통제를 더욱 강화하는 쪽으로 발전하며 현재에 이르고 있다.

김정은의 군 장악에도 핵심적 역할

김정일 시대 선군정치는 총정치국의 위상을 한 단계 올려놓았다. 당시 총정치국장이자 국방위원회 제1부위원장이던 조명록은 2000년 10월 김정일의 특사로 미국을 방문해 클린턴 대통령을 만나기도 했다.

김정은이 후계자로서 군대를 장악하는데도 총정치국이 핵심 역할을 한 것으로 알려져 있다. 그래서일까. 김정은 등장 이후 총정치국장으로 임명된 최룡해는 김정은의 특사로 중국을 방문하기도 했고, 김정은의 현지시찰에 늘 동행하는 모습이 보도되었다. 장성택의 숙청에도 최룡해의 총정치국이 개입했다는 주장까지 나왔다. 그랬던 최룡해가 어느 순간 해임되고, 그 자리를 당 조직지도부 제1부부장이었던 황병서가 임명되었다.

북한에서 총정치국의 변화는 김정은의 군에 대한 장악수준을 알 수 있는 중요한 지표가 될 수 있다. 적어도, 총정치국을 이해하지 못하고는 북한과 북한군을 정확히 이해했다고 하기 힘들 것이다. 앞으로 총정치국의 변화를 보며 김정은의 행보를 주목해 보자.

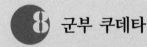

8 군부 쿠데타

발각되었거나 혹은 덫에 걸렸거나, 그들의 거사는 이용당했다

총정치국의 위상과 역할로 인해 북한군의 쿠데타 가능성은 낮을 것으로 전망되지만, 그럼에도 불구하고 군부의 쿠데타 가능성과 실제 쿠데타가 발생했었다는 설은 끊임없이 제기되어 왔다. 현재까지 알려지기로는 1990년대에 수차례 발생했고, 그 횟수 중 가장 많은 것은 일본의 한 연구자가 주장하는 약 25회 정도다. 그러나 북한체제의 폐쇄성으로 인해 '사실 확인'은 결코 쉬운 일이 아니다. 이 점에서 북한연구는 '학문의 영역'과 '정보의 영역'이 혼합된 분야라 하겠다.

이런 가운데 2015년 5월 김정은이 우리의 국방장관격인 현영철 인민무력부장을 잔인한 방법으로 처형했다는 보도가 있었다. 이에 대해 언론에서는 김정은의 공포정치가 극에 달했고, 이에 대한 반발로 군부 쿠데타 등 급변 사태가 발생할 수 있다는 전망을 내놓기도 했다. 그러나 북한 당국이 공식적으로 확인해 주지 않는 이상 우리에게는 말 그대로 설로 받아들여지고 있다.

지금까지 알려진 북한 군부의 쿠데타 소문 중 몇몇 사례는 매우 구체적인 정황이 알려지기도 했는데, 그중에서 이른바 '프룬제 사건'과 '6군단 사건'에 대해 살펴보자.

프룬제 사건과 6군단 사건

프룬제란 소련의 군인이자 군사이론가였던 프룬제(M. V. Frunze)의 이름을 딴 소련의 군사대학 이름이다. 북한은 이 학교에 엘리트 군인들을 유학 보냈고, 이들은 귀국 후 북한군의 핵심세력 중 하나로 성장했다. 프룬제 사건이란 이 학교 유학생 출신 중 일부가 김일성 부자를 제거하기 위해 벌인 쿠데타였다. 그러나 결과는 실패했다.

이 사건의 내막은 북한 강성산 전 총리의 사위였던 강명도 씨에 의해 알려졌다. 강 씨는 1994년 7월 국내로 입국 직후 출간한 회고록에서 이 사건의 전모를 소개했다.[9]

그에 따르면 사건의 주도자는 당시 북한군 부총참모장이던 안종호였다. 안종호는 프룬제 출신으로 동조군인들을 규합해 1992년 4월 25일 북한군 창건 60주년 열병식을 기점으로 '거사'를 계획했다. 이들의 계획은 열병식에 참가할 탱크에 실제포탄을 장착해 귀빈석(주석단)으로 발사, 주요 요인들을 살해하는 것이었다. 거사 날짜가 북한군 창건일인 이유로 강 씨는 이 사건을 '4·25쿠데타'라고 부른다.

이들이 쿠데타를 모의한 이유는 두 가지였다. 첫째, 김정일이 능력이 부족한데도 김일성의 후계자로 권력을 행사하는 것에 대한 불만, 둘째, 당시 소련 붕괴와 한·소수교에 대해 북한이 소련을 비난하자 소련 유학생 출신들이 갖게 된 체제에 대한 반감과 위기감 때문이었다. 이 거사에는 약 40여 명의 프룬제 출신 장교들이 가담했다고 한다.

한 권으로 읽는 북한사

▶▶▶ 2015년 4월 24일, 평양에서 개최된 북한군 창건 83주년 축하 중앙보고대회 모습
_노동신문

　이들의 계획은 3단계였다. 1단계는 열병식장에서 탱크를 이용해 김일성 부자와 요인들을 살해하고, 2단계는 인민무력부 상황실을 점거해 군통제권을 장악하며, 3단계는 국가보위부, 사회안전부, 노동당 청사, 중앙방송국, 노동신문사 등 주요거점 접수 및 비상계엄 선포였다. 그리고 새 인물을 혁명지도자로 내세우겠다는 것이었다. 이 과정에서 김일성 경호부대인 호위사령부를 봉쇄하는 계획도 세웠다.

　그러나 이들의 계획은 처음부터 엇나간다. 프룬제 출신이 책임자로 있던 평양방어사령부 예하부대의 탱크를 열병식에 참석시키려 했지만, 인민무력부의 반대로 다른 부대의 탱크가 동원된 것이다. 결국 시작도 못해 보고 거사는 없던 일이 돼 버렸다.

　그러나 묻힐 것 같았던 이들의 거사는 엉뚱한 곳에서 발각되었다. 1993년 3월경 북한을 방문한 구(舊) 소련 KGB요원이 북한 국가안전보위부 요원과의 술자리에서 안종호의 안부를 물은 것이 발단이었다. KGB는 프룬제 출신들의 거사 계획을 사전부터 인지하고 있었다고 한다. 결국 술자리에서 뒤늦게 쿠데타 계획이 알려졌고, 김정일은 이들을 숙청했다.

프룬제 사건 이후 3년도 채 지나지 않은 1995년 초 '6군단 사건'이 일어났다. 6군단은 함경북도 청진에 위치한 군단이다. 이 사건은 6군단 소속 정치위원과 소속 장교들의 쿠데타 모의 사건이었다.10)

탈북자들의 주장에 따르면 당시 쿠데타를 모의한 측의 계획은 두 가지였다. 하나는 6군단이 특공대를 조직해 평양에 직접 잠입하여 김정일을 암살하고, 주요 기관을 점령한다는 것이었다. 다른 하나는 6군단이 단독으로 평양을 장악하기 힘들기 때문에 한국군 및 미군을 나진항으로 끌어들여 후방 전 지역을 확보한 뒤, 6군단이 특공대를 이끌고 평양으로 들어가 지휘계통을 장악한다는 것이었다. 그러나 이 또한 사전에 발각되어 실패했고, 관련자들은 숙청당했다.

사건에 대한 다른 주장들

그러나 일부에서는 이 두 사건이 실제로는 쿠데타 모의가 아니었다고 주장한다. 김정일이 군에 대한 통제를 강화하기 위한 명분으로 사건을 쿠데타로 '포장'했다는 것이다.

이들의 주장은 이렇다. 먼저, 프룬제 사건은 소련에 유학했던 군인과 학생에 대한 숙청이었다고 한다. 소련은 북한을 자신들의 영향 아래 두기 위해 소련에 유학한 군 간부를 일부 포섭했는데, 이들을 활용하기도 전에 붕괴해 버렸다는 것이다. 그러나 소련 붕괴 후 일부 KGB요원이 이 같은 사실을 북한에 넘겼고, 북한은 이 자료를 토대로 소련 유학생 출신들을 숙청했다는 것이다. 그리고 숙청의 명분으로 만든 것이 쿠데타 모의였다는 것이다. 실제로 이 사건이 있을 무렵 상당수의 소련 유학 군인들과 유학생들이 숙청되었던 것으로 알려졌다.

6군단 사건도 쿠데타가 아니라 군 간부들의 부정 사건이라고 한다. 1995년 10월 총참모장에 오르는 김영춘이 1994년 6군단장에 임명되었는데, 간부들의 부패가 심각해 제대로 지휘조차 할 수 없는 상황이었다는 것이다. 결국 1차로 군단 내부 검열을 벌였고, 이어 1995년 3월에는 국가안전보위부와 노동당 군사부가 합동 검열을 진행해 관련자들을 대대적으로 숙청했다. 이 과정에서 군단 정치위원과 예하부대장 등이 처형되었고, 대대장 이상 군관은 전원 제대 또는 타 부대로 이동 조치되었다. 결국 김정일이 군을 숙청하기 위해 6군단에 쿠데타 사건을 덧씌웠다는 것이다.

섣부른 예단은 금물

1989년 루마니아 독재자 차우셰스쿠가 시민의 편에 선 군대에 의해 비참한 최후를 맞았다. 또 같은 해 동독의 체제 붕괴과정에선 체제보위의 핵심세력이던 동독군대가 별다른 역할을 하지 못했었다.[11]

당시 북한은 이 같은 동유럽 상황에 깊은 관심을 가지고 있었다. 일종의 조사단을 보내 관련 자료를 수집하고, 영상을 찍어와 간부들을 교육하며, 향후 북한에서 유사한 사태가 발생할 것에 대비했다고 한다.

프룬제 사건이나 6군단 사건이 일어난 것은 이 같은 동유럽 상황이 있었던 이후였다. 북한이 곧 붕괴할 것이라는 전망도 본격적으로 제기되던 때였다. 이들 사건의 실체가 군사 쿠데타였는지, 아니면 다른 사안이 쿠데타로 포장되었는지는 명확히 확인하기 힘들다. 그러나 이런 사건들이 북한이 직면했던 당시 국내외 상황에서 김정일의 군 통제를 강화하는 계기로 활용된 것만은 틀림없어 보인다.

김정은 등장 이후 북한군부의 쿠데타 가능성, 더 나아가 북한 붕괴설이 심심치 않게 등장하고 있다. 북한체제의 핵심 세력인 군부의 움직임은 당연히 주목될 수밖에 없을 것이다. 그러나 이런 관심들이 비단 어제 오늘의 일만은 아닌 만큼 결코 섣부른 예단은 하지 말아야 할 것이다. 오히려 이럴 때일수록 북한 내부의 변화에 대한 냉철하고도 면밀한 분석, 그리고 치밀한 대책이 필요할 듯싶다.

당·군·내각·민간의 전시 대비 행동지침서

우리 정부의 전시(戰時) 대비계획인 '충무계획'
이나 '작전계획 5027'처럼 북한도 이른바 '전시대비계획'을 수립해 놓고
있다. 그러나 구체적인 실체는 확인이 어렵다. 모든 나라가 그렇듯이
전시계획은 국가의 비밀로 분류되어 엄격히 관리되고 있기 때문이다.

그런데 2005년 1월 북한의 '전시사업세칙'이 국내 언론에 공개된바
있다.[12] 이것은 2004년 4월 7일 김정일의 지시로 작성된 기밀문건이
노출된 것으로 북한의 내부기강이 어느 정도나 해이해졌는지를 가늠할
수 있는 좋은 사례이기도 했다.

전시사업세칙의 개념과 작성 배경

'전시사업세칙'은 북한이 전시에 대비하여 수립한 일종의 전시계획
이다. 이것은 북한군만 해당되는 것이 아니라 당과 내각, 민간부문
등 북한 전 기관들의 역할이 기술되어 있는 '전시 행동지침서'이다.

이 점에서 우리 정부의 '충무계획'과 매우 유사하다고 볼 수 있다.

북한은 이전에도 전시 대비계획이 있었던 것으로 알려져 있다. 2004년도에 이 계획을 새롭게 수립한 것은 2002년 10월 2차 북핵 위기와 2003년 3월 이라크전쟁을 지켜본 북한이 대응 차원에서 작성한 것으로 전문가들은 보고 있다. 이 세칙에서, 북한은 미국이 핵 문제로 북한을 침공하려 하고 있다고 평가하면서, 유사시 전당·전군·전민이 통일적 지휘하에 인적·물적 자원을 총동원 하여, '혁명전쟁'에 능동적으로 대처하기 위함이라며, 그 작성배경을 제시하고 있다.

전시사업세칙의 세부내용

세칙은 2쪽 분량의 지시문과 본문 365개 조항으로 되어 있는데, 아쉽게도 본문의 절반 정도는 삭제된 상태이다. 그러나 북한의 전반적인 전쟁 시나리오의 윤곽을 그려보는 데는 매우 유용한 자료임에 틀림없다.

세칙은 '전시'에 대한 개념, 전시사업의 기본, 북한군대사업, 후방부문사업 등으로 구성되어 있다. 전시는 선전포고를 한 때부터로 정의하고 있고, 전시상태의 선포와 해제는 최고사령관 명령으로 하달하게 되어 있다. 전시 정치, 군사, 경제, 외교 등 모든 사업은 국방위원회로 집중하고, 위원장이자 최고사령관인 김정일의 결정에 따라 집행한다고 되어 있다.

전시사업의 기본은 이른바 '혁명의 수뇌부를 결사옹위하고, 사회주의 조국을 튼튼히 보위하여, 조국통일의 역사적 위업을 이룩하는 것'이고, 중앙 및 지방 지도기관들은 최고사령관의 지시를 무조건 집행하는 엄격한 명령지휘체계를 세울 것을 강조하였다.

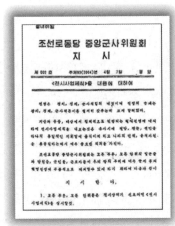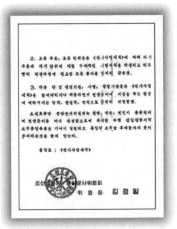

▶▶▶ 경향신문에서 보도한 북한 전시사업세칙의 지시문 부분

군대의 행동절차에 대해서도 세부적으로 명시하고 있다. 전시 돌입 시 지휘소와 지휘거점에 대한 반(反)특공대 및 반항공 방어, 평양을 비롯한 주요 도시의 인원출입 통제, 전차·포병·공병·통신 등 각 참모 부별 임무가 기술되어 있다. 뿐만 아니라 전시 부대조직개편 원칙, 전시 동원령 선포, 갱도생활 준비, 기밀 문건 처리절차, 전시 노동당보 배포방법 등도 포함되어 있다. 무인항공기 등 정찰자산을 이용하여 중요 대상물에 대한 자료 확보와 자동차국에서 직승비행대(헬기부대)를 전선군단사령부로 수송한다는 것, 그리고 정치사업, '적공(심리전) 사업,' 북한군 3방송을 통한 교양사업도 계획되어 있다.

전쟁 발발 시 김일성, 김정일, 김정숙의 초상화와 동상을 안전한 곳으로 옮기고, 각종 혁명 전·사적지에 대한 방어, 그리고 전시 김정일의 활동에 대한 기록과 영화제작 계획을 수립한 것은 북한 특수체제의 한 단면을 보여주고 있다.

김정은의 등장과 전시사업세칙 개정

전시사업세칙은 김정은 등장 이후인 2012년 9월 개정된 것으로 알려졌다. 김정일이 사망한 지 9개월 만이다. 주요 개정사항으로는 전쟁 선포 시기 신설과 전쟁 선포주체 및 전시지도기관 변경 등이다.

개정된 세칙에서 가장 주목을 끄는 것은 전쟁 선포 시기를 세 가지로 구분하여 신설한 점이다. 세 가지는 첫째, 미국과 한국의 '침략전쟁' 의도가 확정되거나 무력 침공했을 때, 둘째, 한국 내 애국 역량의 지원요구가 있거나 국내외에서 통일에 유리한 국면이 마련될 경우, 셋째, 한·미가 일부지역에서 일으킨 군사적 '도발행위'가 확대될 때로 정하고 있다. 이것은 북한이 한·미 UFG연습을 '침략전쟁'으로 판단하거나, 국내 종북 세력이 전시 선포를 요청할 때, 그리고 서해 NLL지역에서의 국지도발이 확대될 경우에 그들 나름대로의 전쟁을 선포할 수 있도록 방안을 강구해 놓은 것이다.

전쟁 선포의 주체는 종전에는 최고사령관 단독이었으나, 당 중앙위원회, 당 중앙군사위원회, 국방위원회, 최고사령부 공동명령으로 변경하였다. 그러나 김정은이 각각의 직책을 겸직하고 있기 때문에 큰 변화는 없을 것으로 보인다.

이 밖에도 전시 총괄지도기관을 국방위원회에서 노동당의 군사부문 노선과 정책을 총괄하는 당 중앙군사위원회로 변경한 것과 김일성 부자의 시신이 안치되어 있는 '금수산태양궁전'을 결사보위한다는 것이 추가되었다.

김정은, 세칙 개정 후 3년 내 무력통일 공언

김정은은 전시사업세칙 개정 후, 3년 내에 무력으로 통일하겠다며

한 권으로 읽는 북한사

수시로 공언했다 한다. 김정은이 빈번하게 육·해·공군부대를 찾아가 전쟁준비를 독려하고 있는 것도 이와 무관치 않을 것으로 보인다. 북한은 2014년 우리의 UFG연습에 맞춰 서해 남포에서 대규모 상륙훈련을 실시했고, 앞으로도 한미군사연습에 맞서 자신들의 군사적 대응을 정례화하겠다고 밝힌 점 또한 주의 깊게 볼 필요가 있다.

정말 김정은의 말이 정치적 수사에 그칠지, 아니면 실제 도발로 표출될 것인지는 확실하게 알 수 없다. 그러나 이에 대한 철저한 대비는 반드시 필요해 보인다. 지피지기면 백전백승이라 했다. 북한의 전시사업세칙에 대한 연구는 우리 안보 대비의 첫 단추이자 유용한 열쇠가될 것이다.

북한의 6·25전쟁 승리 주장

김일성 스스로 '위안'이자
정치적 선전에 불과

우리에게 7월 27일은 정전협정 체결일이다. 1,129일간의 전쟁이 휴전에 돌입한 날이다. 그러나 북한은 이날을 '조국해방전쟁승리기념일'이라 부르며, 자신들이 승리했다는 주장을 대대적으로 내놓은 날이다. 일종의 승전기념일인 것이다. 그렇다면 북한의 6·25전쟁 승리 주장은 과연 타당한 것인가? 결코 그렇지 않다.

정전협정 체결 당일부터 승리라고 주장

북한은 1953년 7월 27일, 정전협정 체결 당일부터 전쟁에서 승리했다고 선전했다. 김일성은 '조국해방전쟁의 위대한 승리를 축하한다'라는 발표를 통해 전쟁을 북한의 승리로 규정하였다. 전쟁을 통해 세계 최강대국 미국의 '신화'를 깨뜨렸다는 것이다. 다음날인 7월 28일에는 방송연설을 통해 정전은 유엔과 남한의 패배를 입증하는 것이라고 강조하였다. 이뿐만이 아니다. 전쟁 승리를 기념하기 위한 사업도 발 빠

▶▶▶ 1953년 7월 27일 평양에서 정전협정에 서명하는 김일성 _군사편찬연구소 소장 사료

르게 추진해 나갔다. 8월 13일 북한 최고인민회의는 전쟁을 기념하기
위한 '정령(政令)'을 채택하고, 전쟁기념 메달 제정, 기념탑 건립, 중공
군 공훈기념 추모탑 건립 등을 추진케 했다. 특히 8월 15일에는 평양시
경축대회를 개최하고, 전쟁에서 자신들이 이룩한 '전과'를 대대적으로
공개했다. 8월 17일에 개관한 '전승기념관'은 이의 절정판이었다.

전쟁 승리 주장, 스스로에 대한 위안일 뿐
김일성이 승리라고 주장한 이유는 무엇일까? 김일성은 7월 27일
연설에서 승리의 근거로 미국과 남한의 침략을 막아 '조국(북한)'을 수
호했고, 미국과 남한이 휴전협상을 먼저 제안해 와 체결해 주었다고
했다. 과연 그러한가?

6·25전쟁을 조금만 살펴봐도 이것이 잘못되었음을 확인할 수 있다. 먼저, 북한의 주장과 달리 6·25전쟁이 북한의 기습 남침이었다는 사실은 소련과 중국에서 나온 문서들을 통해 이제 더 이상 논쟁의 여지가 없게 되었다. 특히 1994년 소련이 한국에 전달한 극비외교문서, 이른바 '옐친문서'는 전쟁이 북한의 남침임을 밝혀주는 명확한 근거가 되었다.

둘째, 휴전 제안도 김일성의 주장과 다르다. 휴전 문제는 1950년 10월 유엔군의 북진 당시 소련에서 먼저 나왔고, 1951년 3월에는 유엔군 측에서도 나왔다. 그러나 직접적인 회담으로 이어진 휴전 제안은 1951년 6월 23일 주유엔 소련대사 말리크가 한 것이었다. 이것은 미국이 소련·중국과 비밀리에 접촉함에 따라 형성된 휴전에 대한 양측의 공감대가 말리크의 제안으로 표출된 것이다. 김일성이 주장하는 미국과 유엔군이 먼저 휴전을 제안했다거나, 이것을 승리의 근거로 삼는 것은 이제 의미 없는 정치적 선전에 불과한 것이다.

▶▶▶ 전쟁보다 힘들었다는 북한의 전후복구 모습
_북한선전화보

한 권으로 읽는 북한사

셋째, 6·25전쟁은 침략자인 북한에게 더 큰 피해를 입혔다. 전쟁 기간 북한군은 약 52만 명이 사망했는데 이것은 국군보다 4배나 많은 수치이다. 침략을 일으킨 북한이 더 많은 피해를 입은 것이다. 전쟁 피해는 북한에게 큰 고통을 안겨다 주었다. 김일성은 1972년 5월 뉴욕 타임스 솔즈베리 기자와의 인터뷰에서 "전쟁보다 전후복구가 더 어려웠다"고 고백한 바 있다.

정전 직후 김일성은 복구자금을 '구걸'하러 소련으로 가야만 했다. 김일성은 9월 1일 평양을 출발해 소련 방문 후 9월 29일 귀국했다. 이때 김일성은 소련에게서 전후 복구자금 10억 루블(약 300억 원)을 받아 돌아왔다. 김일성이 귀국하던 날 평양시민들은 환영대회를 개최했고, 이 자리에서 '소련군의 공훈은 천추만대에 길이 빛나리라!'며 소련을 칭송하며 감사했다.

결국 북한과 김일성의 전쟁 승리에 대한 주장은 전혀 사실과 다른 것이다. 그렇다면 북한은 무엇을 근거로 자신들이 승리한 전쟁이라고 주장하는가? 북한은 세계 최강 미국을 상대로 휴전을 이끌어 냈다는 점을 승리의 근거로 주장하는 것이다. 북한은 전쟁 개시자로서 심각한 피해를 받았음에도 전쟁 이전 38도선과 유사한 현재의 군사분계선에서 전쟁을 휴전할 수 있었다. 이것만으로도 김일성에게는 다행스러운 일이자 큰 '만족'이었을 것이다. 결국 북한의 전쟁에 대한 승리 인식은 스스로에 대한 '위안'이자 주민들에 대한 정치선전에 불과한 것이다.

김일성에 이은 김정은의 승리 선전을 위한 몸부림

김정은이 등장한 이후 가장 먼저 추진한 사업은 그들의 '전승기념관'을 새로 짓는 것이었다. 1953년 8월 개관 후 증·개축을 해왔던 기념관을 대규모로 신축한 것이다. 2012년 7월 8일 김정은의 지시로 시작된 이 공사는 정전 60주년을 맞은 2013년 7월 27일 중국 리위안차오(李源潮) 부주석을 초청해 대대적인 개관식을 열었다. 이 사업에 대한 김정은의 관심은 지나칠 정도였다. 공사기간 중 18차례나 현지지도를 했고, 2013년 7월에만 7번을 방문했다. 김정은은 기념관을 '나라의 보물고이자 반미교양의 중요 교양거점'이라고 하였다. 김일성처럼 김정은도 6·25전쟁을 승리로 포장하려는 것이다.

하비케이(Harvey J. Kaye)는 지배자들이 피지배자들에게 순종과 동의의 수단으로 기억을 이용한다고 했다. 이에 따르면 김정은의 이 같은 행동은 이른바 기억의 호명(呼名)으로 볼 수 있다. 현재의 어려운 상황을 타개하기 위해 과거의 기억을 불러오는 마케팅인 것이다. 전쟁 당시, 그리고 그 복구시기 어려웠던 상황의 기억을 불러오면서 오늘도 그때처럼 이겨나갈 수 있다는 정치적 선동책에 불과한 것이다.

그러나 새로 지어진 기념관에 정작 전시할 전시물이 없어 애를 먹었다고 한다. 해외 주재원들까지 전시물 수집에 나섰다는 보도도 있었다. 6·25전쟁을 '승리'로 선전하기 위한 김정은의 몸부림이 그리 순탄하지만은 않았던 것이다.

6·25전쟁은 대한민국이 승리한 전쟁

지금까지 6·25전쟁은 정전으로 종결되면서 사실상 무승부였다는 것이 학계의 지배적 평가였다. 그러나 최근에는 전쟁 목적과 명분의 달성 여부, 전쟁 결과가 국가발전에 미친 영향 등이 종합적으로 고려되어야 한다는 주장이 힘을 얻고 있다. 한반도 적화통일이라는 북한의 전쟁 목표는 이루어지지 않았다. 실패한 전쟁이다.

반면 대한민국은 현재 세계 10위권의 경제대국으로 성장하였다. 2014년 6월 27일 한국은행의 발표에 따르면, 남북한 경제력 격차가 43배라고 한다. 한국의 국제적 위상이 북한의 참혹한 현실과 비교되면서 전쟁의 승패는 더욱 더 명확해졌다. 6·25전쟁은 대한민국의 '잊혀진 승리(The Forgotten Victory)'로 재평가받고 있다. 그런 점에서 김일성의 전쟁 승리에 대한 공허한 '주장'은 그 설 땅을 잃었다고 할 수 있을 것이다.

▶▶▶ 전쟁 전 스탈린이 김일성에게 선물로 준 일명 '김일성 자동차.' 1950년 10월 22일 국군이 청천강변에서 노획했다 _전쟁기념관 전시

군사정전위원회

북한은 정치선전장으로 악용했지만, 정전체제 관리의 중요한 기구

　　북한이 도발한 6·25전쟁은 '종전'이 아닌 '정전'으로 일단락되었다. 그리고 정전협정이 체결된 지 60여 년이 지났지만 아직도 이 땅의 분단과 정전은 변함없이 지속되고 있다. 그러는 동안 판문점은 전 세계의 주목을 끄는 장소가 되었고, 이곳에서는 이전까지 피를 흘리며 싸우던 당사자들이 마주보며 '설전(舌戰)'을 펼치는 새로운 전쟁터가 되었다.

　　그리고 이곳에는 한반도 정전관리를 맡고 있는 군사정전위원회가 비록 부침(浮沈)을 겪기는 했지만 여전히 한반도의 평화를 위해 오늘도 부여된 역할을 수행하고 있다.

정전협정과 군사정전위원회의 탄생

1953년 7월 27일 체결된 정전협정은 협정 이행 감독기구로 군사정전위원회(군정위)라는 새로운 조직을 탄생시켰다. 이 점에서 군정위는 정전협정의 부산물인 셈이다.

군정위는 정전협정 체결 당사자인 유엔군 측과 조중 측(북한·중국)이 함께 참여하는 기구로, 본회의와 비서장 회의를 운영했는데, 양측 수석대표가 참가하는 것이 본회의였다. 여기에는 유엔군 측에서 미국, 한국, 영국 등이, 조중 측에서는 북한과 중국이 각각 5명씩 참가했으며, 쌍방 최고사령관의 대화통로 역할을 했다.

▶▶▶ 1977년 판문점 전경 _국가기록원

군정위 본회의는 1953년 7월 28일 제1차 회의 이후 1992년 5월 29일 제460차 회의를 끝으로 열리지 않았다. 북한이 군정위 수석대표를 미군에서 한국군 장성으로 임명한 것에 대한 거부 표시로 군정위 해체를 주장했기 때문이다. 이후 북한은 1994년 5월 24일부로 판문점 대표부를 설치하고, 중국군 대표도 철수시켰다. 현재는 유엔사 측 군정위와 북한군 판문점 대표부 간의 회담이 이어지고 있다.

북한, 군정위를 정치선전장으로 악용

군정위회의는 공개된 상태에서 진행되었다. 수석대표의 발언은 스피커를 통해 외부에서도 듣게 해 놓았고, 기자들이 창문을 통해 회의장을 들여다볼 수 있게 하였다. 5명의 대표들 이외에 많은 인원이 같은 장소에서 회의를 참관했다. 실질적인 토의와 합의를 이끌어내기에는 구조적으로 적합하지 않았던 것이다. 군정위 개최는 정전협정에 의해 어느 일방이 24시간 전에 '통고(notice)'함으로써 이루어졌다. 즉, 필요한 측에서 하루 전에만 통보하면 회의는 개최되는 구조였다.

이 같은 구조적 특징을 북한은 정치선전장으로 악용하였다. 총 460회 중 74%인 340회에 걸쳐 회의 개최를 요구했고, 이 자리를 이용해 대남 평화공세를 전개했다. 전 유엔사 특별고문인 이 문항에 따르면, 북한 수석대표 발언문의 60~70%가 정치선전이었다고 한다. 내용은 남북한 통상교류, 우편물 교환, 어장개방, 남북총선거, 남한 실업자 구제 문제 등 평화공세 내용이 대부분이었다. 1958년 중공군이 철수한 이후에는 주한미군 철수 주장이 추가되었다.

북한은 군정위 개최 사실과 북한 대표의 주장을 매번 노동신문에 보도하였다. 조선중앙연감에도 1년 동안의 주요내용을 요약하여 게재하였는데 이는 군정위가 주민들에 대한 정치선전의 소재로 유용하였기 때문이다.

북한군 대표들은 정치군인들

군정위에서 유엔사 측 수석대표였던 미군 장성은 1953년 7월부터 1992년 3월까지 57명이 거쳐 갔다. 미 국방부는 많은 장군들에게 공산군과의 협상경험을 주기 위해 약 6개월 간격으로 수석대표를 순환 보직시켰다. 보직기간은 1977년 이후에야 2년으로 늘어났다.

이에 반해 공산군 측 수석대표를 맡고 있던 북한은 대부분 외교 또는 노동당의 근무 경험이 있는 정치군인들을 장기간 배치했다. 모두

12명이 거쳐 갔고 이들은 평균 40개월을 보직했다.

　주요 대표들의 면면을 살펴보면, 초대 대표인 이상조는 정전협상의 북한 측 차석대표였다. 그는 부산출신으로 전쟁 당시 북한군 정찰국장이었고, 후에 소련대사로 근무하다 망명했다. 4대 주창준은 노동당 선전선동부 부부장 출신으로, 1972년 남북적십자회담 차석대표로 서울을 방문했고, 1988년에는 중국대사로도 근무했다. 6대 박중국은 1·21 사태와 푸에블로호 사건

▶▶▶ 1978년 군사정전위원회 회의 모습 _국가기록원

이 발생했을 당시 대표였다. 모스크바 유학 후, 외교부에서 근무했고, 쿠바 대사를 역임하기도 했다. 장성택과는 사돈지간으로 알려졌다. 8대 한영옥은 총정치국 선전부국장 출신이었다. 10대 한주경은 남한출신으로, 판문점 도끼만행 사건 당시 대표였다. 1957년부터 군정위 참모를 시작으로 수석대표까지 역임해 군정위에 정통한 인물로 알려졌다.[13]

　수석대표 이외에도 많은 북한군 장교들이 군정위를 거쳐 갔다. 천안함 사건의 주도자로 알려진 정찰총국장 김영철은 푸에블로호 사건 당시 군정위 연락장교였고,[14] 판문점 대표부 대표인 이찬복은 1965년부터 군정위에서 통역관으로 근무했던 것으로 알려져 있다.

군정위, 정전체제 관리 외에도 다양한 역할 수행

냉전 시기 군정위는 북한이 남한과 미국을 만날 수 있는 유일한 장소였다. 남북 간에는 1971년 11월 중감위 회의실에서 첫 정부 당국자 간 회담이 있기 전까지 유일한 접촉창구였다. 미국과는 푸에블로호 사건 당시 군정위 수석대표 간 비밀회담이 개최되기도 했다.

군정위는 국제정치의 변화를 직접적으로 받는 곳이기도 했다. 1971년 6월에 있었던 중국의 군정위 대표 재파견은 대표적인 사례일 것이다. 이것은 1966년 8월 북·중관계 악화로 대표를 철수시켰던 중국이 5년 만에 다시 대표를 파견하겠다고 알려온 것이다. 미국 키신저의 중국 비밀방문 20여 일 전이었다. 중국군 새 대표의 보직일은 키신저 방중일인 7월 9일과 우연히도 일치했다. 당시 한국 정부는 이것을 미·중 화해를 추진하는 상황에서 중국이 김일성의 호전성을 견제하고, 한반도에 대한 발언권을 강화하기 위한 의도로 평가하고, 관계부처 간

▶▶▶ 2013년 6월 판문점의 모습

한 권으로 읽는 북한사

대책위를 구성하기도 했다.

이 밖에도 군정위는 한·미가 북한의 전략을 파악하는 유용한 기회이기도 했다. 군정위에서 보여준 북한의 태도는 중요한 평가 자료가 되었고, 군정위 회의록은 국방부 외에도 외무부, 중앙정보부 등 관계기관에 배포되어 활용되었다. 미국도 군정위회의를 항상 예의 주시하였다.

냉전 시기 군정위는 북한의 정치선전장으로 이용되기도 하면서, 일부에서는 군정위 무용론을 제기하기도 하였다. 그러나 정전협정 당사국들이 군사 문제를 논의하는 유일한 대화의 장으로써 한반도 정전체제 유지에 기여한 군정위의 기능과 역할에 대해서는 제대로 된 평가가 내려져야 할 것이다.

12 북한 신년사

최고지도자가 제시하는
연간 정책운영 구상이자 달성해야 할 목표

        북한의 정치·군사를 이야기하면서 신년사(新年辭)를 다룬다는 것은 보통의 사고라면 의아해하는 것이 당연할 듯싶다. 그러나 북한체제에서 신년사는 북한의 한 해를 읽는 키워드(Key Word)를 담고 있고, 북한의 변화와 북한이 어디로 가고 있는지를 알 수 있는 중요한 이정표를 담고 있는 중요한 문건이다. 그리고 북한주민들에게는 앞으로 달성해야 할 '목표'를 제시하는 최고지도자의 명령과도 같은 '새해 인사말'이다.

북한에서 신년사의 의미
북한은 매년 1월 1일 최고지도자가 신년사를 발표해 왔다. 새해 첫날 대부분의 국가지도자들이 신년사를 발표하는 만큼 이것이 북한만의 특별한 현상은 아닐 것이다. 그러나 북한 신년사는 자유민주주의 국가의 신년사와 비교할 때 명확히 구분되는 특징이 있다.

북한의 신년사는 단순히 '덕담' 차원의 인사말이 아니다. 그것은 당·정·군의 최고지도자가 주민들에게 제시하는 연간 정책운영 구상이자 달성해야 할 목표이다. 즉, 중앙집권체제인 북한에서 최고지도자가 주민들을 상대로 새해 정세와 정책 목표를 직접 설명하는 행위로써, 신년사의 내용은 연중 지속되며 강제성도 지닌다.

따라서 각 기관과 생산단위 등에서는 신년사에서 제시된 내용을 토대로 자신들이 한 해 동안 추진할 계획을 수립하고, 이를 관철하기 위한 결의를 다진다. 각 단위별로 신년사를 학습하고 해설하는 모임도 진행한다. 특히 신년사가 발표된 후 1주일을 전후하여 평양을 시작으로 전국적으로 신년사에서 제시된 과업관철을 위한 군중대회도 개최한다. 결국 북한의 1월은 최고지도자의 신년사를 듣고, 신년사에서 제시된 과업을 관철하기 위한 각종 행사로 채워지게 된다.

북한 신년사의 시작과 전개

북한에서 최고지도자의 신년사가 처음 등장한 것은 1946년 1월 1일이었다. 이날 김일성은 '신년을 맞이하면서 전국 인민에게 고함'이라는 제목의 연설을 했는데 이것이 북한 신년사의 시작이다.

이후 2016년 1월 김정은의 신년사까지 총 65회가 발표되었다. 김일성이 43회, 김정일이 17회, 김정은이 5회를 발표했다. 그 형식과 명칭은 조금씩 변화를 보였는데, '신년사'라는 제목이 41회, '신년공동사설'이 18회, '연설'이 4회, '축하문'이 2회였다. 1957년과 1966~1970년까지 6년 동안은 신년사가 발표되지 않았다.[15]

북한의 신년사를 누가 작성하는지는 잘 알려져 있지 않다. 다만, 전 북한 통일전선부 간부였던 장진성은 신년사 작성에 대해 김일성 때에는 당 선전선동부 산하 당 역사문헌연구소에서 작성 후 김정일의 검증과 결재를 받고 발표되었다고 한다. 또한 김정일 정권 때에 발표된 신년공동사설은 노동신문 정론부에서 작성했다고 한다.[16] 황장엽은 그의 회고록에서 1988년도 김일성 신년사를 자신이 집필했다고 적고 있다. 당시 김정일이 문서정리실 실장이 병사하여 신년사를 쓸 사람이 없다고 자신에게 도와달라고 했다는 것이다.[17] 여기서 문서정리실은 당 비서국 산하의 전문부서 중 하나이다.

신년사의 발표 방법도 지도자별로 차이를 보였다. 김일성은 신년사를 육성으로 발표했다. 그러나 김정일은 김일성과 달리 육성연설을 하지 않고 『노동신문』, 『조선인민군』, 『청년전위』라는 3개 신문의 공동사설로 신년사를 대신했다. 그래서 이때는 '신년사'라는 말 대신 '신년공동사설'이라고 불렀다. 『노동신문』은 노동당의 기관지(黨報)로 북한에서 가장 권위 있는 신문이다. 『조선인민군』은 북한군의 군보(軍報)로 우리의 『국방일보』와 유사하다고 할 수 있다. 『청년전위』는 김일성사회주의청년동맹 기관지로 『청년보(青年報)』로도 불린다.

김정일이 김일성처럼 육성으로 신년사를 발표하지 않은 것은 그의 허스키한 육성이 연설에 적합하지 않았기 때문인 것으로 추정되고 있다. 사실 김정일은 1992년 4월 북한군 창건일에 생전 딱 1번 공개연설을 했는데, 그것마저도, '영웅적 조선인민군 장병들에게 영광 있으라'라는 단 한마디뿐이었다.

김정은은 집권 첫해인 2012년에는 김정일 때와 같이 공동사설로 신년사를 대신했지만, 이후 2013년부터 2016년 현재까지 약 25~30분가량의 육성연설로 신년사를 발표했다. 김정은이 신년사를 육성으로 발표하는 것에 대해 전문가들은 김일성을 흉내 내기 위한 것이라고 분석하고 있다. 북한은 김정은의 첫 신년사 육성연설을 기념하여 2013

한 권으로 읽는 북한사

년 2월 기념우표를 발행하기도 했다.

주요 신년사 내용들

일반적으로 북한 신년사 내용은 인사말로 시작하여 전년도 정세를 돌이켜보고 사업 분야별로 실적을 평가한다. 그리고 새해 정세전망과 분야별 사업방향, 그리고 구체적 과업을 제시하는 것으로 구성된다. 각 분야별 비율은 경제분야가 평균 절반가량으로 가장 많고, 정치, 대남관계, 군사, 외교 등의 순이다. 해당 연도에 특별한 행사가 있는 경우 이에 대한 내용도 포함된다.

역대 주요 신년사 내용을 살펴보면, 6·25전쟁이 있기 1년 전인 1949년에는 '국토의 완정과 조국의 통일을 위하여 궐기하자'라는 제목의 신년사를 발표했다. 1950년에는 '모든 군인들은 어느 시각에든지 조국과 인민의 부름에 응하여 적을 소탕할 수 있도록 항상 준비되어 있어야 한다'며, 국토 완정과 조국통일을 위한 투쟁에서 전진하자고 강조하였다. 1961년에는 새로운 7개년 경제계획의 준비를 독려하였고, 1987년에는 사회주의의 완전한 승리를 강조하였다. 1988년에는 남북 연석회의를 제의하기도 했고, 1991년에는 세계적으로 사회주의체제가 붕괴되는 상황에서 역설적으로 사회주의체제의 강화 발전을 강조하기도 했다.

김일성 사망 후 첫해인 1995년에는 김정일을 중심으로 김일성 유훈통치를 관철할 것을 강조하였지만, 일종의 무기력함도 함께 표출했다. 실제 북한 전문가들은 김정일 시대 신년사는 김일성 때와 비교해볼 때 큰 고민 없이 쓰여진 것 같다는 평가를 내리기도 한다.

2014년 1월 있었던 김정은의 신년사는 2013년을 '병진노선을 받들

고 사회주의 강성국가 건설과 사회주의 수호전에서 승리를 이룩한 해'
로 평가하고, 2014년을 당 창건 70돌을 앞두고 '선군조선의 번영기를
열어갈 투쟁의 해, 변혁의 해'로 설정한 바 있다.

한편 『노동신문』 1월 1일 자 1면에는 통상 북한 신년사가 차지하는
데, 김정일이 사망한 2011년에는 예년과 달리 신년공동사설을 2면에
싣고 1면에는 '승리의 길'이라는 노래 악보를 게재한 바 있다. 이것은
대단히 이례적인 것으로, 일부 전문가들은 이에 대해 당시 김정은 후계
체제 구축의 일환이라는 평가를 내놓기도 하였다.

비록 신년사가 선전구호가 난무하고, 북한이 나아갈 방향을 100%
정확하게 밝힌다고 할 수는 없겠지만, 북한의 한 해 방향을 예측하는
데 매우 유용한 수단임에 틀림없다. 이런 점에서 매년 1월 1일 발표되는
북한 신년사에 관심을 기울여보자. 그것을 통해 북한의 한 해 움직임과
함께 한반도의 변화를 예측해보는 것은 분명 의미 있는 일일 것이다.

13 통일대전 완성의 해(2015년 신년사)

남북대화 강조하면서
'통일대전'을 위한 전쟁준비 몰입

2015년 1월 1일 김정은의 육성 신년사가 발표되자 대다수의 국내 매체들에서는 김정은이 신년사에서 언급한 '남북정상회담' 발언 등을 언급하며, 새해에는 보다 건설적인 남북관계가 열릴 것이라고 전망했었다.

그러나 2015년은 중부전선에서 우리의 젊은 장병 2명이 북한의 목함지뢰로 인해 중상을 입는 등 다른 어느 해 못지않게 북한의 대남도발이 강도 높게 일어났던 해였다. 이 같은 북한의 대남도발은 김정은이 신년사에서 '통일대전'을 언급하는 등 어느 정도 예상된 측면도 있었지만, 우리들은 우리가 기대하는 남북대화 측면만을 강조하지 않았나 하는 뒤늦은 아쉬움이 남는다.

이 점에서 필자 또한 2015년 김정은 신년사에 대한 분석 기사를 『국방일보』(2015.1.5)에 게재했었는데, 당시 게재 내용을 그대로 실어본다.

김정은 신년사와 '통일대전'

2015년 1월 1일 북한 김정은이 신년사를 발표했다. 신년사에서 단연 주목되는 점은 남북대화와 통일에 대한 부분이었다. 김정은은 남북정상회담 가능성까지 언급하며, 그 어느 해보다 남북관계에 많은 부분을 할애했다. 특히 29분간 육성으로 읽어 내려간 신년사에서 '통일'이라는 단어를 18번이나 언급하며, 2015년을 '자주통일의 대통로를 열어 놓는 일대 전환의 해'로 만들자고 강조했다. 이에 대해 곳곳에서 긍정적인 평가가 나오고 있다.

그러나 2015년은 김정은이 '통일대전(大戰) 완성의 해'로 선포한 해이기도 하다. 김정은은 2013년을 '싸움준비 완성의 해'로 정했었고, '통일대전'을 위해 육·해·공군부대를 빈번히 방문하며 전쟁준비를 독려해 왔었다. 현재 진행 중인 북한군 동계훈련도 예년보다 더 강도 높게 진행되고 있다 한다.

그동안 김정은은 무력통일 의지를 곳곳에서 표출했었다. 2011년에는 자신의 통일관이 '무력통일관'이고, '직접 탱크를 몰고 서울로 진격하겠다'라고 했다. 2013년에는 '3년 내 혁명무력으로 통일할 것'이라도 했었다.

이렇게 무력통일을 목표로 싸움준비를 강조하던 김정은이 갑작스레 신년사에서 대화와 통일을 강조하는 모습에 혼란도 느껴진다. 과연 김정은의 속마음은 무엇일까?

1995년을 '통일의 해'로 정하기도

북한이 통일 관련 해(年)를 선정한 것은 이번이 처음은 아니다. 이미 김일성이 살아 있을 당시인 1980년대 '통일의 해'로 1995년을 정한 바 있다. 탈북 외교관 고영환은 1995년이 통일의 해가 된 배경에 특별한 이유는 없다고 했다. 다만 김일성 대(代)에 통일을 이루어야 하고, 20세기 내에 마쳐야 하며, '정주년,' 즉 5의 배수인 해에 이루어야 한다는 점을 고려했을 뿐이라고 한다.[18]

고영환은 김일성 부자가 '통일의 해'를 정한 것이 고도의 '선전술책'이라고 평가했다. '통일의 해'까지 정해 놓고 빈번히 통일행사를 치르고, 여기에 반미행사를 곁들임으로써 주민들의 통일에 대한 열망과 갈증, 미국에 대한 증오심을 함께 자극했다고 한다. 이를 통해 주민들이 어려움을 참고 견디며 김일성 부자를 따르도록 했다는 것이다.

그렇다면 김정은은 2015년을 왜 '통일대전 완성의 해'로 정했을까? 1995년이 선정된 배경을 고려하면 몇 가지 추론이 가능하다. 첫째, 1995년과 마찬가지로 북한이 강조하는 이른바 '꺾어지는 해' 측면에서 2015년만큼 좋은 해는 없다. 즉, 2015년은 광복·분단·당 창건 70주년이자 끝자리가 5로 끝나는 해이다.

둘째, 김정일 3년 탈상 이후 처음 맞이하는 해인만큼 실질적인 김정은 시대의 첫해이다. 김정일도 김일성 3년상을 마치고 처음 맞이한 1998년에 국가주석제를 폐지하고 국방위원장을 최고지도자로 하는 헌법 개정을 통해 실질적인 김정일 시대

▶▶▶ 강원도 철원의 월정리역. 이곳에는 서울과 원산을 오가던 기차가 전시되어 있다. "철마는 달리는 싶다!"는 표지가 인상적이다

를 열었던 경험이 있다. 이 점에서 김정은도 2015년에 새로운 변화를 보여주고자 했을 것이다.

셋째, 권력기반을 다져가는 중인 김정은 입장에서 '통일'이란 의제만큼 효과적인 것은 없었을 것이다. 통일이란 앞서 고영환의 증언처럼 주민들에 대한 '선전술책'으로 효과적이다. 뿐만 아니라 과거 북한은 자신들이 불리한 상황에 처했을 때 통일 문제를 들고 나온 바 있었다. 이 점에서 김정은에게 통일은 대내외적으로 대단히 효과적인 카드였던 것이다.

▌통일 강조 이면에 국방력 강화 촉구

김정은은 2015년 신년사에서 지난해를 군대의 전투력이 강화되고 국방력이 튼튼히 다져졌다고 평가했다. 북한식의 '다양한 군사적 타격수단들이 완성되어 혁명무력의 질적 강화도 이루었다'고 자평했다. 그러면서 올해에도 선군정치와 핵무력·경제건설 병진노선을 변함없이 견지해 나겠다고 했다. 현 국제정세에서 핵개발도 정당하다고 강조했다.

김정은이 말한 '핵무력·경제건설 병진노선'이란 2013년 3월 31일, 당 중앙위원회 전원회의에서 채택한 김정은 시대 북한의 전략이다. 북한

▶▶▶ 북한이 개발에 성공했다고 주장하는 잠수함발사탄도미사일(SLBM) '북극성'의 모습
_북한선전화보

은 이 노선이 1960년대 김일성이 제시한 '경제·국방 병진노선'의 '계승'이자 '심화발전'이라고 선전한다. 김일성은 경제발전에서 일부 제약을 받더라도 국방력을 강화하겠다며 병진노선을 채택한 바 있다. 이를 구체화한 것이 이른바 4대 군사노선이었다.

그러나 김일성이 제시했던 병진노선은 실패한 전략이었다. 당시 북한은 이 노선을 추진하면서 10%대였던 국방비를 1967년에는 30%대로 대폭 증액했다. 그 결과 이때부터 북한경제는 하향 곡선을 그리기 시작했고, 주민들은 배고픔에 시달려야 했다.

북한은 김정은의 병진노선이 핵 개발만큼 경제건설을 중요시하는 것이라고 주장하지만, 그 말을 곧이들을 사람은 없는 것 같다. 대다수 전문가들은 애당초 이 병진노선은 불가능한 것이며, 스스로 고립만 자초할 것이라는 공통된 평가를 내놓은 바 있다.

결국 겉으론 남북대화와 통일을 언급하면서도 그 이면에서는 '통일대전'을 내세우며 국방력 강화를 강조하는 것은 북한의 오래된 양면성에 불과한 것이다.

튼튼한 안보가 더 없이 중요한 2015년

김정은이 신년사에서 언급한 남북대화와 통일에 대해 긍정적인 평가가 지배적이다. 그러나 섣불리 낙관하기에는 여러 면에서 짚고 넘어갈 것이 있어 보인다.

먼저, 북한은 남북대화를 강조하면서 전제조건을 제시하고 있다. 그중 하나가 한미군사연습 중단이다. 북한은 한미군사연습을 '핵전쟁의 위협을 몰아오는 주된 화근'이라며, 이런 상황에서는 '신의 있는 대화'도 없고, 남북관계도 '전진'할 수 없다고 했다. 그러나 북한이 진정으로 대화를 원한다면 조건 없이 회담장에 나와야 할 것이다.

또한 최근 보여준 북한의 행태 또한 진정성에 의구심을 갖게 만든다. 북한은 2013년 8월 남북적십자 실무접촉에서 이산가족 상봉에 합의한 지 한 달도 못 되어 이를 연기시켰었다. 2014년 10월에는 '실세 3인방'을 아시안게임에 보내 고위급회담에 합의했었지만 대북전단을 이유로 일방적으로 무산시킨 바 있다.

북한이 주장하는 '자주통일'에 대한 의미도 명확히 살펴봐야 한다. 남북이 1972년 7·4남북공동성명을 통해 합의한 이른바 '통일 3원칙'의 첫 번째가 '자주'였다. 여기서 '자주'는 민족자결의 취지에서 남북 당사자 해결원칙을 말하는 것이지만, 북한은 외세배격을 강조하며 주한미군 철수와 유엔사 해체의 근거로 악용하곤 했었다. 이번 신년사에서도 미국을 외세로 규정하며 비난하고 있다.

올해는 우리에게 광복·분단 70주년이 되는 뜻 깊은 해이다. 그러나 북한은 이보다는 당 창건 70주년에 더 비중을 두는 것 같다. 김정은은 신년사에서 올해 모든 정책을 당 창건 기념일에 맞추고 있다. 당 창건 기념일인 10월 10일을 '10월의 대축전장'이라며, 모두가 '자랑찬 선물을 안고 대축전장에 떳떳이 들어서야 한다'고 강조했다. 이를 위해 전 분야에서 '총공격전'을 전개하라고도 했다.

과연 그 '자랑찬 선물'은 무엇을 의미하는 것일까? 혹여 '통일대전 완성의 해'라는 얼토당토한 선전과 그것을 위한 무력도발로써 '선물'을 얻으려는 생각을 갖게 해서는 안 될 것이다. 여러모로 2015년은 그 어느 해보다 우리의 튼튼한 안보가 필요한 해가 될 것이다. 튼튼한 안보 위에서 북한의 움직임을 예의 주의해 보자.

북한 당·정권기관 기구도

■ 조선노동당 기구도

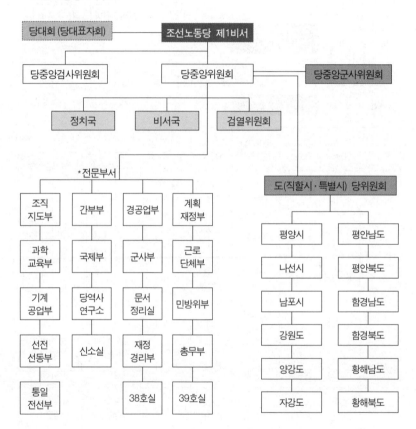

참고사항: 북한은 2016년 5월 개최된 제7차 당대회에서 당의 최고직책을 '조선노동당 위원장'
으로 정하고, 김정은을 위원장으로 추대했다. 또 비서국의 명칭을 '정무국'으로 변경
했다
출처: 통일부, 『2016 북한의 이해』(서울: 통일교육원, 2015), 63쪽

■ 정권기관 기구도

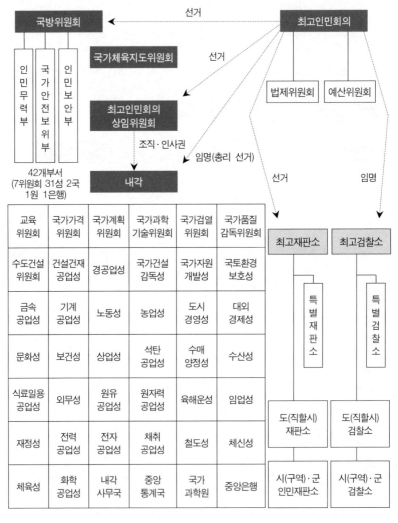

참고사항: 각 도(직할시·특별시)에는 우리의 도청 격인 인민위원회가 별도로 있다
출처: 통일부, 『2016 북한의 이해』(서울: 통일교육원, 2015), 72쪽

제**2**장

남북관계 편

1945년 8월 15일 우리 민족은 일제치하에서 광복은 했지만, 한반도를 둘러싼 현실은 냉혹하기만 했다. 광복의 기쁨과 함께 분단이라는 새로운 시련이 시작되었고, 이때부터 '남북관계'도 출발하였다.

남북의 분단은 인적, 물적, 사상, 문화 등 전 분야의 남북교류를 중단시켰다. 여기에다 북한의 남침으로 시작된 1,129일간의 6·25전쟁은 남북의 교류를 막고, 분단체제를 더욱더 공고하게 했다. 이로 인해 남북한의 마음의 장벽도 함께 높아만 갔다. 그리고 2015년 우리사회는 '광복 70년'과 더불어 '분단 70년'을 함께 주제로 한 행사를 개최해야 할 만큼 여전히 분단체제 속에 살고 있다.

그동안 남북한은 분단극복과 통일을 위한 노력을 여러 방면에서 기울여왔다. 1970년부터 2015년까지 남북 간에 643회의 회담이 있었음은 이를 반증하는 것이다. 그 과정을 통해 1972년에는 7·4남북공동성명을 발표했고, 1991년에는 '남북사이의 화해와 불가침 및 교류·협력에 관한 합의서'도 채택했다. 2000년과 2007년에는 역사적인 남북 정상회담도 개최하고, 공동성명도 발표했다.

그러나 지금까지의 남북관계는 한편에서는 대화와 협력이 진행되면서도, 다른 한편에서는 북한의 대남도발로 인해 어렵게 얻어진 합의가 무산되는 사례로 점철되어 왔다. 이로 인해 남북한이 어렵게 합의한 사항들은 제대로 이행되지 못했고, 만남 — 합의 — 불이행 — 원상태로의 회귀라는 악순환만 반복되었다.

제2장에서는 지금까지의 남북 사이에서 있었던 주요한 사항들을 통해 지난 남북관계를 회고해보고자 한다. 여기서는 남북한의 첫 합의문으로 평가받는 7·4남북공동성명과 여기서 제시된 이른바 통일 3원칙에 대한 상이한 해석, 북한의 화전양면전술, 선심공세, 이산가족 문제, 탈북자, 5·16 사건을 통해 본 북한정치에서 남한요인, 그리고 남북정상회담에 대해 살펴보자.

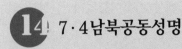

14 7·4남북공동성명

1970년대 남북대화 첫 성사,
'대화 있는 대결의 시대'로 진입

        지금까지 남북한이 체결했던 중요한 문건이나 한반도에 새로운 변화를 가져왔던 역사적 순간들이 여럿 있었다. 그 가운데 하나를 고르라면 무엇을 꼽을까? 필자는 1972년 7·4남북공동성명을 꼽고 싶다. 7·4남북공동성명은 그 성사과정이 극적(dramatic)이었을 뿐만 아니라 남북관계가 나아갈 방향을 명문화한 첫 이정표적 문건이기 때문이다. 그리고 이때부터 남북은 비로소 '대화 있는 대결의 시대'로 진입하면서 이전과는 다른 많은 변화를 보이게 되었다.

6·25전쟁 이후 남북 접촉

1953년 정전협정 체결 이후 남북이 만나는 곳은 판문점 군사정전위원회였다. 그러나 그것은 남북한만의 단독 만남이 아니라 유엔군과 공산군의 일원으로 만나는 것이었다. 남북 당국만의 접촉은 이루어지지 않고 있었다. IOC의 권유로 도쿄올림픽 단일팀 구성에 대한 체육회담이 1963년 스위스 로잔과 홍콩에서 이루어졌었지만, 성과 없이 끝나고 말았다. 이후 남북 접촉은 한동안 이루어지지 않았다.

1970년대 들어서면서 남북대화가 본격적으로 시작되었다. 그 시작은 1970년 8월 15일 박정희 대통령의 광복절 기념사에서 나왔다. 박 대통령은 '8·15평화통일구상 선언'을 통해 북한에게 무력 적화통일을 포기하고, 평화적 방법에 의한 통일 접근을 촉구했다. 이에 대해 김일성도 1971년 8월 6일 행한 연설에서 '민주공화당을 포함한 남한의 모든 정당, 사회단체 및 개별적 인사들과 아무 때나 접촉할 용의가 있다'며 박 대통령의 제의에 화답했다.

김일성의 제안 직후인 8월 12일 대한적십자사는 이산가족 문제를 안건으로 판문점회담을 제의하였다. 그리고 북한이 이를 수락하면서 1971년 8월 20일 남북한의 첫 적십자회담이 이루어졌다. 이로 인해 1963년 체육회담 이후 8년 만에 남북이 대화 국면으로 접어들게 된

▶▶▶ 1971년 8월 12일, 최두선 대한적십자사 총재가 북한에
남북 가족찾기를 제의하고 있다 _국가기록원

한 권으로 읽는 북한사

것이다.

남북 당국 간 회담과 7·4남북공동성명

적십자회담은 이후 남북 정부 당국자 간 회담으로 발전하게 되었다. 1971년 11월 19일 제9차 적십자 예비회담 직후 당시 중앙정보부 소속으로 남측 대표였던 정홍진은 북한 측 부대표인 김덕현에게 비밀접촉을 제의했고, 북측이 이를 수락함으로써 하루 뒤인 11월 20일 판문점에서 정홍진과 김덕현의 첫 비밀접촉이 이루어졌다.

이후 남북은 11차례의 실무자 접촉을 거쳐 이후락 중앙정보부장과 김일성의 동생이자 노동당 조직지도부장인 김영주의 양자회담 개최에 합의하고, 서울과 평양 교환 방문도 성사시켰다.

먼저, 1972년 5월 2일 이후락 중앙정보부장이 판문점을 경유하여 극비리에 평양을 방문했다. 나흘간의 평양일정에서 이후락은 김일성을 2차례 만났다. 당시 이후락 부장이 만일의 경우를 대비해 청산가리를 가슴에 휴대했었다는 것은 잘 알려진 일화이다.

이후 김영주가 서울을 찾기로 했으나, 북한은 김영주가 '신경불화증'으로 와병 중이라며, 제2부수상인 박성철을 대신 보냈다. 남한에서는 북한 '실세'의 방문을 기대했지만, 북한의 요구를 수용해 박성철의 서울 방문이 성사되었다. 김영주의 병명(病名)은 당시에도 '핑계'로 알려졌었는데, 1920년생인 김영주는 현재도 살아 있다.

5월 29일 박성철은 3명의 수행원을 대동하고 극비리에 서울을 방문했다. 이후락 부장과 2차례 회담하고, 박정희 대통령을 한 차례 만났다. 그는 실권이 없는 인물이었던 만큼 소극적인 태도만을 보였다.

남북은 교환 방문에서 논의된 내용을 토대로 7개 항의 합의문을

▶▶▶ 1972년 5월 31일, 비밀리에 서울에 온 북한 박성철 부수상이
박정희 대통령을 예방하고 있다 _통일부

작성했다. 합의문에는 자주·평화·민족대단결이라는 통일 3원칙을 비
롯해 다방면에서의 교류, 서울-평양 간 직통전화 설치, 남북조절위원
회 구성 등을 담았다. 그리고 1972년 7월 4일 오전 10시 서울과 평양에
서 동시에 역사적인 '7·4남북공동성명'을 발표하였다.

이 성명은 이후 남북관계의 기본문서로써 역사적 의미를 갖게 된
다. 그러나 발표장에서 이후락은 성명의 의미에 대해 '기존의 대화없는
대결에서 대화있는 대결로의 전환을 마련했다'는 정도로 비교적 '평이'
한 평가를 내린다. 지난 남북관계를 돌이켜보면 이후락의 당시 평가가
오히려 '정확한' 평가였는지도 모르겠다.

한 권으로 읽는 북한사

남북이 대화에 나온 배경

그렇다면 왜 1970년대 들어서면서 남북이 대화의 장으로 나오게 된 것일까? 그것은 변화된 국내·외 정세에 기인한 측면이 컸다. 국제적으로 미·중 화해를 통해 냉전은 점차 데탕트로 변하기 시작했고, 주한미군 철수도 제기되었다. 북한도 당시 국제정세를 '착잡하다'고 기술하고 있는데, 북한의 '조선말사전'에는 이것이 '갈피 잡기 어렵게 뒤섞여 복잡하다'는 뜻으로 되어 있다. 비록 미국이 중국에 항복하러 왔다고 '자위적'으로 해석하였지만, 미·중이 손을 잡고 있는 상황에서 북한의 고민도 깊어질 수밖에 없었던 것이다.

남북의 국내 상황도 대화에 나서게 한 요인이었다. 당시 한국 내에서는 통일에 대한 관심이 점증하고 있었고, 정부는 이를 반영하여 1969년 3월 현재 통일부의 전신인 국토통일원을 개원하였다. 또 일각에서는 박 대통령이 유신체제 추진의 명분 구축과 미국의 남북대화에 대한 회유와 압박이 있었다는 주장도 제기하고 있다. 북한도 1960년대 후반 이른바 '군사모험주의'로 인한 국제신인도 저하와 경제상황의 악화로 더 이상 대립 이미지만을 강조할 수는 없었다. 결국 국내·외 환경변화와 이에 대한 남북 지도자의 상황인식이 남북을 대화의 길로 나서게 한 중요한 동인이었던 것이다.

회담 개최와 중단의 반복된 전개

이후 남북은 서울과 평양을 오가며 공동성명 후속 조치에 착수했다. 그러나 상호 입장 차이를 좁히지 못했다. 그리고 이 과정에서 북한은 일방적으로 회담 중단을 선언해 버렸다. 결국 1971년 11월 20일 비밀접촉으로 시작한 남북 당국 간 회담이 3년 6개월 만에 막을 내리게 된 것이다.

일반적으로 협상에 응할 때는 '합의 추구'를 가정하지만, 상황에 따라서는 협상을 한다는 사실 자체만을 목표로 삼을 때도 있다. 1970년대 북한은 '회담 자체'에 목표를 두고 회담에 임한 측면이 강했다. 그 결과 목표가 완료되자 회담은 동력을 잃게 된 것이다.

지금까지 남북은 총 643회의 회담을 개최했다. 회담분야도 정치, 군사, 경제, 사회교류 등 다양했다. 그러나 협상의 결과보다 협상의 성사 자체에 목적을 두는 북한의 태도는 크게 바뀌지 않고 있다. 그 결과 협상은 매번 제대로 된 성과 없이 개최와 중단을 반복해 왔다.

남북회담 분야별 개최 현황(총 643회)

('15.12월 기준)

분야	1970년대	1980년대	1990년대	2000년대	2010년대	계
정치	22	27	140	59	6	254
군사	0	0	0	46	3	49
경제	0	5	0	98	29	132
인도	85	16	18	27	7	153
사회문화	4	16	14	20	1	55

출처: 남북회담본부 통계자료

한 권으로 읽는 북한사

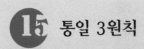

15 통일 3원칙

주한미군 철수·반공정책 폐기를
통일원칙이라 억지 주장

남북한의 첫 공동성명이자 남북관계에 새로운 출발점이 되었던 7·4남북공동성명. 그러나 남북이 단일한 언어로 작성한 문건이지만, 서로의 해석은 동일하지 못했다. 공동성명 속에 담긴 남북의 속내가 달랐기 때문이다. 특히 북한의 아전인수(我田引水)격 해석과 억지 주장은 당시뿐만 아니라 지금도 계속되고 있다.

7·4남북공동성명과 통일 3원칙

1972년 7월 4일 발표된 7·4남북공동성명은 전문과 7개항으로 구성되어 있다. 여기서 제1항에는 "쌍방은 다음과 같은 조국통일원칙들에 합의를 보았다"라는 문구와 함께 자주, 평화, 민족대단결이라는 이른바 '조국통일 3대 원칙(통일 3원칙)'을 기술하고 있다.

7·4남북공동성명은 정전 이후 남북한 당국이 통일원칙에 대해 처음으로 합의했다는 점에서 매우 중요한 문서이다. 1991년 남북한 총리

1. 쌍방은 다음과 같은 조국통일원칙들에 합의를 보았다.

첫째, 통일은 외세에 의존하거나 외세의 간섭을 받음이 없이 자주적
으로 해결하여야 한다.

둘째, 통일은 서로 상대방을 반대하는 무력행사에 의거하지 않고
평화적 방법으로 실현하여야 한다.

셋째, 사상과 이념, 제도의 차이를 초월하여 우선 하나의 민족으로서
민족적 대단결을 도모하여야 한다.

간에 체결된 '남북기본합의서'나 2000년 남북정상회담 결과 발표된 '6·
15남북공동선언', 그리고 2007년 10월 4일 2차 남북정상회담 결과 발
표된 '10·4선언'에도 7·4남북공동성명과 통일 3원칙의 내용이 언급되
고 있다는 점에서 그 중요성은 재론할 필요가 없을 것이다.

그러나 이런 중요성에도 불구하고, 북한은 통일 3원칙에 대해 '아전
인수'격으로 해석하며, 남북관계에 갈등을 일으켜 왔다.

통일 3원칙에 대한 북한의 억지 해석

북한은 통일 3원칙에 대해 자신들이 유리한 부분에만 '방점'을 찍어
해석하고 있다. 자주에 대해서는 민족자결의 취지에서 남북 당사자
해결원칙을 말하는 것이지만, 북한은 외세배격을 강조하며 주한미군
철수와 유엔사 해체의 근거로 악용하고 있다. 평화는 통일과정에서
전쟁 등 무력을 배제하자는 것이지만, 북한은 한미군사훈련 중단을 주
장한다. 민족대단결은 사상과 이념을 초월하여 민족의 단결을 이루자
는 것이지만, 북한은 남측의 반공정책 포기, 국가보안법 폐지를 통해

공산주의자들에게 자유로운 활동을 보장케 하는 근거로 삼고 있다.

통일 3원칙에 대한 북한의 속마음은 김정일이 발표한 문건에도 잘 나타나 있다. 성명 발표 10일 뒤인 1972년 7월 14일 김정일은 "조국통일 3대 원칙을 관철하기 위하여 견결히 투쟁하자"라는 제목의 문건을 발표했다. 여기서 김정일은 자주에 대해 '미국군대를 남한에서 철수시키고 미국과 체결한 한미상호방위조약을 폐기하라고 들이대야 한다'고 주장한다. 평화에 대해서는 '미군을 남한에서 철수시킨 후 남북의 무력을 대폭 축소해야 한다'고 했다. 민족대단결에 대해서는 '공산주의자건 민족주의자건 관계없이 사상과 정견, 신앙과 당파의 차이를 초월하여 모두 한데 뭉치자는 것이므로, 반공법이나 국가보안법 같은 악법들도 마땅히 없애버려야 한다'고 주장하였다.

이 문건은 김정일이 당 간부들을 대상으로 통일 3원칙의 이행을 위한 구체적인 행동방침을 제시한 것이었다. 그 결과 북한은 이후 남북대화에서 주한미군 철수, 군비 축소, 반공법 및 국가보안법 철폐 등을 노골적으로 요구하고 나섰다.

그러나 사실 통일 3원칙에 대한 북한의 억지는 성명 발표 당일부터 나타났다. 북측 대표였던 박성철 부수상은 성명의 합의과정에서 토의된 내용은 일체 무시하고, 통일 3원칙을 '김일성이 내놓은 제안에 남측이 찬동한 것이고, 공동성명을 발표한 이상 미국은 우리나라 내정에 더는 간섭하지 말아야 하며, 지체 없이 물러가야 한다'고 주장하였다.

북한의 노동신문도 김일성 찬양에 가세했다. 1972년 7월 4일 공동성명이 발표된 당일 노동신문 1면에는 "위대한 수령 김일성 동지께서 조국의 평화적 통일을 위한 3대 원칙 제시"라는 제목의 기사가 실렸다. 당시 흑백으로 인쇄되던 노동신문에 이 제목부분은 붉은색 글씨로 인쇄되었다. 신문은 김일성이 이후락 부장을 만난 사실도 공개하면서,

▶▶▶ 남북공동성명 발표 직후 통일 3원칙을
    지지하는 북한 군중대회 모습 _노동신문

"이후락이 (통일 3원칙을) 전적으로 지지"했다고 하였다. 북한은 이것을 자신들의 "빛나는 승리"라고도 주장했다. 북한 각지에서 이를 지지하는 군중대회가 개최되었고, 해외 여러 나라들이 김일성의 통일 3원칙을 지지한다는 보도를 연일 내보냈다. 김일성을 마치 '통일 지도자'로 선전한 것이다.

통일 3원칙이 합의문에 포함된 과정

그렇다면, 남북 간에 상이한 해석을 낳고 있는 통일 3원칙은 7·4남북공동성명에 어떻게 포함된 것일까?

통일 3원칙을 처음 제시한 것은 김일성이었다. 김일성은 1972년 5월 3일 평양을 극비 방문한 이후락과의 면담에서 "나는 통일 문제는 반드시 외세의 간섭 없이 자주적으로, 민족대단결을 도모하는 원칙에서 평화적 방법으로 해결하여야 한다"고 밝힌다. 여기서 주목할 점은 당시 김일성이 밝힌 통일 3원칙은 자주, 민족대단결, 평화순이었는데, 이것은 당시 노동당의 대외정책 기본이념인 '자주, 친선, 평화'와 같은 의미라는 점이다. 북한은 1980년 10월 6차 당대회에서 이 순서를 자주, 평화, 친선으로 바꾸는데, 이것은 결과적으로 통일 3원칙인 자주, 평화,

한 권으로 읽는 북한사

민족대단결과 같은 순서로 개정된 것이다.

그러나 박정희 대통령은 통일 3원칙을 합의문에 포함하는 것에 대해 반대했다. 1972년 5월 말 북한 박성철이 서울을 방문해 박 대통령을 예방하는 자리에서 반대의견을 밝힌 것이다. 박 대통령은 통일 3원칙에 대해 '합의는 환영하나, 남북이 아직 불신감이 해소되지 않았고, 불신감이 해소된 이후에 통일 문제, 정치 문제를 토의하는 것이 순서'라는 의견을 분명히 밝혔다.

그러나 결과적으로 통일 3원칙은 남북합의문에 포함되었다. 그 과정에 대해서는 구체적으로 확인되지 않는다. 다만, 남측 당국이 미중대화라는 국제적 데탕트 분위기와 국내에서 제기되는 통일논의 속에서 주도권을 잃지 않기 위해 발표문에 합의하였다는 것이 지배적인 분석이다. 일부에서는 이에 대해 당시 정부의 합의가 섣부른 조치였다는 비판을 제기하기도 했지만, 문제는 이보다 합의과정을 무시하고 자의적으로 해석하는 북한의 태도일 것이다.

통일 3원칙과 조국통일 3대 헌장

북한은 1997년 신년공동사설에서 통일 3원칙과 함께 고려연방공화국 창립방안, 전민족대단결 10대 강령을 하나로 묶어 '조국통일 3대 헌장'이라고 선전했다. 고려연방공화국 창립방안이란 1980년 10월 6차 당대회에서 제시된 북한의 통일방안이고, 전민족대단결 10대 강령이란 1993년 4월 최고인민회의에서 제시된 북한의 통일 관련 각종 제안을 합쳐 만든 것이다. 북한은 이를 기념하기 위해 2001년 평양에 높이 30m짜리 '조국통일 3대 헌장 기념탑'을 건립하기도 했다.

7·4남북공동성명에서 합의된 자주, 평화, 민족대단결의 통일 3원

▶▶▶ 북한이 2001년 8월 평양에 건립한 조국통일 3대 헌장 기념탑 _노동신문

칙은 우리 민족이 이루어야 할 통일의 방법과 목표를 함축적으로 담고 있다. 그러나 북한은 이것을 자의적으로 해석하고, 대남전략에 악용하고 있다. 조국통일 3대 헌장과 그 기념탑이라는 것 또한 자신들의 주장을 선전하기 위한 수단에 지나지 않는다.

그동안 북한은 각종 남북대화에서 자신들의 억지해석을 남측에 관철시키려 시도하였다. 그리고 그것이 관철되지 못하면 대화를 중단, 교착, 파탄하는 '악순환'을 지속해 왔다. 앞으로도 북한의 억지해석은 크게 변하지 않을 것으로 보인다. 우리는 통일이라는 민족 최대의 숙원 과제를 자신들의 구미에 맞게 해석하고 포장하려는 북한의 속셈을 결코 간과해서는 안 될 것이다.

화전양면전술

남북대화 시작과 동시에
남침용 땅굴 판 북한

1970년대 들어서면서부터 시작된 남북대화는 한동안 한반도에 평화와 통일의 기대를 낳기에 충분할 만큼 역사적인 사건이었다. 남북한의 최고권력자 간에 대화채널이 작동하고, 남북이 상대방의 심장부로 대표단을 보낸다는 것은 여러모로 환영할 일임에 틀림없었다.

그러나 화해의 분위기는 그리 오래가지 못했다. 이런 분위기에 '찬물'을 끼얹는 사건이 나온 것이다. 북한의 남침용 땅굴이 그것이었다. 이는 당시 설익은 남북관계 속에서 일정 부분 예견되었던 일일지도 모른다. 그러나 그것이 북한의 남침용 땅굴이 될 것이라는 것은 누구도 쉽게 예측하지 못했다.

북한의 화전양면전술

화전양면(和戰兩面)전술에 대해서는 여러 해석이 있다. 그러나 대체로 화전양면에서의 화(和)란, 대화와 같은 유화적 측면을 말하고, 전(戰)은 군사적 도발을 의미한다. 양면(兩面)이란 화와 전이 동시적·단계적 또는 동일한 목표하에서 전개된다는 의미이다. 즉, 유화의 수단과 무력적 수단을 교차·병행하면서 상대방에 대해 자신의 목표를 이루어간다는 것이다. 학문적으로는 강압전략(Coercion Strategy), 벼랑끝전술(Brinkmanship) 등으로 설명되기도 한다. 그러나 북한의 화전양면전술을 반드시 대화와 군사적 도발의 관계에서만 볼 것이 아니라, 대화에서 합의된 내용과 상반된 태도를 보이는 것 또한 큰 틀에서는 화전양면전술로 평가할 수 있을 것이다.

북한의 화전양면전술이 언제, 어디서부터 기인했는지는 확실하게 단정 짓기 어렵다. 그러나 이미 6·25전쟁의 휴전협상에서부터 나타나고 있었다. 1951년 7월부터 시작된 휴전협상에서 북한은 전선이 열세에 처할 때마다 어김없이 협상을 요구했었다. 반대로 전세가 본인들에게 유리할 때는 협상을 거부했었다. 결국 북한은 2년간의 협상기간 동안 전투와 협상을 병행해가며 유리한 위치에 서고자 했다. 이때의 '기억'이 이후에도 '활용'되고 있는 것이다.

남북대화와 남침용 땅굴

1970년대 남북대화가 시작되면서 북한의 화전양면전술은 본격적으로 나타나기 시작했다. 그것의 대표적인 것이 남침용 땅굴이다. 남북대화(和)와 땅굴(戰)이 동시에 전개된 것이다.

이에 대해 귀순자 김부성의 증언을 주목할 필요가 있다. 김부성은 함흥화학공업대학을 졸업하고 땅굴 설계 및 측량기사로 근무하다 1974년 9월 대한민국에 귀순한 자이다. 그에 따르면, 남침용 땅굴은 1971년

9월 25일 김일성의 지시에 의해 파기 시작했다고 한다. 이 시기는 남북
적십자회담이 시작된 8월 20일로부터 불과 한 달 뒤였다. 북한은 김일
성의 지시를 '9·25전투명령'이라 불렀다. 작업현장에는 당시 대남사업
비서인 김중린이 시찰을 오기도 했다. 김중린은 이른바 대남 공작원의
'대부'로 불리며, 아웅산 테러 사건을 주도했던 자이다.

김일성은 노동당 창건 30주년인 1975년 10월 10일까지 작업을 완
료할 것을 지시했다고 한다. 그러면서 당과 군의 간부들에게 "앞으로
남북대화를 하게 되는데, 대화나 협상을 통해 적(한국)을 해이시켜 전
쟁준비를 완성하는 시
간을 벌고, 국제여론을
유리하게 이끌어 나가
는 것에 머물지 말고,
계속해서 적을 공격해
서 궁지에 몰아넣는 작
업을 적극적으로 전개
해야 한다"고 강조했다
고 한다. 김일성의 이
발언은 북한의 이중성
을 그대로 보여주고 있
는 것이다.

북한의 남침용 땅굴

▶▶▶ 1975년 3월 19일, 철원에서 발견된 북한의
제2땅굴 내부 모습. 한국군 장교가 높이를
확인하고 있다 _국가기록원

은 현재까지 4개가 발견되었다. 발견된 순서대로 1땅굴은 1974년 11월
경기도 연천에서, 제2땅굴은 1975년 3월 강원도 철원에서 발견되었다.
제3땅굴은 1978년 10월 경기도 파주에서, 제4땅굴은 1990년 3월 강원
도 양구에서 발견되었다.

북한 화전양면전술의 주요 사례

북한의 화전양면전술은 이후에도 매번 전개되었다. 주요 사례를 살펴보면, 1983년 10월 미얀마에서 전두환 대통령을 시해하려다 미수에 그친 이후 대화를 제의하며 유화분위기를 조성하고자 했다. 1984년 1월에는 남·북·미 3자회담을 제의했고, 3월에는 LA올림픽 단일팀 구성을 위한 체육회담을, 9월에는 남측의 홍수피해에 대해 수재물자 제공을 제의했다. 이것은 테러 시도로 실추된 국제적 이미지 개선을 위한 몸부림이었다. 1988년 서울올림픽을 앞두고는 남북 공동개최를 제의했지만, 뒤로는 소련에 올림픽 개최 저지를 요구하는 이중성을 보였다.

1991년 12월에는 남북 총리를 대표로 하는 고위급회담을 개최하고, 그 결과로 '남북사이의 화해와 불가침 및 교류·협력에 관한 합의서,' 일명 남북기본합의서에 서명했다. 이어서 1992년 1월 20일에는 한반도 비핵화 공동선언을 발표했다. 그러나 북한은 곧이어 국제원자력기구(IAEA)의 특별사찰을 거부하고 핵확산금지조약(NPT)을 탈퇴하며 1차 북핵 위기를 불러왔다. 일각에서는 남북기본합의서를 당시 사회주의권의 붕괴와 한·소수교 상황에서 궁지에 처했던 북한의 '항복문서'라고 평가하기도 한다. 결국 스스로 위기에 처했을 때는 유화적 태도를 보이고, 이어서 위기조성을 하는 북한의 이중성을 보여준 것이다.

2000년 '6·15정상회담'도 그렇다. 겉으로는 한반도 평화에 의미를 부여하였지만, 내부적으로는 김대중 대통령의 방북을 '백기투항'이라고 선전하였다. 그 결과 정상회담 이후 화해 분위기 속에서 개최된 2002년 6월 월드컵 기간에는 제2연평해전을 일으키며 찬물을 끼얹었다. 이후에도 이른바 '우리민족끼리'를 강조하면서도 천안함 폭침, 연평도 포격 도발을 비롯해 핵실험과 미사일 발사 등 대화와 도발의 이중적 모습을 반복적으로 되풀이하고 있다.

북한의 화전양면전술에 대한 경계

일각에서는 북한의 화전양면전술이 군부와 관료의 힘겨루기에서 기인한다고 분석한다. 이 시각을 완전히 무시할 수는 없겠지만, 이보다는 북한의 변하지 않는 '대남적화'라는 혁명전략 목표에 기인한 것으로 보아야 할 것이다. 북한이 대남적화의 목표를 버리지 않는 한 화전양면전술은 계속될 것이다.

한편, 탈냉전 이후 북한의 화전양면전술은 미국을 겨냥하고 있는 특징도 있다. 이것은 사회주의권의 붕괴 이후 대미 관계가 중요해진 상황에서 강대국 미국의 관심을 끌기 위한 관심유인 수단으로 화전양면전술을 구사하고 있는 것이다. 그 결과 북한은 위기조성 — 대화 — 갈등 — 교착 — 위기조성이라는 지루한 유형을 반복적으로 전개하고 있다. 그러나 이것은 체제생존을 위한 몸부림에 지나지 않는 것이다.

정전협상의 첫 유엔군 측 대표였던 조이(Turner C. Joy) 제독은 휴전협상에서 유엔군 측이 범한 과오의 원인을 공산주의자들과의 협상 경험의 부재뿐만 아니라 '인간이 그다지도 비인간적일 정도로 신의가 없을까 하는 점을 선뜻 믿으려 하지 않았다'고 지적한 바 있다.

남북 간의 대화는 반드시 필요하다. 그 중요성은 아무리 강조해도 지나치지 않는다. 그러나 지금까지 남북대화를 돌이켜보면 섣부른 낙관과 감상주의는 거의 예외 없이 회담의 결렬과 남남갈등의 원인이 되어 왔다. 이 점에서 우리는 현재도 지속되고 있는 북한의 화전양면전술에 대한 경계를 늦춰서는 안 될 것이다.

17 대남 선심공세

허세 한번 부리다 '가랑이' 찢어질 뻔

어려운 이웃을 돕는 것은 우리 민족의 오랜 미덕 중 하나다. 그러나 북한은 그 미덕을 6·25전쟁 이후 체제와 이념의 대결 속에서 '평화공세'의 수단으로 악용한 적이 있었다. 북한의 선심공세는 한때 남한보다 나았던 경제력에 기반을 둔 경우도 있었지만, 그 자체가 '허세'인 경우도 많았다.

1950년대 대남 선심공세 시작

북한의 대남 선심공세가 처음 등장한 것은 1954년 11월 22일 제50차 군정위에서였다. 북한은 이날 회의에서 남측의 실업자, 고아 및 고학생 구제를 제의했다. 그러나 유엔군 측은 '정치적 성격을 띤 선전공작'이라며 이를 거부했다. 군정위는 정전협정에 의해 군사 문제에 한정된 사항만 논의하는 기구였기 때문이었다.

1958년 8월 26일 제86차 군정위에서 북한은 보다 구체적인 제안을 내놓았다. 실업자, 농민, 고아, 고학생을 위해 백미 15만 석, 직물 500만 미터, 수산물 1만 톤, 신발 400만 족을 무상으로 제공하고, 대학생 3,000명에게 매월 1,000원의 장학금을 항구적으로 제공하겠다는 것이었다. 이것이 자신들의 내각결정 제96호라고 했다. 이 문제를 협의하기 위해 철원 또는 판문점에서 남북 장관들이 만나자고도 했다.

이 당시 북한이 선심공세를 전개한 배경에는 두 가지 이유가 있었다. 첫째는, 국제사회에서 자신들의 이미지 제고에 있었다. 북한이 이 같은 제의를 할 때는 대체로 유엔에서 한반도 문제가 논의될 때였다. 둘째는, 위장전술이었다. 당시 북한은 중·소로부터 각종 무기를 밀반입하고 있었다. 이것은 정전협정에서 엄격히 금지하고 있었지만, 선심공세를 통해 이 문제를 가리려 했던 것이다.

그러나 북한의 선심공세는 당시 남한보다 경제적 우위에 있었기 때문에 나올 수 있었던 것이었다. 북한은 중·소의 지원으로 전후복구 3개년 계획을 마치고, 1957년부터 시작한 5개년 계획을 1년 앞당겨 1960년에 완료시킬 정도로 상황이 좋았다. 통계상으로도 1958년에는 전쟁 이전 최고 수준이었던 1949년의 국민총생산(GNP)을 회복했다. 그 결과 1인당 GNP는 153달러로 남측의 82달러를 2배 가까이 앞서고 있었다. 당시 경제상황에 대해 탈북한 김정일의 처형(妻兄) 성혜랑도 그의 저서에서 이때를 '북한의 개화기이고, 살만했던 시기'로 기술하고 있다.

박 대통령, 1970년대 선의의 경쟁 제안

북한의 선심공세는 1960년대에도 지속되었다. 정부는 북한의 선심공세를 매번 무시할 뿐 별다른 대책이 없었다.

대한민국 정부는 이러한 북한의 선전공세에 현혹되어 남한의 고학생이 한 명이라도 매혹되어 월북하는 경우 크게 '선전자료화'될 것으로 보고, 관계기관 대책회의를 강구하기도 했지만 뾰족한 수를 찾기는 어려웠다. 1961년 7월 정부 문건에는 정부가 판문점에서 북한의 선전책동에 대응하기 위해 군정위 한국군대표, 중앙정보부, 국방부, 공보부, 내무부, 외무부, 국민운동본부 등 관계자 연석회의를 통해 종합대책을 강구했던 것으로 나온다.

그러나 1970년대 들어서면서 정부의 태도에 변화가 나타났다. 박정희 대통령은 1970년 8월 15일 광복절 25주년 경축사에서 남북한이 '개발과 건설의 선의의 경쟁'을 벌일 것을 제안하였다. 이것은 자신감의 표현이었다. 이 자신감은 경제가 밑바탕이 되어 나타난 것이었다. 통계자료마다 약간의 차이는 있으나, 대체로 1974~75년 무렵부터 1인당 GNP에서 남한이 북한을 앞서는 것으로 나온다. 이것은 1965년 한일 국교정상화와 국군의 베트남전쟁 파병을 통해 부수적으로 얻게 된 외화가 경제개발에 중요한 동력으로 작용한 결과였다.

반면 북한은 1962년 4대 군사노선을 천명하고, 1966년부터 경제와 국방의 병진정책을 추진하면서 한정된 자원을 무리하게 투자하기 시작했다. 그 결과 1961년 시작한 7개년 경제계획을 3년이나 늦춰서 1970년에야 겨우 달성했다. 또 1970년대 들어서 일본 및 유럽 자본주의 국가들로부터 외자를 도입하지만, 국제유가상승 등의 외적 변수로 인해 대부분 실패하고 부채만 떠안게 된다. 이후 남북경제에서 남측의 우위는 단 한 차례도 역전되지 않고 지속되고 있다.

1980년대 북한의 수해지원과 세계청년학생축전

1980년대 들어 북한의 대남 선심공세가 성사된 사건이 발생했다. 남측이 홍수피해를 겪자 북한이 이에 대해 지원물자를 보낸 것이다. 당시 남측은 1984년 8월 31일부터 4일간 집중호우가 내려 사망 및 실종 189명, 이재민 35만여 명, 피해액 1,333억 원 등 큰 피해를 입었다.

이에 대해 북한은 1984년 9월 8일 쌀 5만 섬, 옷감 50만m, 시멘트 10만 톤, 의약품 등을 보내겠다고 제의했다. 당시 정부에서는 이것을 북한이 정치공세로 악용할 것을 우려했지만, 북한의 제의를 수용하였다. 아시안게임과 올림픽 개최를 위한 분위기 조성도 필요했음을 고려한 것이었다.

당시 북한의 대남지원 제의는 1983년 10월 아웅산 폭탄테러로 인한 국제적 이미지 추락을 만회하기 위한 노력의 일환이었다. 그러나 훗날 알려진 바로는 북한은 남측이 자신들의 제의를 받지 않을 것으로

▶▶▶ 1984년 10월 북한이 보내온 수해 지원물자 중 시멘트가 인천항에서 하역되고 있다 _국가기록원

예상하고, 이른바 '립 서비스(Lip Service)'를 한 것이었다. 그러나 남측이 이를 받아들임으로써, 수해물자 준비에 어려움을 겪었다고 한다. 전국에서 쌀을 모아 정미소를 가동하고, 밤새 옷감을 만드는 등 큰 소동을 벌인 것이다. 1984년 기준 북한의 GNP는 남한의 5.5대 1에 불과했었다. 결국 북한은 허세를 부리다 정말 '가랑이'가 찢어질 뻔했던 것이다.

그러나 북한경제를 폭삭 주저앉게 한 결정적 사건은 1989년에 있었다. 바로 1989년 7월 평양에서 개최된 제13차 세계청년학생축전이 그것이다. 우리에겐 대학생 임수경의 방북으로 잘 알려진 대회이다. 북한은 서울올림픽 개최를 보고 올림픽에 버금가는 세계대회를 유치해 체제 선전을 하겠다는 계획으로 이 대회를 유치했었다. 북한은 대회를 위해 대규모 경기장, 공연장, 호텔 등을 무리하여 신축했다. 또 대회에 참가한 각국 대표자들에게 체재비 전액과 소정의 사례비를 지급하며 선심도 베풀었다.

그 결과 북한은 역대 최대 규모인 179개국 22,000명이 참가했다고 선전했다. 그러나 북한이 이 대회를 유치하기 위해 쓴 돈은 대부분 소련과 동유럽 사회주의 국가들로부터 지원을 받기로 약정한 것이었다. 그러나 1989년부터 사회주의 국가들이 붕괴되면서 결과적으로 북한은 큰 빚더미에 앉게 되었다. 체제 선전 효과는 거두었지만, 역설적으로 북한은 이 대회를 통해 경제가 완전히 붕괴된 것이다. 그야말로 없는 살림에 무리한 결과가 '재앙'이 된 것이었다.

북, 지원을 요구하는 입장으로 변화
이후 북한의 대남 선심공세는 나타나지 않았다. 오히려 기회가 있을 때마다 남측으로부터 식량과 비료, 의약품 등의 지원을 요구하고 나섰다. 통일부의 『2014 통일백서』에 따르면 1995년부터 2013년까지 정부·민간·국제기구를 통한 대북지원은 총 3조 2,379억 원에 달한다.

2014년 12월 16일 발표한 통계청 자료에 따르면, 남한이 1인당 국민총소득(GNI)은 20.8배, 국민총소득(GNI)은 42.6배 북한보다 우위라고 한다. 이 수치만 본다면 이제 남북 간 경제대결은 더 이상 의미가 없는 수준에 이른 것이다. 그 결과 북한의 선심공세는 이제 '군사적 공갈'로 대체되었다. 경제적 대결이 무의미한 상황에서 이제 공세수단은 군사적 위협밖에 남지 않은 것이다.

북한은 2014년 12월 17일 김정일 사망 3주년을 맞았다. 전문가들은 김정일 '3년상'을 끝내고, 이제 본격적인 김정은 시대가 시작되었다고 평가한다. 김일성을 흉내 내는 김정은이 과연 김일성이 강조했던 '쌀밥에 고깃국, 그리고 기와집'을 주민들에게 안겨줄 수 있을까? 최근 김정은의 행태를 지켜보면, 그 가능성은 거의 없어 보인다. 과거 북한의 선심공세라는 '허세' 또한 다시 나타나기 힘든 옛 이야기가 된 듯하다.

18 이산가족 문제

이산가족 아픔은 뒷전…
정치선전 활용에만 열 올려

2015년 1,400여만 명이 관람했다는 영화 '국제시장'에는 1983년 KBS에서 주관했던 이산가족 상봉 장면이 나온다. 주인공이 1950년 12월 흥남철수 때 잃어버린 막냇동생을 평생 잊지 못하고 살아오다 극적으로 방송을 통해 다시 만나는 장면이다. 전란 속에서 아버지와 헤어지면서 동생을 잘 돌보라는 아버지의 유언 아닌 유언을 평생 품고 살던 주인공이 마침내 동생을 만나는 장면은 관객들의 눈시울을 붉히게 했다.

이처럼 이산가족의 문제는 우리 모두가 공감하는 민족적 아픔이자 가장 시급히 해결해야 할 인도주의적 문제 중 하나이다. 시간이 흐르면서 고령의 이산가족들은 시간과의 싸움을 하고 있기 때문이다. 그리고 이런 바탕 위에서 우리 정부는 지금까지 많은 노력을 해왔다. 그러나 이산가족 문제는 북측의 협조 없이 남측 혼자서만 해결할 수 없다는 점에서 해결의 어려움이 있는 문제이다.

남북이산가족 현황

2009년 남북 분단 이후 최초로 이산가족 관계법인 '남북이산가족 생사확인 및 교류 촉진에 관한 법률'이 제정되었다. 이 법에서는 이산가족을 '사유와 경위를 불문하고, 현재 군사분계선 이남지역과 이북지역으로 흩어져 있는 8촌 이내의 친·인척 및 배우자 또는 배우자이었던 자'로 정의하고 있다. '사유와 경위를 불문'한다는 것은 그만큼 이산의 사유와 경위가 다양하다는 것이다.

이산가족은 발생 시기를 기준으로 크게 1945년 38도선 분단, 6·25전쟁 기간, 그리고 정전협정 이후로 구분할 수 있다. 또 이산의 원인으로는 한반도 분단, 자진 월남·월북, 6·25전쟁 기간 중 납치나 의용군 입대, 일본에서의 북송, 정전협정 체결 이후 미귀환(미송환), 납북·북한이탈 등 시대상황에 따라 다양하다.

이산가족의 규모에 대해서도 조사기관과 시기별로 상이하다. 그중

▶▶▶ 전쟁기념관에 설치된 거제 포로수용소 모형물
(6·25전쟁 당시 포로 문제는 현재 이산가족 원인 중 하나이다)

가장 큰 수치는 법원이 이북지역에서 월남한 가족을 대상으로 1970년 까지 실시한 가호적 신고자 수로 그 숫자는 546만 3천 명이었다. 이북 5도위원회는 여기에다 인구증가율을 감안하여 1976년 12월 기준 실향 민 1세대와 2, 3세대를 포함한 이산가족 규모를 약 767만 명으로 추정한 바 있다.

통일부와 대한적십자사가 운영하는 이산가족정보통합시스템에 등록된 이산가족 숫자는 2015년 12월 31일 기준 총 13만 808명이다. 이것은 이산가족의 등록신청을 토대로 한 수치이다. 본인이 이산가족이지만 정작 등록하지 않은 경우는 빠져 있는 것이다.

전시 납북자는 통계에 따라 차이가 있으나 통일부의 자료에 따르면 약 8만 명을 상회할 것으로 추정되고 있다. 전후 납북자는 어선원, 군·경, 대한항공 납치, 해외 납치 등으로 총 3,835명이었으며 이 중 3,310명은 북한이 송환했고, 9명은 자진탈북·귀환하였다. 현재 전후 납북자는 516명으로 추정되고 있다.

이산가족 문제 해결을 위한 노력

정전협정 이후 이산가족 문제 해결을 위한 노력은 지속되어왔다. 남북은 1953년 12월 11일 정전협정 제3조 59항에 명시된 '실향사민귀향협조위원회'를 개최했다. 그 결과 1954년 3월 1일 남측은 이북행을 지원한 민간인 37명을 북측에 넘겨주었다. 그러나 북한은 19명의 외국인만을 넘겨주는 데 그쳤다. 이후 1956년에는 이산가족 문제를 국제적십자사가 중재했지만, 상호명단과 생사확인만 할 뿐 구체적인 상봉으로는 이어지지 못했다.

남북 간에 이산가족 문제가 다시 논의된 것은 1970년대 들어서이다. 1971년 8월 12일 대한적십자사 최두선 총재는 성명을 통해 북한에 '남북 가족찾기운동'을 제의했다. 현재 이북5도위원회는 이날을 '이산가족의 날'로 기념하고 있다. 북측이 남측의 제의를 수락하면서 남북대화는 성사되었지만, 실질적인 이산가족 상봉으로는 이어지지 못했다.

1970년대는 1972년 7·4남북공동성명을 계기로 남북 양측이 이산가족 문제에 대해 활발한 논의가 있었지만 남북 간의 의견대립으로 큰 진전은 없었다.

다만, 1972년 6월 제20차 남북적십자사 예비회담에서 본회담 의제로 5개항에 합의하였다. 그 내용은 흩어진 가족의 주소와 생사확인 문제, 자유로운 방문 및 상봉 실현 문제, 서신 문제, 가족들의 자유의사에 따른 재결합 문제 등이었다.

1980년대 들어서면서 첫 이산가족 상봉이 성사되었다. 그 시작은 1984년 9월 북한의 수재물자 제의를 남측이 받아들인 것이 계기가 되었다. 1985년 5월 남북적십자회담을 통해 분단 40년 만에 이산가족

▶▶▶ 2000년 남북이산가족 상봉행사 모습 _통일부

고향방문단 및 예술공연단 교환방문이 처음으로 실현되었다. 그러나 추가 상봉으로는 이어지지 못했다.

본격적인 이산가족 상봉은 2000년 남북 정상의 6·15공동선언 이후 이뤄졌다. 이후 2000년 8월부터 2014년 2월까지 총 19차례에 걸쳐 상봉행사가 개최되었다. 2003년부터 2007년까지는 7차례에 걸쳐 화상상봉도 진행했다. 2008년 7월에는 금강산에 지하 1층, 지상 12층 규모의 이산가족면회소도 준공되었다.

정부 통계에 따르면 1985년 첫 상봉부터 2014년 12월까지 정부 당국과 민간 차원에서 추진해 성사된 남북가족 상봉은 화상 상봉 3,748명을 포함해 총 26,106명이다. 이 밖에 생사확인 55,500명, 서신교환 12,146건이 이루어졌다.

북, 이산가족 문제 해결에 소극적

북한은 정전협정 체결 이후에도 3,835명의 우리 국민들을 납북했고, 이 중 516명이 아직도 북한에 있는 것으로 추정되고 있다. 그러나 북한은 이들을 '의거 입북자'라며 체제 선전에 이용하고 있다. 반면 2000년 9월 2일 우리 정부가 판문점을 통해 북으로 송환한 비전향장기수 63명에 대해서는 '신념의 화신, 의지의 강자'라며 대대적으로 선전했다.

또 2010년 우리 정부가 '6·25전쟁 납북자 진상규명 위원회'를 만들었을 때는 '자신들에 대한 또 하나의 악랄한 정치적 도발이며 대결망동'이라고 비난했다. 이처럼 북한은 이산가족 문제에 대해 자신들의 이중적 잣대를 들이대며 정치선전의 소재로 활용해왔다.

그러나 정작 우리 정부의 이산가족 해결 노력에 대해서는 소극적으로 일관했다. 남측이 요구하면 핑계와 조건을 대거나 마지못해 나서는 정도였다. 1985년 1차 이산가족 상봉 이후 2차 방문단 교환에 대해서는 팀스피리트 훈련을 구실로 회담을 거부했다. 1989년 11월 적십자 실무접촉에서 571명 규모의 방문단 교환에 합의했지만, 혁명가극 공연 관람을 주장해 합의를 무산시키기도 했다. 이런 태도는 최근까지도 지속되고 있다.

그렇다면 북한은 이산가족 문제에 대해 왜 소극적 태도를 보이는 것일까? 이에 대해서는 몇 가지 분석이 있다. 먼저, 남북 체제대결에서 원인을 찾는 분석이다. 북한은 주민들을 핵심·동요·적대계층으로 분류하여 관리하는데, 월북자나 월남자는 적대 또는 동요계층으로 분류해 감시해왔다. 북한은 이들이 남측가족과 만나 북한체제를 비판하거나 남한의 발전상을 알게 되는 것이 달갑지 않은 것이다. 북한은 이 때문에 이산가족 상봉 전에 사상교육뿐만 아니라 행사장에도 감시원을 배치하는 것으로 알려져 있다.

북한이 경제적 부담을 갖기 때문이라는 분석도 있다. 행정정보망이 부족한 북한이 상봉 대상자를 일일이 찾아내서, 이들을 소집해 일정 기간 합숙시켜 사상교육을 포함한 교육을 시키고, 영양보충과 함께 의류와 소지품 등도 준비해야 하는데 여기에 돈이 든다는 것이다. 북한이 이산가족 문제를 금강산관광이나 식량·비료 등 대북지원과 연계하려는 태도를 보이는 것도 이런 경제적 부담 때문이라는 지적이다.

일부에서는 더 이상 북한이 내보낼 가족이 없다는 분석도 내놓고 있다. 즉, 이산가족들의 고령화로 생존자가 적고, 이 가운데에서도 북한의 반체제 인물들을 제외하고 나면 더 이상 내보낼 만한 대상자가 없다는 것이다. 이런 여러 요소가 결합되어 북한은 이산가족 문제에 소극적으로 대처할 수밖에 없다는 지적이다.

이산가족 문제 해결의 시급성

2015년 12월 현재 이산가족정보통합시스템에 등록된 13만 808명 중 65,134명은 이미 사망했다. 또 신청자 중 80세 이상이 전체의 57%로 고령화되고 있다. 이처럼 이산가족 문제가 시급한 인도주의적 사안임에도 불구하고, 북한은 번번이 우리 정부의 5·24조치 해제 등 다른 사안과 결부시키며 소극적 태도를 보이고 있다.

아직도 전쟁의 상흔은 우리사회 곳곳에 남아 있지만 시간이 지나면서 더욱 심각해지는 것 중 하나가 이산가족 문제다. 바라건대 올해는 이산가족들의 슬픔의 눈물보다 상봉을 통한 기쁨의 눈물을 볼 수 있기를 기대해본다.

▶▶▶ 2014년 8월, 강원도 고성 통일전망대에서 바라본 금강산 가는 길

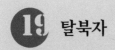

탈북자

北 노금석 중위,
휴전 2달 만에 전투기 타고 귀순

남북의 계속되는 체제분단 속에서 이산가족 못
지않게 아픔을 안고 살아가고 있는 이들이 있다. 바로 탈북자, 새터민
들이다. 현재의 이산가족들이 대부분 6·25전쟁으로 인해 생겨난 경우
라면, 탈북자들은 전쟁 이후 북한체제가 싫어 자발적으로 또는 어쩔
수 없이 체제를 등지고, 새로운 삶을 찾아 북한을 떠나온 이들이 대부
분이다. 이들 중 일부는 온 가족이 함께 온 경우도 있지만, 대다수의
경우는 가족과 떨어져 혈혈단신으로 남한 땅에 온 경우가 대부분이니,
이들 역시 이산가족이라 하겠다.

탈북자 2만 9천 명 시대
통일부의 『2016 통일백서』에 따르면 2015년 12월 현재 탈북 후
국내로 입국한 북한주민(이하 탈북자)은 총 28,795명이다.[19] 그 숫자
만큼이나 이제 우리 주위에서 탈북자들을 보는 것은 더 이상 낯선 풍경

이 아니다.

지금까지의 탈북자들을 성별로 살펴보면, 남자 8,503명, 여자 20,292
명으로 여자가 두 배 이상 많다. 연도별로는 2000년 이전까지는 전체
누적 입국자가 1,000명도 안 되었지만, 이후 급속히 증가해 2009년 한
해에만 2,914명이 입국하는 등 가파른 증가세를 보였다. 그러나 이후
감소추세로 2015년 입국자는 1,296명이다.[20]

과거 탈북자들 중에는 유독 함경도 출신이 많았다. 그 이유는 지역
적으로 북·중 국경지역으로 탈북이 용이하고, 압록강에 비해 두만강
상류의 폭이 좁으며, 중국으로 월경한 후에도 조선족의 생활지역이라
언어가 용이했기 때문이었다. 그러나 최근 탈북자들은 지역별 분포의
차이는 있지만, 평양, 황해도, 강원도 등 북한 전역으로 다양화되고
있다.

그동안의 탈북자들 중 북한에서의 지위를 기준으로 볼 때 최고위급
은 황장엽 전 노동당 국제비서였다. 그는 1997년 2월 12일 중국 주재
우리 대사관으로 망명했다. 이후 한국에 들어와 북한 민주화를 위해
활동하다 2010년 10월 10일 사망했다.

그러나 황장엽 이외에도 모든 탈북자들은 저마다 '특별한 사연'을
갖고 있다. 그동안 우리의 주목을 끌었던 탈북자 중에서 육·해·공로
(路)를 이용해 입국한 세 가지 사례에 대해 살펴보자.

MiG-15 타고 귀순한 노금석

북한공군 조종사 출신으로 우리에게 잘 알려진 이는 1983년 MiG-
19를 타고 온 이웅평 대위(후에 한국공군 대령 전역, 2002년 사망)와
1996년 이철수 대위(2016년 현재 한국공군 대령)가 있다. 그러나 이들

보다 훨씬 전에 전투기를 타고 귀순한 이가 있는데 그가 바로 노금석 중위다. 그는 휴전 2개월 만인 1953년 9월 21일 MiG-15를 타고 귀순했다.

노금석은 6·25전쟁 중 북한공군으로 참전했던 인물이다. 그는 1950년 9월 해군군관학교 재학 중 조종사로 선발되었다. 이때는 북한공군이 궤멸된 상황으로 북한은 조종사 양성에 전력하던 때다. 노금석은 조종훈련을 받고 1951년 11월 의주로 배치된 이후 전투에 참전했다.

그는 귀순 이후 여러 증언을 쏟아냈다. 개전 초기 북한공군의 궤멸과 이후 조종사 양성과정, 소련 조종사들의 전투능력, 공중전 경험, 휴전 직전 중국 땅에 있던 전투기의 북한 밀반입과정, 그리고 휴전 이후 공군 전력 등 다양했다.

노금석이 주목을 받은 이유 중 하나는 그가 타고 온 전투기 때문이기도 하다. MiG-15는 당시로서는 첨단 제트전투기였다. 6·25전쟁 기간 미 공군의 F-86과 제공권을 놓고 싸울 정도였다.

이런 까닭에 미 공군은 전쟁 말기인 1953년 4월 공산군 측 조종사들을 대상으로 물라(Moolah)라는 작전을 펴기도 했다. 물라는 미국 속어로 돈을 의미한다. 이 작전은 MiG-15로 귀순하는 조종사에게는 5만 달러의 현상금을 주겠다는 내용이었다. 특히 처음 귀순하는 자에게는 5만 달러의 상금을 추가로 지급하고, 정치적 도피처도 제공하겠다는 것이었다. 노금석은 이 계획의 처음이자 마지막 수혜자였던 셈이다. 그러나 귀순 당시 노금석은 이 계획에 대해 전혀 모르고 있었다.

그는 귀순 이후 미국으로 건너가 대학을 다닌 뒤 항공회사에 근무했고, 이후 대학교수로도 활동했다. 그가 타고 온 MiG-15는 현재 미 공군박물관에 전시되어 있다.

판문점에서 '기습' 귀순한 이수근

1967년 3월 22일 판문점에서 '기습'적인 귀순 사건이 일어났다. 사건의 주인공은 당시 북한 조선중앙통신사 부사장이었던 이수근이다. 이날 판문점에서는 제242차 군정위 본회의가 열리고 있었고, 이를 취재하던 기자들 속에 이수근도 있었다.

판문점의 산 증인으로 불리는 이문항(전 유엔사 특별고문)은 이수근의 귀순에 직접 관련된 인물이다. 그의 증언에 따르면, 이날 회담장 밖에서 그가 이야기를 나누고 싶다며 자신에게 다가왔고, '남쪽으로 가고 싶은데 도와달라'고 했다는 것이다.

이문항은 이를 유엔사 측 수석대표에게 전했고, 이수근을 남쪽으로 데려가기로 결정했다. 방법은 이랬다. 유엔사 측이 세단 한 대를 대기해 놓으면 이수근이 재빨리 차에 탑승해 남쪽으로 달린다는 것이

▶▶▶ 1967년 4월 1일, 이수근 조선중앙통신사 부사장의
귀순 기자회견 모습 _국가기록원

한 권으로 읽는 북한사

었다. 이 계획은 이수근에게도 전달되었다.

오후 5시 20분경 본회의가 끝나고, '작전 개시' 시간이 다가왔다. 그러나 이수근은 자신을 위해 준비된 차량 대신 영국군 장군 차에 잘못 올라탔다. 계획을 몰랐던 운전병은 출발하지 않았고, 이를 지켜본 다른 북한기자들이 소리를 지르기 시작했다. 이 상황에서 유엔사 전방지원 부대장 톰슨 중령이 재빨리 차에 탄 뒤 운전병에게 남쪽으로 달리라고 지시했다. 이 과정에서 총격전도 있었지만, 이수근은 무사히 남한에 오게 되었다.

당시 정부는 이수근의 귀순을 대대적으로 환영했다. 1967년 4월 10일 서울 장충단공원에서 서울시민 환영행사를 열어줬고, 큰 금액의 정착금도 지급했다. 국내 한 대학의 여교수와 결혼도 주선해주었다.

그러나 이수근은 귀순 당시 '개인 문제 때문에 부득이 왔다'고만 할 뿐 구체적인 귀순 동기가 부족해 보였다. 또한 북한 언론의 반미선전을 되풀이하는 언행을 하곤 했다. 이러한 그의 행동은 여러 면에서 의심을 받곤 했다.

그러던 중 이수근은 1969년 1월 27일 위조여권을 만들어 베트남을 경유해 캄보디아 프놈펜으로 향하려다가 사이공에서 체포되었다. 이후 국내로 압송된 뒤 1969년 7월 3일 국가보안법 위반으로 사형에 처해졌다. '위장간첩'이 그의 죄명이었다. 일부에서는 그가 노동당 대남사업 총책 이효순의 월남귀순 지령을 받고 위장 귀순한 것으로 알려지기도 했다.

그러나 2007년 진실·화해를 위한 과거사정리위원회는 이수근에 대한 재심을 권고했고, 2008년 법원은 '이수근을 위장간첩으로 인정할 증거가 없다'고 판시했다. 그가 사형당한 지 39년 만이었다.

'따뜻한 남쪽나라' 찾아온 김만철 일가

1987년 1월 15일 새벽, 북한 청진에서 50톤급 선박이 출항했다. 이 배에는 당시 청진의과대학병원에서 의사로 일하던 김만철 일가(장모, 처남, 처제 포함) 11명이 타고 있었다. 오랫동안 준비한 일종의 '기획탈북'이 실행되는 순간이었다.

그러나 배가 엔진고장으로 표류하다 1월 20일 일본에 도착했다. 입국 경위를 묻는 일본 측에게 이들은 '따뜻한 남쪽 나라로 가고 싶다'고 했다. 그러나 그 '남쪽 나라'가 어딘지는 불분명했다. 남한일 가능성이 높았지만, 제3국일 수도 있었다. 당시 김만철 일가의 입장도 명확하지 못했다.

이 과정에서 당시 일본은 이들의 통역을 조총련계 인물에게 맡겼고, 이는 곧 북한에 보고되면서 상황은 복잡해졌다. 그 결과 남과 북이 이들을 데려오기 위한 치열한 외교전을 벌이게 되었다. 당시 우리 정부는 매우 적극적이었다. 주일 한국대사관은 이들에게 한국 실상을 보여주며 남한행을 설득했고, 전두환 대통령은 일본 총리에게 친서를 보내기도 했다.

그러나 일본은 이 사건 발생 직전 자국의 어선 후지산마루호의 선장이 불법어로 혐의로 북한에 억류된 상황이었기에 소극적으로 대응할 수밖에 없었다. 그나마 우리 정부를 위해 일본 측이 제시한 방안은 공해상에서의 인수·인계였다. 이는 일본이 김만철 일가를 불법입국자로 간주해 공해상으로 추방하면, 한국이 이들을 인수한다는 것이었다. 그러나 이 계획은 북한에게도 알려지면서 실행되지 못했다.

이후 일본은 김만철 일가를 제3국, 즉 대만으로 추방하기로 했다. 그리고 2월 7일 새벽, 자위대 항공기(YS-11)를 이용해 비밀리에 이들을 대만으로 보냈다. 당시 대만은 한국과 수교 중이었고 북한과는 미수

▶▶▶ 김만철 씨 일가가 김포공항에 도착한 모습 _연합뉴스

교상태였다. 정부는 대만 정부와 교섭을 위해 대표단을 보냈고, 여기에는 김신조와 이웅평도 참여했다. 그 결과 김만철 일가는 대만 도착 하루 만인 2월 8일 김포공항으로 입국하게 되었다. 11명 일가족이 집단으로 탈북 후 귀순한 것은 이들이 처음이었다.

5·16과 북한

北, 5·16 직후 안보위기 느껴
중·소와 '동맹조약' 체결

　　　　　　비록 정도의 차이는 있겠지만, 남북이 분단된
상황에서 한쪽의 국내정치는 곧 상대방에게 필연적으로 영향을 미쳐왔
다. 이른바 한국정치에서 북한요인, 또는 북한정치에서 남한요인이다.
　　휴전 이후 북한정치가 남한에 미친 사건 중 대표적인 것이 김일성
부자의 사망과 김정은의 등장이라 할 수 있다. 그렇다면 반대로 한국정
치사의 주요 사건 중 북한정치에 영향을 미친 것은 무엇이 있었을까?
　　여러 사건들이 있었을 것이다. 박정희 대통령 시해 미수 사건이나
서울올림픽 개최, 대한민국의 중국·소련과의 수교 등도 그 범주에 속
하는 사건일 것이다. 그러나 빼놓을 수 없는 사건이 1961년 일어났던
5·16일 것이다. 이 사건은 한국 현대사의 중요한 분기점이었던 만큼
북한에게도 지대한 영향을 미쳤다.
　　그러나 5·16 당시 북한의 반응과 이 사건이 북한에 미친 영향에
대해서는 사실 잘 알려진 바 없었다. 일부 고위 탈북자의 증언이 있는
정도였고, 북한문헌으로 확인된 바는 없었다. 그러나 2000년대 후반

들어서 중국의 문서기록보존소인 당안관(檔案館)자료가 공개되면서 사건 당시 북·중 간에 오고간 외교전문과 중국대사관에서 파악한 북한 동향이 알려지기 시작했다. 그리고 이를 토대로 남한의 5·16 당시 북한의 반응에 대한 연구들이 이루어지기 시작했다.[21]

5·16에 대한 북한의 인식과 대응

북한은 5·16 발생 이전부터 남한의 정치·사회적 혼란을 예의 주시하고 있었다. 1961년 3월 31일 자 북한주재 중국대사관이 본국에 타전한 전문에는 당시 남한의 장면 정부에 대해 대규모 대중투쟁이 발생하더라도 전복될 정도는 아니라고 평가하고 있다. 하지만 만일 대중투쟁이 격화되어 군부가 진압과정에 투입된다면 일부 군부에 의한 자발적 반란 가능성도 있다는 평가를 내리고 있다.

그러나 막상 1961년 5월 16일 새벽, 5·16이 발발하자 북한은 이에 대해 제대로 된 평가를 내리지 못하고 있었다. 북한이 직면한 가장 큰 문제는 '정보 부족'이었다. 당시 김일성은 이 같은 상황에 대해 대남 부서 관계자들을 크게 질책하고, 모든 수단을 동원해 대남 정보 수집을 지시했던 것으로 알려져 있다.

정보 부족 상황에서 북한의 5·16에 대한 인식과 대응은 2일 동안 세 차례나 변하게 된다. 이 당시 북한은 5·16에 대해 미국의 사주 → 일시적 기대와 지지 검토 → 우려 표명 및 비난순으로 변화된 인식을 보이고 있다.

이에 대해 보다 구체적으로 살펴보면, 북한은 처음에는 5·16을 미국의 사주에 의한 것이라 판단했다. 당시 한국군의 작전통제권을 유엔군사령관이 가지고 있었기 때문에, 한국군이 임의로 '군사정변'을 일으키기는 어려울 것이라는 데 근거한 것이다. 그러나 이때까지는 정보 부족으로 정확한 평가를 내릴 수 없었고, 대외 반응도 자제하는 편이었다. 사건 다음날인 5월 17일 자 노동신문 1면에도 이 사건에 대해 '군사 정변에 의해 장면 정권 전복'이라는 간략한 사실보도만을 내보냈다.

그러나 이후 북한의 평가는 '일시적 기대'로 변화했다. 이것은 5월 16일 오후 6시 30분, 당시 북한 부수상 김일이 북한주재 중국대사를 만나 사태에 대해 논의하는 자리에서 언급되었다. 김일은 5·16이 미국의 사주가 아닌 군부 내 '진보세력'에 의해 독자적으로 일어났을 가능성을 언급하며, 북한은 이를 지지하는 성명을 준비하고 있다고 했다.

그러나 북한의 이 같은 생각은 5월 17일 노동당 중앙청사에서 개최된 긴급 정치위원회를 통해 '우려'로 또 한 번 변화된다. 이때까지도 북한은 정확한 정보수집이 이루어지지 않은 상태였지만, 5·16이 미국의 사주에 의해서 일어난 것이 아닐 가능성이 90%라고 평가한다. 그리고 자신들이 생각한 군대 내 '진보세력'이 '친미', '반공'을 강조한다는 것을 근거로 본격적인 '경계'에 돌입하게 된다.

5월 18일 개최된 당 중앙상임위원회에서는 이 평가를 더욱 확고히 한다. 5·16 주도세력을 군부 내 '진보세력'에서 극심한 '반동세력'으로 완전히 변화된 평가를 내린다. 또 이들이 '반공'을 기본방침으로 내걸자 이때부터 비난 선전을 전개한다. 5월 20일과 24일에는 군사정권 반대와 주한미군 철수를 주장하는 군중대회를 개최하기에 이른다.

5·16 이후 북한의 정책변화

김일성은 '반공'을 강조하는 군사정권이 남측에 등장한 것을 큰 위협으로 인식했다. 헝가리 외교문서에 따르면 김일성은 당시 남한 '군부

세력들'이 국내 문제의 돌파구를 찾아 북침을 개시할지도 모른다는 생각을 가지고 있었고, 이를 위해 군에 방심하지 말고 경계를 철저히 서라는 명령을 하달하기도 했다. 김일성의 위기 인식은 이후 세 가지 정책변화로 나타난다.

첫째, 중국과 소련을 찾아가 '동맹조약'을 체결한다. 이는 안전보장을 강화하기 위한 중요한 조치였다. 김일성은 1961년 6월 29일 평양을 떠나 7월 6일에는 소련과, 이어서 5일 뒤인 7월 11일에는 중국과 '우호 협력 및 상호원조조약'을 체결한다. 이 조약들은 정치, 군사, 경제, 문화 등 여러 내용을 담고 있지만 그 핵심은 '자동 군사개입 조항'을 포함한 것이었다. 사실 북한은 중·소와의 동맹조약 체결을 이전부터 논의하고 있었지만 별 진척은 없는 상태였다. 그러던 중 발생한 5·16은 북한이 중·소와 조약을 체결하는 데 중요한 동인으로 작용하게 된 것이다.

둘째, 국내정책 변화를 시도한다. 정책 변화는 1961년 5월 18일 개최된 당 중앙상임위원회에서부터 논의되기 시작했다. 이 회의에서는 처음으로 '국방·경제 병진노선'이 논의된다. 이 노선은 1962년 12월 당 중앙위원회 제4기 5차 전원회의에서 정식 채택되지만, 이미 5·16 직후 심각하게 논의되고 있었던 것이다.

또 1961년부터 시행하기로 했던 이른바 7개년 경제계획(1961~67) 의 선포도 연기한다. 아예 시작 시기를 2년 늦춰 1963년부터 착수하기로 결정한다. 북한으로선 국방부문에 대한 집중투자를 위해서 불가피한 조치였을 것이다. 그러나 1961년 9월 개최된 제4차 당대회에서 본래 계획대로 1961년부터 시작은 선포하지만, 실패는 예견된 것이었다. 결국 이 계획은 당초 목표했던 1967년이 아닌 3년을 연장해 1970년에야 겨우 완료를 선포할 정도로 북한경제에 큰 부담을 지우게 된다.

셋째, 대남 접촉을 시도한다. 김일성은 사건 직후 모든 대남 정보망을 총동원하여 정세파악에 열을 올렸다. 사건의 배경, 주도세력과 그들의 성향, 미국과의 관계 등을 파악해 새로운 대남정책을 추진하기 위해서였다.

그리고 1961년 7월 중순 정치위원회를 개최하고, 그때까지 수집된 자료를 토대로 새로운 대남정책 수립에 들어갔다. 이 자리에서 5·16 주도세력에 대한 신상을 확인하고, 이들을 접촉하기 위해 8월에 황태성을 남파시킨다. 황태성은 경북 상주에서 태어나 조선공산당에서 활동하다 월북했던 자로서, 북한에서는 무역성 부상 등을 역임했다. 그러나 남파 이후 황태성은 1961년 12월 체포된 뒤 1963년 12월 14일 간첩죄로 사형에 처해진다.

이렇듯 5·16은 한국 국내정치뿐만 아니라 북한의 내부정치와 남북 관계에까지 영향을 미친 '중대한 사건'이었다. 그리고 분단 상황이 지속되는 한 일방의 내부 문제가 상대방의 국내정치에 영향을 미치는 양상은 앞으로도 계속될 수밖에 없을 것이다.

2000년 첫 남북정상회담 개최…
김정일 답방 약속은 이행 안 돼

　　역대 대통령들은 한반도 긴장해소의 한 방법으로 북한에 특사(特使)를 보내곤 했다. 대통령 특사는 그 성격상 밀사(密使)였다. 이것은 북한도 마찬가지였다. 남북의 밀사들은 서울과 평양을 오가며 우리 대통령과 김일성을 만났고, 여기서 정상회담은 자주 등장하는 '단골 소재'가 되곤 했다. 그러나 남북의 비밀접촉은 상당 부분 베일에 가려져 있고, 시간이 지난 후에 당사자들의 증언이나 회고록, 또는 일부 정부의 발표 등으로 그 실체가 알려지곤 했다.

　　아마도 북에서 남측에 보낸 첫 밀사는 황태성이 아닐까 싶다. 5·16 이후 당시 박정희 의장을 만나기 위해 김일성이 보냈지만, 만남은 성사되지 못하고 간첩죄로 체포되어 사형에 처해졌다. 이후에도 밀사들의 '파견'은 계속되었고, 아직까지도 우리에게 알려지지 않은 '이름 없는 밀사'들도 많이 있을 것이다.

남북정상회담과 남북을 오고간 밀사들

평양으로 간 첫 대통령 밀사는 박정희 대통령 당시 이후락 중앙정보부장이었다. 이후락은 1972년 5월 2일 평양으로 가 김일성을 만났다. 북한은 이에 대한 답방으로 5월 29일 박성철 부수상을 서울로 보내 박 대통령을 예방했다. 당시 이 자리에서 정상회담에 대한 얘기가 있었는지는 확인되지 않지만, 남북한의 첫 밀사교환은 1972년 역사적인 '7·4남북공동성명'을 낳았다.

전두환 대통령 때도 밀사가 오고갔다. 이때는 북측 밀사가 먼저 왔다. 북측 밀사는 당시 조국평화통일위원장 허담이었다. 그는 1985년 9월 4일 판문점을 넘어 서울에 왔다. 전두환 대통령은 9월 5일 경기도 기흥에 있는 최원석 동아그룹 회장의 별장에서 허담을 만났고, 이 자리에서 허담은 대통령에게 평양에서의 정상회담을 제안했다. 이후 장세동 당시 안기부장이 평양을 방문해 김일성을 만나 구체적인 내용을 협의했지만, 회담으로 성사되진 못했다.[22]

노태우 대통령 때도 김일성의 특사가 서울에 왔다. 1992년 봄 윤기복 조국평화통일위원장이었다. 그도 김일성의 친서와 초청장을 가지고 왔지만, 김일성 생일에 맞춰진 초청 시기와 북측의 '금전' 요구로 인해 정상회담으로 성사되지 못했다.[23]

김영삼 대통령 때에는 카터 전 미국 대통령이 평양에서 김일성을 만나 남북정상회담 개최를 주선한 것으로 알려져 있다. 그 결과 1994년 7월 25일 정상회담이 개최될 예정이었지만, 7월 14일 김일성의 갑작스런 사망으로 성사되진 못했다.

2000년 6월 첫 정상회담 성사

정상회담이 처음 성사된 것은 김대중 대통령 때였다. 김 대통령은 2000년 6월 평양을 방문해 김정일을 만났다. 김정일은 평양 순안공항에 직접 나와 김 대통령을 영접했다.

당시 회담은 북한이 현대아산 정몽헌 회장을 통해 정상회담 추진 의사를 밝히면서 시작된 것으로 알려졌다. 2000년 3월 8일 남북의 특사들이 싱가포르에서 예비접촉 후 3월 17일과 23일 상하이와 베이징에서 두 차례의 접촉을 더 진행했다. 당시 양측의 특사는 박지원 문화관광부 장관과 송호경 아태평화위원회 부위원장이었다. 이들의 접촉결과는 4월 10일 정상회담 개최계획으로 발표되었다.[24]

▶▶▶ 2000년 6월 13일, 평양 순안공항에서 남북정상이 처음으로 만났다 _연합뉴스

4월 10일 발표된 정상회담 개최 합의문은 4월 8일 합의된 것이었다. 우리 정부는 4월 8일 당일 발표하려 했지만, 북한은 김일성의 생일을 기념하는 이른바 '4월의 봄 친선축제'가 4월 10일 시작된다며 이날을 고집했다고 한다.

남과 북에서 동시에 발표된 합의문 내용도 일부 다른 부분이 있었다. 우리 측 합의문에는 '김정일의 초청'에 의해 대통령이 방북한다고 했지만, 북한은 '남측의 요청'에 의한 것이라고 발표했다. 여기에는 북한의 '내부 사정'이 반영된 것으로 알려졌다. 또 방북일자도 합의문에서 밝힌 6월 12일에서 실제로는 6월 13일로 하루 늦춰진다. 이것은 후에 약간의 '기술적인 문제' 때문이었던 것으로 알려졌다.

북한은 우리 측 조선일보와 KBS 기자의 입북을 불허하기도 했는데, 이에 대해 김 대통령은 '이는 우리 체제의 가치에 관한 문제'라며 북한의 조치를 거부하고 이들을 함께 데리고 갔다고 회고록에 적고 있다.[25]

▌6·15공동선언과 10·4선언 채택

정상회담 결과 '남북공동선언'이 채택되었다. '6·15공동선언'으로도 불리는 이 선언은 김대중 대통령과 북한 김정일 국방위원장이 함께 서명했다. 5개 항의 합의사항과 함께 '적절한 시기'에 김정일의 서울 방문내용도 포함되었다. 6월 15일 김정일이 주최한 연회에서는 당시 조명록 국방위원회 제1부위원장이 군부를 대표하여 6·15공동선언을 공식 지지하기도 했다.

정상회담 이후 남북관계는 급속도로 발전해 다방면에 걸친 교류가 이루어졌다. 남북경협의 상징으로 간주되는 개성공단도 이때부터 추진되기 시작했다. 남북 간 끊어진 철도를 잇기 위한 공사도 진행되었고, 기존 바닷길만 이용하던 금강산관광은 육로로도 확대되었다. 남북 간 상호비방을 하지 않겠다는 합의로 휴전선에 설치된 확성기도 철거되었다.

정상회담 이후 북한과 미국의 관계도 한동안 개선되었다. 2000년 10월 10일 당시 조명록이 김정일의 특사자격으로 미국을 방문해 클린턴 대통령을 만났고, '북·미 공동코뮈니케'도 발표했다. 10월 23일에는 미 국무장관으로는 처음으로 올브라이트가 평양을 방문하면서 양측의 수교 이야기도 나오기 시작했다. 남북정상회담 이후 나타난 변화였다.

북한의 서방국가들과의 외교관계도 체결되었다. 북한은 정상회담 이후 영국, 프랑스 등 대부분의 유럽연합(EU) 국가들과 외교관계를 맺었다. 남북정상회담을 통해 북한이 얻은 '부수입'이라 할 수 있을 것이다.

2007년 10월 노무현 대통령도 평양을 방문해 김정일과 정상회담을 했다. 두 번째 정상회담이었다. 김 대통령은 항공기를 이용해 평양에 갔지만, 노 대통령은 군사분계선을 통과해 차량으로 평양–개성 간 고속도로를 이용해서 갔다. 그리고 전문과 8개 항의 합의사항을 담은 '10·4선언'도 채택했다.

이명박 전 대통령도 회고록에서 정상회담 추진 관련 비화를 공개했다. 2009년 8월 북한 김양건 통일전선부장이 현인택 통일부장관을 통해 정상회담을 타진해 왔다는 것이다. 이후 싱가포르 등에서 남북 밀사의 접촉도 있었지만, 북측이 대북 경제지원을 정상회담의 전제조건으로 제시해 수용하지 않았다고 했다.[26]

북측의 진실성에 대한 의구심

2000년 정상회담 이후 우리 국민들의 통일에 대한 열망은 그 어느 때보다 높았다. 그러나 현재 그 열기를 확인하긴 힘든 것 같다. 그것의 가장 큰 원인은 정상회담 이후 보인 북한의 태도 때문이었다.

북한은 정상회담 직후부터 한반도 평화에 찬물을 끼얹고 긴장을 한층 더 고조시키기 시작했다. 북한은 정상회담 2년 뒤인 2002년 6월 제2차 연평해전을 시작으로 2008년에는 대청해전을 일으켰고, 2010년에는 천안함 폭침과 연평도 포격 도발을 저질렀다. 이뿐만이 아니다. 북한은 2016년 9월까지 다섯 차례의 핵실험과 수차례의 장거리 미사일 발사를 강행했고, 2008년 금강산에서는 북한 초병이 우리 민간인 관광객을 사살하는 사건도 있었다. 이런 반면 김정일의 서울답방 약속은 이행되지 않았다.

이런 가운데 2014년 2월 국내 한 월간지의 보도는 북한의 정상회담에 대한 태도에 심각한 의구심을 갖게 했다. 보도에는 전직 노동당 간부의 증언을 토대로 2000년 정상회담 시 북한은 '남측 대통령이 백기 투항하러 왔다'고 주민들을 선전·선동했다고 했다.[27] 북한체제의 특수성을 감안하더라도 북한의 진실성에 심각한 의구심을 떨쳐버릴 수 없는 대목이다. 남북정상회담의 의미는 아무리 강조해도 지나치지 않을 듯싶다. 문제는 북한의 진정성 있는 태도일 것이다.

지금까지 남북관계에서는 많은 선언문과 합의문이 발표되었다. 그 모든 것이 다 중요한 의미를 담고 있겠지만, 그중에서도 1972년 7월 4일 발표된 '7·4남북공동성명'과 2000년 6월 첫 남북정상회담 당시 발표된 '6·15선언문'은 남북관계사에서 중요한 의미를 부여할 수 있다. 이 점에서 두 문건의 전문을 싣는다.

〈7·4남북공동성명〉

최근 평양과 서울에서 남북관계를 개선하며 갈라진 조국을 통일하는 문제를 협의하기 위한 회담이 있었다.

서울의 이후락 중앙정보부장이 1972년 5월 2일부터 5월 5일까지 평양을 방문하여 평양의 김영주 조직지도부장과 회담을 진행하였으며, 김영주 부장을 대신한 박성철 제2부수상이 1972년 5월 29일부터 6월 1일까지 서울을 방문하여 이후락 부장과 회담을 진행하였다.

이 회담들에서 쌍방은 조국의 평화적 통일을 하루빨리 가져와야 한다는 공통된 염원을 안고 허심탄회하게 의견을 교환하였으며 서로의 이해를 증진시키는데서 큰 성과를 거두었다.

이 과정에서 쌍방은 오랫동안 서로 만나보지 못한 결과로 생긴 남북 사이의 오해와 불신을 풀고 긴장의 고조를 완화시키며 나아가서 조국통일을 촉진시키기 위하여 다음과 같은 문제들에 완전한 견해의 일치를 보았다.

1. 쌍방은 다음과 같은 조국통일원칙들에 합의를 보았다.

    첫째, 통일은 외세에 의존하거나 외세의 간섭을 받음이 없이 자주적으로 해결하여야 한다.

    둘째, 통일은 서로 상대방을 반대하는 무력행사에 의거하지 않고 평화적 방법으로 실현하여야 한다.

    셋째, 사상과 이념·제도의 차이를 초월하여 우선 하나의 민족으로서 민족적 대단결을 도모하여야 한다.

2. 쌍방은 남북사이의 긴장상태를 완화하고 신뢰의 분위기를 조성하기 위하여 서로 상대방을 중상 비방하지 않으며 크고 작은 것을 막론하고 무장도발을 하지 않으며 불의의 군사적 충돌 사건을 방지하기 위한 적극적인 조치를 취하기로 합의하였다.

3. 쌍방은 끊어졌던 민족적 연계를 회복하며 서로의 이해를 증진시키고 자주적 평화 통일을 촉진시키기 위하여 남북사이에 다방면적인 제반교류를 실시하기로 합의하였다.

4. 쌍방은 지금 온 민족의 거대한 기대속에 진행되고 있는 남북적십자회담이 하루빨리 성사되도록 적극 협조하는데 합의하였다.

5. 쌍방은 돌발적 군사사고를 방지하고 남북사이에 제기되는 문제들을 직접, 신속 정확히 처리하기 위하여 서울과 평양사이에 상설 직통전화를 놓기로 합의하였다.

6. 쌍방은 이러한 합의사항을 추진시킴과 함께 남북사이의 제반문제를 개선 해결하며 또 합의된 조국통일원칙에 기초하여 나라의 통일문제를 해결할 목적으로 이후락 부장과 김영주 부장을 공동위원장으로 하는 남북조절위원회를 구성·운영하기로 합의하였다.

7. 쌍방은 이상의 합의사항이 조국통일을 일일천추로 갈망하는 온 겨레의 한결같은 염원에 부합된다고 확신하면서 이 합의사항을 성실히 이행할 것을 온 민족 앞에 엄숙히 약속한다.

서로 상부의 뜻을 받들어

이후락   김영주

1972년 7월 4일

한 권으로 읽는 북한사

〈남북공동선언문〉

조국의 평화적 통일을 염원하는 온 겨레의 숭고한 뜻에 따라 대한민국 김대중 대통령과 조선민주주의인민공화국 김정일 국방위원장은 2000년 6월 13일부터 6월 15일까지 평양에서 역사적인 상봉을 하였으며 정상회담을 가졌다.

남북정상들은 분단 역사상 처음으로 열린 이번 상봉과 회담이 서로 이해를 증진시키고 남북관계를 발전시키며 평화통일을 실현하는데 중대한 의의를 가진다고 평가하고 다음과 같이 선언한다.

1. 남과 북은 나라의 통일문제를 그 주인인 우리 민족끼리 서로 힘을 합쳐 자주적으로 해결해 나가기로 하였다.

2. 남과 북은 나라의 통일을 위한 남측의 연합제 안과 북측의 낮은 단계의 연방제 안이 서로 공통점이 있다고 인정하고 앞으로 이 방향에서 통일을 지향시켜 나가기로 하였다.

3. 남과 북은 올해 8·15에 즈음하여 흩어진 가족, 친척 방문단을 교환하여, 비전향 장기수 문제를 해결하는 등 인도적 문제를 조속히 풀어 나가기로 하였다.

4. 남과 북은 경제협력을 통하여 민족경제를 균형적으로 발전시키고, 사회, 문화, 체육, 보건, 환경 등 제반분야의 협력과 교류를 활성화하여 서로의 신뢰를 다져 나가기로 하였다.

5. 남과 북은 이상과 같은 합의사항을 조속히 옮기기 위하여 빠른 시일 안에 당국 사이의 대화를 개최하가로 하였다.

김대중 대통령은 김정일 국방위원장이 서울을 방문하도록 정중히 초청하였으며, 김정일 국방위원장은 앞으로 적절한 시기에 서울을 방문하기로 하였다.

2000년 6월 15일

<table>
<tr><td>대한민국
대 통 령
김 대 중</td><td>조선민주주의인민공화국
국방위원장
김 정 일</td></tr>
</table>

* 출처: 국가정보원, 『남북한 합의문 총람』(서울: 국가정보원, 2008)

제**3**장

대외관계 편

2000년 6월 15일 남북한 정상이 공동선언문에 합의했다. 그리고 그 선언문의 첫 번째 항목은 통일 문제를 자주적으로 해결해 나가기로 한다는 것이었다. 이것은 남북한이 통일의 주체로서 참으로 당연한 것이라 하겠다. 그러나 이 사항을 선언문에 가장 먼저 언급해야 할 정도로 그동안의 한반도 현실은 주변국들에 의해 더 많은 영향을 받으며 작동했다고 할 수 있다.

1945년 8월 미·소의 한반도 주둔으로 남북은 38도선을 경계로 분단되었고, 6·25전쟁은 미국과 유엔군, 소련과 중국이 참전하면서 국제전으로 확대될 만큼 전 세계에 영향을 미쳤다. 한반도를 둘러싼 미·일·중·러 등 주변강국들의 영향은 과거뿐만 아니라 현재에도 계속되고 있다. 북한 핵 문제는 한반도 문제의 국제화를 단적으로 보여주는 대표적인 사례라 할 수 있다. 이 점에서 남북한은 모두 외교에 사활을 걸 수밖에 없다.

제3장에서는 북한의 대외관계에 대해 살펴볼 것이다. 북한의 대외

관계는 북한체제의 생존과 직결된 문제이자 한반도 평화정착과 밀접한 관련성을 지니는 중대한 사안이다. 또한 이것은 북한의 앞으로 나아갈 방향을 예측하고 분석하는 데 있어서도 빼놓아서는 안 될 주된 요소이기도 하다.

먼저, 반미와 항일의 대상인 미국·일본과의 관계를 살펴보고, 북한의 전통적인 우방으로 일컬어지는 중국과 러시아(구 소련)와의 관계를 살펴볼 것이다. 한국은 이미 중국·러시아와 국교를 맺은 상태지만, 북한은 미·일과 관계정상화를 이루지 못한 상태에서 이 부분은 매우 중요하다 할 것이다.

여기에 북한과 오래전부터 가까운 관계를 유지하고 있는 쿠바, 인도네시아 및 제3세계 국가들과의 관계에 대해 살펴볼 것이다. 그리고 북한의 베트남전쟁 참전과 남베트남 패망 당시 한국 외교관 북송공작에 대해서도 살펴보자.

22

대미 인민외교

푸에블로호 사건 이후
노골화된 북한의 대미 접근

6·25전쟁 이후 북한이 미국을 '외교적 차원'에서 만날 수 있는 기회는 없었다. 오직 정전협정의 이행, 즉 '군사적 차원'의 자리인 판문점 군사정전위원회가 유일했다. 미국에 다가가려는 북한의 움직임도 거의 눈에 띄지 않았다. 북한의 미국에 대한 언급은 계속되었지만, 그 내용은 '만남'보다는 '반미'가 주를 이뤘다. 이런 모양새는 너무도 정형화되고, 단조로움 그 자체였다.

그러나 이런 양측의 모양새에 변화가 생긴 것은 정전협정 체결 15년이 지난 1968년이었다. 이해 1월 북한의 미 정보수집함 푸에블로호 나포 사건이 양측 관계에 새로운 변화를 가져왔다. 승무원 송환을 놓고 북한과 미국의 양자 비밀협상이 성사되었고, 이후 북한은 기존의 '대미관(對美觀)'에서 벗어나 미국에게 적극적으로 다가가기 시작했다. 그러나 그 시작은 미국 정부가 아니라 미국 민간인들에게로 향했다.

미국에 대한 북한의 인민외교 전개

2013년 2월부터 2014년 말까지 미 프로농구 선수 출신 데니스 로드맨(Dennis Rodman)의 네 차례에 걸친 북한방문이 세계 언론의 주목을 끈 적이 있다. 로드맨이 원산의 김정은 별장에까지 초대받는 등 '극진한 환대'를 받았기 때문이다. 그러나 로드맨은 북한을 두둔하는 발언을 하면서 오히려 북한에 이용당했다는 비난을 받기도 했다.

▶▶▶ 2014년 1월 6일, 미 프로농구 선수 출신인 데니스 로드맨 일행이 평양 순안공항에 도착하는 모습 _연합뉴스

로드맨의 경우처럼 북한이 미국 민간인들을 초청해 환대해 주고, 이들이 북한의 입장을 대변하는 방식은 오래전부터 사용되어 왔다. 북한의 이런 방식은 정부 차원이 아닌 민간 차원에서 이루어지는 외교라 하여 '인민외교'라 불린다. 북한의 인민외교는 주로 수교관계가 없는 서방국가의 진보적 사회 활동가, 언론인, 학자, 체육인 등과의 교류를 통해 이들을 친북 세력화한 뒤, 이들로 하여금 북한을 지지, 대변하게 하여 친북여론을 형성함으로써 결국에는 대북정책에까지 영향을 주려는 데 그 목적이 있다.

북한의 대미 인민외교는 1968년 7월 9일 미국 플로리다 주립대 대학원생이었던 벤자민 페이지(Benjamin B. Page)를 초청하면서 시작되었다고 볼 수 있다.[28] 이것은 휴전 후 미국 민간인의 첫 방북이었는데, 아이러니하게도 이때는 북한이 푸에블로호 승무원 83명을 억류하고 있던 시기였다. 페이지는 1968년 4월 체코에서 개최된 한 기독교 행사에 참가했다가 북한대사관의 방북 초청을 받았다. 그는 5주간의 방북을 마친 후 9월 4일 미국에서 기자회견을 갖고, 북한이 주장하는 통일방식을 대변하고, 푸에블로호 사건에 대한 미국의 공식사과를 요구했다. 이것은 북한이 미국 민간인을 이용해 자신들의 입장을 대변하게 한 첫 사례로 평가할 수 있다.

미국 공산당 초청과 대미 인민외교의 본격화

북한의 대미 인민외교는 미국 공산당을 초청하면서부터 본격화되었다. 1969년 8월 19일 미국 공산당 대표단 3명이 평양에 도착하였다.[29] 이들은 김일성을 면담하고, 노동당 대표단과 회담했으며, 북한은 이들을 위해 평양시 군중대회도 개최했다. 북한이 이들을 초청한 것은 푸에블로호 사건 당시 미국 정부를 비난하고, 북한을 지지해준 데 대한 감사의 표현이었다. 그러나 북한의 속셈은 미국 공산당과의 우호관계를 통해 미국 내에 북한의 '우군(友軍)'을 만드는 데 있었다. 북한은 이후에도 공산당에 후원금을 지원

▶▶▶ 1969년 8월 19일, 북한의 초청으로 평양에 도착한 미국 공산당 대표단 _노동신문

해준 것으로 알려졌다. 공산당 대표단은 귀국 후 북한의 '융숭한 대접'에 보답이라도 하듯 미국 공산당 기관지에 방북기를 게재하였다. 11회에 걸쳐 게재된 기사는 김일성과 북한을 찬양하는 내용 일색이었다.

그뿐만이 아니라 해외의 한인교포에 대한 초청도 이어졌다. 주로 미국과 캐나다 거주 한인교포들이 주 대상이었다. 1971년부터 1981년까지 확인된 방북인원만도 총 87명이나 되었다.[30] 북한이 해외 한인교포들에게 관심을 보인 것은 당시 이들 중 상당수가 한국정치에 반감을 갖고 이민을 간 사람들이었기 때문이었다. 북한은 이들 해외교포들을 포섭해서 친북인사로 활용하고자 북한에 초청해 '설득공작'을 전개한 것이다. 실제로 교포 중 일부는 방북 이후 북한의 현실에 실망했지만, 일부는 친북성향을 공고히 하면서, 북한의 입장을 대변하였다.

1972년에는 미국 언론인도 초청하였다. 이 또한 휴전 이후 처음 있는 일이었다. 5월 12일, 뉴욕타임스 부주필 솔즈베리(Harrison E. Salisbury)와 동경지국장 존 리(John W. Lee)가 평양을 방문했다. 열흘 뒤인 22일에는 워싱턴 포스트의 동경지국장 해리슨(Selig S. Harrison)도 방북했다. 1965년 AP통신 기자가 방북을 요청했을 때, 북한이 거절했던 것을 생각하면 크나큰 변화였다.

뉴욕타임스는 김일성과 회견 후 그 내용을 5월 31일 자에 크게 보도했다. 김일성은 기자회견에서 미국 정부에 대해서는 비난했지만 미국 국민과의 친선은 강조하였다. 미국에 더 많은 우호세력들이 생기길 바라는 언론 플레이였다. 이 보도에 대해 미 국무부는 김일성이 미국 여론에 영합하고자 무척 세심한 배려를 하고 있다고 평가했다. 1972년 7월에는 미국 학자로는 처음으로 하버드대학 동북아세아 법률 연구소장인 알란 코헨(Jerome Alan Cohend)이 방북했다.

Absolute Ruler of North Korea
Kim Il Sung

By JOHN M. LEE
Special to The New York Times

PYONGYANG, North Korea, May 26 — Portraits usually show him as dour and unsmiling, but Premier Kim Il Sung is an extroverted, even charismatic man.

Even while wielding absolute authority, he exudes bonhomie with many broad smiles and gestures. He punctuates his sentences with little chuckles. He is a big, burly man, 60 years old, with a rolling walk, heavy-rimmed glasses and a large lump or swelling at the back of his neck. He smokes frequently but is said to refrain from drinking.

Perhaps the most striking

in detail with on-the-spot photographs and displays, with the words often inscribed in red Korean characters chiseled into limestone markers.

The peasants at Chongsa-ri cooperative farm boast that he has given them on-the-spot guidance 62 times.

It seems rather overdone until one meets the Premier and realizes that he is just the sort of man who loves traveling around the country and involving himself in everything that is going on and telling everyone what to do.

"By meeting and talking with the masses," he said recently, "I learn of shortcomings in what we are doing. No good ideas come from sitting down in Pyongyang

There was a confusing name change, and the record is unaccountably fragmentary, even in Pyongyang, for the period 1941-45.

The assumption in the West is that he was in Siberia with the Russians. He reappeared in August, 1945, with the victorious Soviet Army and under its sponsorship he took command of the Communist state north of the 38th Parallel.

When the Democratic People's Republic of Korea was proclaimed on Sept. 9, 1948, he was elected Premier and has held the post ever since.

In retrospect the Russians may wonder if they picked the wrong man. Since the mid-nineteen-fifties Mr. Kim has pursued an increasingly nationalistic, indepen-

Associated Press
Personally involved in his country.

▶▶▶ 1972년 5월 31일 자 뉴욕타임스에 보도된 김일성의 회견 내용 일부

미국 내 친북단체 조직 및 김일성 광고 게재

북한은 미국 인사들의 초청뿐만 아니라 미국 내에 친북단체를 조직하였다. 1971년 2월 뉴욕에 '미국·조선 친선공보센터'를 설치한 데 이어 6월에는 캘리포니아 버클리에 '조선인민과의 연대성위원회'를 조직했다. 또 1975년에는 '김일성 주체사상 연구소조'를 결성하여 대학교수, 한국연구가, 공산주의 동조학생, 친북한 언론인, 교역 상사원들에게 선전활동을 전개하였다.

나아가 미국 언론에 북한 선전과 홍보활동까지 전개했다. 대표적인 것이 1969년 10월 27일 뉴욕타임스에 게재된 "조선은 20세기의 영웅을 낳았다. 김일성전 제1부"라는 제목의 김일성 전기(傳記) 광고였다. 북한은 뉴욕타임스에 돈을 내고 광고를 싣고, 거꾸로 노동신문에 인용보도하면서 세계적 언론에서 김일성을 찬양하는 기사를 냈다고 대대적으로 선전했다. 이 광고의 효과였는지 실제로 뉴욕타임스의 솔즈베리 기자는 이 광고를 보고, 김일성에게 몇 가지 질문서를 발송했었고, 결

국 1972년에는 직접 방북하기에 이른 것이다.

푸에블로호 사건과 북한의 대미 인민외교

북한은 푸에블로호 사건 당시 미국 공산당의 북한지지 표명이나, 일부 언론의 친북보도를 접하면서 미국에도 북한에 우호적이거나 관심을 보이는 단체나 여론이 존재하고 있다는 것을 알게 된다. 북한은 이를 놓치지 않고 미국 공산당, 언론인, 민간인, 학자, 그리고 한인교포 등과 접촉하면서 이들을 자기편으로 끌어들이기 위해 인민외교라는 방식의 전략을 구사했다.

북한은 비록 군사력 면에서는 미국의 상대가 되지 못하지만, 미국 내 반정부, 친북여론의 형성은 군사력 못지않은 중요한 수단임을 알게 된다. 이런 점에서 북한의 대미 인민외교는 푸에블로호 사건 이후 새롭게 전개된 북한의 대미 접근전략이라고 평가할 수 있을 것이다.

23

1970년대 대미외교

뉴욕에 북한대표부 개설 이후
대미외교 본격 전개

　　6·25전쟁 이후 미국과 북한이 정부 차원에서
최초로 접촉한 것이 푸에블로호 협상에서이다. 미국과 북한은 억류된
미군 승무원 83명의 송환을 위해 29차례의 비밀협상을 벌였다. 북한이
푸에블로호 사건을 '승리'라고 선전하는 것처럼, 이 사건을 통해 북한은
큰 자신감을 갖게 되었다. 비록 승무원 송환을 위해서였지만, 당시 미국
은 북한이 내민 단 1장의 문서에 서명했는데, 북한은 그것을 미국의
'사죄문'이라며 대대적으로 선전하고 있다. 이 문서에는 미국이 기존에
부르던 '북한(North Korea)'이라는 명칭 대신 '조선민주주의인민공화국
(DPRK)'이라는 명칭이 11번이나 언급되고 있다. 북한의 입장에서는 미
국이 북한을 국가로 인정했다고 생각할 수 있는 확인서나 다름없었다.
　　푸에블로호 사건을 통해 얻은 북한의 이 같은 '자신감' 때문이었는
지, 아니면 무시에 대한 경험이 '인정투쟁'의 정치적 동기가 된다는 독
일의 철학자 악셀 호네트(Axel Honneth)의 말처럼, 그동안 무시받았
던 북한의 인정투쟁의 전개였는지 모르나, 아무튼 북한은 1970년대

들어서면서 활발하게 대미 접촉을 시도하게 된다.

1970년대 북한의 대미 접근 시도

현재까지 알려진 바로는 북한의 첫 번째 대미 접촉 시도는 1971년 1월에 있었다. 북한은 루마니아 부통령을 통해 미국 정부에 북미 간 직접 접촉을 제의하였다. 당시 루마니아는 공산주의 국가로 북한과 가까웠지만, 미국과도 관계가 좋았다. 닉슨 대통령은 1969년 8월 루마니아를 방문하기도 했다. 결국 루마니아가 양국의 메신저 역할을 하게 된다. 이 사실은 1971년 7월 미·중 접촉을 위해 중국을 비밀 방문한 미국 대통령 안보보좌관 키신저(Henry A. Kissinger)와 저우언라이 총리와의 회담에서 밝혀졌다. 이후 북한은 1971년 10월 키신저의 2차 방중 때에도 8개 항의 요구사항을 중국 측을 통해 미국에 전달했다. 주요 내용은 주한미군 철수와 유엔에서 한반도 문제 토의 시 북한 대표의 참석 요구였다.

1972년 2월 닉슨의 중국 방문 이후 베이징에 미국 연락사무소가 개설되면서 북한의 대미 접촉 시도는 더욱 증가하였다. 1973년 8월 27일 저녁, 드디어 베이징 북한대사관의 이재필 대리대사와 1등 서기관 신지도가 미국 연락사무소를 방문하게 되었다. 미국은 격을 낮추기 위해 부소장이 북한 측 인사를 맞이했다. 비록 짧은 만남이었지만, 북한은 이 회동이 북한과 미국 외교관의 첫 만남이라며 필요 이상의 의미를 부여했다. 이후 북한과 미국 외교관들의 접촉은 계속해서 이어졌다. 1978년 8월 1일 미 국무부는 지금까지 미국과 북한이 다섯 차례 직접 접촉을 가졌다고 밝혔다. 그러나 접촉 시기, 장소, 이유와 내용에 대해서는 함구하였다.

북한은 미국 정부에 북미 간 평화협정 체결을 제의하는 서한을 보내기도 했다. 1974년 3월 25일 북한은 최고인민회의 이름으로 미 의회에 북미 간 불가침선언, 유엔군 철수 등을 논의할 것을 제안했다. 공식적인 대미 협상 제안이었다. 북한은 이전까지 한국과의 평화협정 체결을 주장했는데, 이제는 그 대상을 미국으로 바꾼 것이다. 그러나 이것은 미국의 거부로 이루어지지 않는다.

이후에도 북한은 여러 경로로 미국 정부에 평화협정 체결을 요구하였다. 1975년 일본의 우쓰노미아 의원, 1976년 파키스탄의 부토 대통령, 1978년 유고 티토 대통령을 통해 북한은 자신들의 평화협정 체결의지를 피력했으나, 미국의 거부로 실현되지는 못했다.

북한의 세계보건기구 가입과 뉴욕대표부 설치

북한은 1973년 5월 17일 세계보건기구(WHO) 회원국이 되었다. 유엔규정에는 유엔의 전문기구 회원국에게 유엔의 옵서버(Observer) 자격을 부여하도록 되어 있다. 이에 따라 북한은 스위스 제네바와 뉴욕에 상주대표부를 설치할 수 있게 되었다. 그러나 북한은 제네바 대신 뉴욕에 옵서버 사무실을 설치하고, 15명의 외교관을 1973년 9월 4일 뉴욕에 파견하였다. 6·25전쟁 이후 북한 외교관이 처음으로 미국에 공식 입국하게 된 것이다. 비록 이들에게는 뉴욕시 반경 25마일을 벗어날 경우 미 국무부의 승인이 필요하긴 하지만, 뉴욕대표부는 현재까지도 북한의 대미외교 거점이자 북미 간 대화창구로 이용되고 있다.

북한의 뉴욕대표부 설치는 남북한 대결과 북한의 대미 접근에 획기적 변화를 가져왔다. 북한이 유엔에서 자신의 목소리를 내게 되면서 1975년 제30차 유엔총회에서는 한반도 문제에 관한 서로 다른 2개의 결의안이 동시에 통과되기도 하였다. 그리고 이후부터 유엔에서 남북한 외교전쟁이 본격화되었다.

북한 외무상의 뉴욕 유엔총회 참가

2014년 9월 중순 북한 외무상 이수용이 유엔총회에 참석차 미국을 방문하였다. 북한 외무상으로서는 1991년 유엔가입 이후 세 번째이자 1999년 백남순 외무상 방문 이후 15년 만의 일이다. 특히 김정은 등장 이후 첫 방문이었기 때문에 언론들은 북한 외무상의 방미에 큰 관심을 보였다. 이후 이수용은 2016년 4월에도 유엔총회 참석을 위해 뉴욕을 방문했다.

이수용의 2014년 9월 미국 방문 한 달 전인 8월 16일에는 미 고위 당국자를 태운 군용기가 1박 2일 일정으로 평양을 방문했다는 보도가 있었다. 미국으로서는 11월 중간선거를 앞두고 북핵과 미사일, 그리고 당시 북한에 억류되어 있는 3명의 미국인 문제를 해결하고자 모색하는 듯했다.

2016년 1월 북한의 4차 핵실험 직전에도 미국과 북한이 뉴욕에서 비밀접촉을 했

▶▶▶ 2016년 4월 23일, 뉴욕의 유엔주재 북한대표부에서 방미 중인 이수용 북한 외무상이 외신과 기자회견을 하고 있다 _연합뉴스

다는 기사가 보도된 바 있다.[31] 당시 북한과 미국이 평화협정 논의에 합의했다는 것이었다. 그러나 이것은 북한이 핵실험의 '명분 쌓기용'으로 미국에 평화협정체결을 제의했다는 분석이 지배적이다.

이 같은 북한과 미국의 일련의 모습에 대해 다양한 분석이 있겠으나, 필자는 이러한 일련의 북미관계에 대한 보도들을 지켜보면서, 마치 1970년대 북한의 대미외교 모습과 흡사하다는 생각을 갖게 된다. 한반도 문제의 직접 당사자인 대한민국 입장에서 북한과 미국이 어떤 접촉을 진행하는지는 매우 중요한 외교적 관심사가 아닐 수 없다. 혹여 그것이 북한의 통미봉남(通美封南) 전술이라면 우리는 단호히 반대해야 할 것이다. 앞으로 전개되는 북한과 미국의 접촉을 면밀히 검토 후 현명하게 대처해야 할 숙제가 우리에게 남아 있다.

24 북일관계

서로 다가가려 하지만
쉽사리 가까워지기 힘든 관계

한반도를 둘러싼 미·일·중·러 등 이른바 주변 4국과 북한의 관계는 모두의 관심을 끄는 주제이다. 이 중에서 북한과 일본의 관계는 타 국가들의 '그늘'에 가려져 상대적으로 그리 주목받지 못했던 것이 사실이다. 그러나 한일관계만큼 북일관계 또한 '복잡한 관계'임을 우리는 잘 알고 있다.

북한은 체제 내부적으로 일본을 중요한 선전소재로 활용해왔다. 김일성이 위대하다고 선전하는 '근거'로 '한 세기에 두 제국주의(일본, 미국)와 싸워 이겼다는 것'을 제시하듯 항일(抗日)과 반일(反日)은 반미(反美)와 더불어 북한체제의 정당

▶▶▶ 북한의 대표적인 항일혁명문학예술로 꼽히는 가극 '피바다'의 한 장면

성을 위한 선전 소재였다. 그러나 단순한 선전에 그치는 것이 아니라 항일 빨치산의 자녀들을 국가 차원에서 관리하고 이들이 현재 북한의 핵심 요직을 차지하고 있을 만큼 북한체제 속에 일본은 뿌리 깊게 자리 잡고 있다.

그러나 두 나라의 관계는 지리적 거리와는 달리 그리 가깝지 않았다. 서로 가까워지려는 시도는 있었지만 별다른 성과는 내놓지 못했다. 마치 '가까이 하기엔 너무 먼 당신'처럼 말이다.

재일교포 북송사업

북한은 재일교포들을 북한으로 데려가는 이른바 북송(北送)사업을 벌인 적이 있다. 북한의 재일교포 북송사업의 시작은 1955년 당시 외무상이던 남일의 첫 언급과 1958년 김일성의 '재일동포 귀국 환영' 성명이 발표되면서 본격화되었다. 그리고 이 해 8월 13일 북한 적십자사와 일본적십자사 간에 인도 캘커타에서 송환협정이 체결되면서 본격적으로 추진되었다.

북한은 1959년 12월 14일 975명의 재일교포 1진을 일본 니카타항에서 만경봉호에 태워 북한 청진항으로 데려왔다. 이

▶▶▶ 재일교포들을 북한으로 수송했던 만경봉호
_국가기록원

사업은 1968~1970년까지 3년간은 중단되기는 했지만, 1984년까지 총 9만 3,339명을 북한으로 이주시켰다. 이주된 인원의 80%인 약 7만 5천 명은 1960~1961년에 이주했다.[32) 잘 알려진 바와 같이 김정일의

▶▶▶ 1959년, 서울운동장에서 개최되었던 재일동포 북송반대
국민총궐기대회 모습 _국가기록원

　부인 중 한 명이자 김정은의 생모인 고영희도 그의 가족과 함께 북송선
을 타고 북에 간 재일동포 후세이다.

　　북한은 1959년 10월 재일교포 북송을 준비하기 위해 '재일조선공
민영접위원회'를 발족하면서 북송사업에 적극성을 보였다. 이 단체
는 1962년 교포사업국, 교포사업총국, 해외동포사업국 등으로 이름이
바뀌었고, 2009년에는 '재일동포사업국'이 되었다. 재일동포사업국은
방북한 재일동포들에 관한 업무를 전담하는 것으로 알려져 있다.33)

　　재일교포들의 북송 동기는 주로 일본에서 받는 차별과 어려운 생활
여건이 주된 것이었고, 북한은 이들을 통해 경제계획을 추진하면서 제
기되는 부족한 노동력을 해결했다.34) 또 북한은 이들 귀국교포 중 일
본에 재력있는 가족이나 친척들의 자금을 끌어들이기도 했다. 당시
일본도 급속한 인구증가와 각종 사회·경제적 문제 해결을 위한 측면에

서 북송을 지원한 것으로 알려져 있다.

북한이 재일교포 북송을 추진할 당시 국내와 일본에서는 재일교포들의 북송을 막기 위한 반대집회가 일어나기도 했다. 특히 한국 정부는 '북송저지대'를 만들어 일본에 비밀리에 보내기도 했다. 알려진 바로는 '북송저지대'는 모두 66명으로 이들은 경찰간부시험 합격자 24명, 재일학도의용군 출신 41명, 예비역 장교 1명이었다. 그러나 이들의 일본에서 공작활동은 국내에서 이승만 대통령이 하야하면서 지속되지 못하고 실패했다.[35]

북·일 간의 교류와 과거사 문제

북한과 일본의 교류는 양측의 적십자사나 공산당과 노동당 등 정당 차원에서 시작되고 전개되어왔다. 정부 차원의 움직임도 1950년대 초 처음 있었던 것으로 알려져 있지만, 실질적인 진전은 없었다. 이후 정부 간 교류는 1990년대 이후 간헐적으로 지속되고 있다.

북한은 수교관계가 없는 국가들과 교류할 때는 양측에 유사한 정당이 있는 경우 이들을 교류의 주체로 활용하곤 했다. 북한과 일본은 외교관계는 없었지만 일본에는 공산당이 있었고, 이것은 북한 조선노동당의 중요한 파트너역할을 했다. 조선노동당에게 일본 공산당은 중국과 소련 공산당에 이어 가장 밀접한 관계를 맺어온 정당이었다. 일본 공산당은 1920년대 창당 이후부터 재일 한국인들을 주요 당원으로 받아들였고, 6·25전쟁 이후에는 이들 재일 공산주의자들이 주축이 되어 재일조선인총연합회(조총련)를 결성하기도 했다. 그러나 한때는 '형제당'이었지만 1980년대 들어 북한이 아웅산 폭탄테러와 KAL기 폭파 사건을 일으키면서 '원수당'으로 변했다.[36]

북일관계에서 주목해서 볼 단체가 조총련이다. 일본에서 친북성향의 목소리를 내는 조총련은 1955년 5월 25일 도쿄에서 설립된 이후 현재까지 북한의 주일대사관이자 노동당 연락사무소 연락을 하고 있다.[37] 조총련은 설립 이후 김일성의 후원과 관심 속에 그 세를 불려나갔다. 북한은 조총련에게 1957년 4월부터 '교육원조금 및 장학금'을 보내기 시작했는데, 현재는 그 금액이 대폭 감소하고 형식적인 지원에 그치고 있다.[38] 또한 조총련은 북한의 후원으로 대학교를 비롯해 이른바 '조선학교'를 운영하면서 조직 확장을 이루었다. '조선신보'라는 언론도 운영하며 일본 내에서 북한의 '대변인' 역할을 하고 있다. 조선신보의 내용 대부분은 북한의 입장을 담고 있다. 그러나 조총련의 위상은 북한의 지원 감소와 일본 정부의 여러 제재 조치 등으로 점점 쇠퇴해 가고 있다.

양국관계에서 빼놓을 수 없는 것이 이른바 '과거사 문제'이다. 과거사의 가장 큰 부분은 일제강점기에 발생한 것이다. 그러나 비단 이 문제뿐만 아니라 양측은 광복 이후에도 해결해야 할 과거사를 안고 있다.

한일 양국이 비록 현재까지도 논란은 있지만, 이미 1965년 국교정상화를 이루면서 어느 정도 과거사 문제를 일단락시킨 것과는 달리 북일관계는 그동안 몇 차례의 시도는 있었지만, 이에 대한 별다른 진전은 보지 못하고 있다. 그것의 주된 요인은 일본의 배상금 지급과 화해 방법에 대해 양측의 의견이 합치되지 못하고 있기 때문인 것으로 알려져 있다.

북한의 일본인 납치 문제도 양국 간에 중요한 이슈이다. 2002년 김정일은 고이즈미 총리와의 정상회담에서 북한이 저지른 일본인 납치 문제를 시인한 바도 있었다. 또 일본의 테러단체가 북한에 체류하고 있는 것도 중요 안건이 되고 있다. 1970년 3월 일본 민항기 요도호를 납치해 북한으로 간 일본의 테러단체 적군파 요원들이 북한의 보호하에 있다. 이런 것들은 여전히 양국 간에 해결해야 할 과거사로 남아 있다. 북한이 전개했던 재일교포 북송사업과 관련해서도 양측이 해결할 문제가 있다. 재일교포 중 북한으로 간 9만 3,000여 명 중에는 약 1,800명에 달하는 일본인 아내들이 있기 때문이다. 이것이 현재 북한과 일본 간 수교를 위한 접촉에서 해결해야 할 또 하나의 장애물이 되고 있다.

북·일 간 수교 노력

양국이 국교정상화 문제를 거론하기 시작한 것은 1950년대 중반 이후로 알려져 있다. 그러나 별다른 진전은 없었고, 본격적으로 이 문제가 다시 등장한 것은 1990년대 들어서다. 그 계기는 1988년 노태우 정부가 발표한 7·7선언이었다. 선언의 6개 항 중에 북한의 대미·일 관계개선을 지원하는 내용이 포함되어 있었다. 이를 계기로 북한의 대일 관계개선 움직임이 나타났고, 일본도 북한에 유화적 태도를 취하기 시작했다. 1990년을 전후해서 일어났던 사회주의권의 붕괴도 북한이 더 이상 대결의 자세를 유지하기 힘들게 했다.

1990년대 들어서면서 변화된 북한의 대일자세에 대해 탈북 외교관 출신인 고영환은 북한이 일본과 수교를 하려는 목적은 한·미·일 3각 동맹의 분쇄와 과거사에 대한 배상을 받겠다는 것이었다고 회고한다. 또 당시 북한은 대일수교가 일본이 김일성에게 머리를 숙이고 들어오는 모습으로 연출되기를 기대했다고 한다. 이와 관련하여 1991년 '외교공세계획'이라는 것도 작성했고 외무성 일본과(課)의 인원도 15명

수준으로 늘렸다고 한다.[39]

일본도 1989년 3월 31일 다케시타(竹下登) 총리가 일본 총리로서는 처음으로 북한의 정식 국호를 사용해 대북 관계개선 의사를 표명했다. 1989년 4월에는 다나베(田邊誠) 전 사회당 서기장을 단장으로 하는 대표단이 방북해 김일성과 회담하기도 했다. 또 1990년 9월에는 가네마루(金丸信) 전 부총리가 주축이 된 일본 자민당·사회당 대표단이 북한을 방문해 노동당과 공동선언을 통해 양국 국교정상화 추진에 합의했다. 이에 따라 3차례 예비회담을 거쳐 1991년 1월 30일 북·일 국교정상화를 위한 제1차 회담이 평양에서 진행되었다.[40]

당시 북한이 밝힌 대일교섭의 입장은 '일본의 과거사에 대한 반성 위에서 북한과 참다운 평등, 호혜의 새로운 선린관계를 수립하는 문제'라고 평가했다. 그리고 이 위에서 일본의 사죄와 보상을 요구했다. 그러나 이후 양국 수교는 여러 차례 회담이 진행되었지만 진전은 없었다.[41]

2002년 9월과 2004년 5월 두 차례에 걸쳐 일본 고이즈미 총리가 평양을 방문해 김정일과 정상회담을 개최하면서 양국 국교정상화를 위한 분위기가 고조된 적이 있었다. 특히 2002년 9월 고이즈미 총리와 김정일은 평양 정상회담 이후 '평양선언'을 발표하기도 했다. 당시 선언문에는 '과거를 청산하고 현안사항을 해결하며, 정치·경제·문화적 관계를 수립하는 것이 쌍방의 이익과 지역의 평화안정에 기여한다는 인식을 확인했다'는 내용을 담고 있다. 또 '일본은 과거 식민지 지배에 대한 사죄와 수교 후 적절한 시점에 경제적 지원을 제공하겠다'는 내용도 담고 있다. 여기에 북한은 한반도 핵 문제 해결 노력과 미사일 발사 보류를 더 연장하겠다는 입장을 표명했다. 이후 국교정상화를 위한 정부 및 적십자 차원의 실무회담도 개최되었다. 그러나 큰 진전은 보이지 않고 있다.

북한이 과거사 배상을 요구하는 것에 대해 일본은 이미 북한 땅에 철도, 발전소, 제철소 등을 지어줬으니, 이런 것은 배상금에서 빼자는 입장을 내세우고 있다고 한다. 이에 대해 북한은 일본과의 수교를 통해 일본 엔화를 얻겠다는 것인데 이것이 잘 안 되니, 원칙론적인 입장에서 과거 일본의 잘못을 부각하는 쪽으로 회담을 진행했다는 것이다.[42]

일본이 북한과 수교를 하려는 목적은 여러 측면에서 찾아볼 수 있다. 그중 과거사에 대한 경제적 측면의 문제는 1990년대 이후 침체되어 갔던 일본경제를 되살리는 데 있어서 중요한 '돌파구'라는 인식이 깔려 있었다. 또 일본인 납치자 문제 등에 대한 해결은 일본 정치세력의 중요한 인기 만회의 소재가 될 수 있었다는 평가다. 여기에 북한의 핵과 미사일 문제에 대한 일본의 우려도 일본이 북일 수교 노력을 전개하게 된 동인이 되었다.

▶▶▶ 도쿄 남쪽의 요코스카에 있는 해상자위대의 군항. 과거 북한이 보낸 간첩들이 이곳에서 일본과 미국의 군사첩보 수집활동을 많이 한 것으로 알려져 있다 _2013년 11월

2016년 현재 평양선언이 발표된 지 14년이 지났다. 평양선언의 내용이 어느 정도나 지켜졌고, 북일관계는 어느 정도나 진전되었는지 평가해볼 때 높은 점수를 주기는 힘들 듯 싶다. 물론 북일관계는 양국관

계뿐만 아니라 한·미·일 삼각관계와 미·중·일·러의 4자 관계 속에서 영향을 받고 있는 것이 현실이다. 북한도 핵 문제와 관련해 일본보다 미국을 주 대화 상대로 정하면서 북일관계는 사실상 큰 진전없이 지금까지 이어오고 있다.

일본을 '원수'로 가르치며 체제 내부적으로 활용하고, 외부적으로는 국교정상화를 통해 과거사 배상을 받아 경제회생의 자금을 얻으려는 북한의 의도는 쉽게 풀기 힘든 방정식일 듯싶다. 북한의 핵과 미사일 위협은 점차 증대되어가고 일본의 우경화 또한 짙어가는 상황에서 양국 관계가 앞으로 어떻게 전개될지 관심을 갖고 지켜보자.

25 북중관계

'혈맹'보다는 자국의 이익을
우선시하는 '불편한 관계'

북한과 중국의 관계에 대한 연구는 과거뿐만 아니라 현재에도 변하지 않는 중요한 연구주제다. 이것은 북한에게 있어 중국이라는 존재가 가지는 '비중'을 보여주는 것이자 다른 한편으론 중국의 입장에서도 북한을 단순히 국경을 맞대고 있는 14개 나라 중 하나로 간주하기에는 특별한 무언가가 있기 때문일 것이다.

이를 반영하듯 대다수의 사람들도 이 두 나라가 단순히 이념적 동질감 차원을 넘어 뭔가 두 나라만의 '특별함'으로 연결되어 있다고 생각하는 것 같다. 그 특별함이 때로는 '혈맹'으로 불리기도 했지만 최근에는 오히려 '불편함'으로 표현되고 있기도 한 것이 양국관계의 현 주소로 보인다.

북·중 '혈맹'의 시작

흔히들, 북한과 중국의 관계를 혈맹(血盟) 또는 순치(脣齒)라고 한다. 순치는 입술과 이를 뜻하는 것으로 양국이 그만큼 가까운 사이라는 것이다.

두 나라의 관계를 혈맹과 순치로 부르는 이유는 두 가지 역사적 경험에서 찾을 수 있다. 하나는 중국의 국공내전 시기 북한이 중국 공산당을 지원했기 때문이다. 당시 국민당에 비해 세력이 약했던 중국 공산당이 국공내전에서 승리할 수 있었던 데에는 북한의 지원이 있었기 때문이다.

또 하나는 6·25전쟁 당시 중국이 북한을 지원하였기 때문이다. 1950년 10월 유엔군에 밀려 패퇴하고 있던 북한군을 다시 살려낸 것이 중국이었다. 당시 중국군의 6·25전쟁 개입으로 북한은 다시 회생할 기회를 가지게 되었다. 당연히 김일성에게 중국은 '은혜로운 존재'가 된 것이다. 결국 북한과 중국은 국공내전과 6·25전쟁을 통해 한 차례씩 결정적으로 도와준 경험을 갖게 된 것이다. 이 경험이 양국 혈맹의

▶▶▶ 6·25전쟁기 중공군이 북한 여성의 농사일을 도와주고 있는 사진 _북경 군사박물관 전시

한 권으로 읽는 북한사

태생적 배경이 되는 것이다.

양국은 1961년 7월 11일 '우호, 협조 및 상호원조에 관한 조약'을 체결하였다. 이 조약의 제2조는 '일방이 침공을 당할 경우 상대방은 지체 없이 군사적 및 기타 원조를 제공한다'는 내용을 담고 있다. 이른바 양국의 자동군사개입 조항이다. 이를 통해 양국의 혈맹은 경험과 기억으로 끝난 것이 아니라 '제도화'된 혈맹으로 발전하게 되었다.

▌'혈맹' 이면에 존재하는 갈등

동맹의 허니문(honeymoon) 기간은 짧다고 한다. 북한과 중국도 비록 외적으로는 혈맹을 강조하지만, 그 이면에는 갈등으로 가득 차 있다. 그 갈등을 살펴보면 과연 이 양국을 혈맹으로 부를 만한가 하는 의문이 들기도 한다.

김일성의 기억에서 중국을 못 믿겠다고 생각하게 된 사건을 찾는다면, 아마도 민생단 사건을 꼽을 수 있을 것이다. 민생단이란 1930년대 간도지역에서 일본이 항일유격대를 무력화하려고 친일 조선인들을 중심으로 조직한 단체였다. 이 단체의 활동으로 인해 중국 공산당은 조선인 항일인사 대부분을 민생단으로 간주했고, 약 500여 명의 조선인 공산당원을 살해했다. 이 당시 김일성도 생사의 위기에 놓이게 되었지만, 그야말로 '구사일생'으로 살아났다. 북한의「조선로동당사(黨史)」에도 이 사건에 대해 기술되어 있다. 이 사건으로 김일성은 반일감정과 함께 중국공산당에 대한 불신을 갖게 되었던 것이다.

이후 1950년 6·25전쟁은 본격적인 갈등이 표출된 계기가 되었다. 6·25전쟁은 양국을 혈맹으로 엮는 기회였지만, 동시에 곳곳에서 갈등을 표출했다. 현재까지 알려진 것만도 조중연합사의 구성과 군대에 대한 지휘권 문제, 1951년 38도선을 넘어 남진할 것인가에 대한 문제, 북한 철도 관리권에 대한 문제, 정전협상과정에서의 문제 등이 그것이다. 이 갈등들은 대부분 중국의 입장이 관철되면서 북한은 중국의 참전에 대해 고마움과 동시에 미움도 갖게 되었다.

6·25전쟁 이후 1958년까지 북한에 주둔했던 중공군의 규모는 100만 명이 넘었다. 중공군이 완전히 철군하는 1958년에도 약 25만 명에 달했다. 이들은 북한의 전후 복구를 지원했지만, 한편으론 북한의 내정에 간섭하면서 북·중 간에는 갈등도 있었다.

특히 북·중 간 갈등은 1956년 8월 종파사건을 통해 외부에 표출되기도 했다. 8월 종파사건 당시 중국은 펑더화이를 북한으로 보내 연안파를 숙청한 김일성의 결정을 뒤집으며, 북한의 내정에 간섭하였다.

그러나 5년 뒤인 1961년 북중 간 동맹조약을 체결하면서 양국은 '밀월기'를 갖게 된다. 하지만 이것도 1966년 중국의 문화대혁명이 본격화되면서 밀월은 끝나고 갈등으로 변하였다. 중국 홍위병들은 김일성을 수정주의자라고

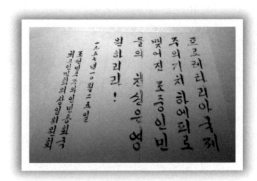

▶▶▶ 1957년 10월 25일, 북한 최고인민회의 상임위원회가 북한과 중국인민의 친선이 영원하리라고 적은 내용
_북경 군사박물관 전시

비판하기 시작했다. 북한도 1966년 10월 당대표자회의를 통해 중국을 교조주의라고 비난했다. 양국의 갈등은 서로 대사를 소환하면서 외교관계 악화로까지 이어졌다. 판문점 군사정전위원회의 중국군 대표도

철수하였다. 결국 1970년 4월 저우언라이가 평양을 방문하고, 같은 해 10월 김일성이 비공식으로 베이징을 방문하면서 갈등은 봉합되고, 또다시 제2의 밀월기를 갖게 된다.

1992년 8월 한중 수교 이후 북한은 중국을 '배신자', '변절자'로 비난했다. 북한은 주중대사를 소환했고, 이후 8년 동안 양국 최고위급 인사들의 상호방문은 단절되었다. 2000년 5월에 이르러서야 김정일이 비공식 방중하며 양국 관계는 다시 회복된다. 북한과 중국의 관계는 이처럼 갈등과 화해로 점철되어 왔다.

북한과 중국의 서로에 대한 관리

중국은 북한과 갈등관계에 있던 시기라도 북한을 지지하며 '관리'하였다. 북한과 중국이 외교관계를 단절하기 직전까지 갔던 1968년 북한은 미 정보수집함 푸에블로호를 나포했다. 전쟁의 위기가 들이닥쳤지만, 중국은 북한을 지지하는 성명을 발표했다. 1년 뒤인 1969년 4월 북한이 EC-121기를 격추하였을 때에도 소련이 소극적이었던 것에 비해 중국은 북한을 적극적으로 지지했다. 1992년 한중수교로 북중 간 외교접촉은 단절되었지만, 양국의 군사관계는 거의 영향을 받지 않고, 한중수교 이전보다 오히려 빈번하게 이루어졌다.

한편, 북한도 중국을 믿는 것 같지만 사실은 매우 경계하고 있다. 2012년 4월 김정일의 '유서'라고 알려진 문건이 국내 언론에 공개된 적이 있었다. 그 내용 중에는 중국을 경계하는 내용이 여러 곳에 포함되어 있었다. 유서에는 "역사적으로 우리를 가장 힘들게 했던 나라가 중국"이며, "중국은 현재 우리와 가장 가까운 국가지만 앞으로 가장 경계해야 할 국가가 될 수 있는 나라"이고, "중국에게 이용당하지 않도

▶▶▶ 북경의 중국 군사박물관 항미원조관에서 중국 관람객들이
김일성과 마오쩌둥이 악수하는 사진을 바라보고 있다
_2011년 7월

록 해야 한다"는 내용이 포함되어 있다. 비록 유서의 진위 여부에 논란
은 있지만, 대부분의 전문가들은 그 내용에 대해서는 고개를 끄덕인다.
북한의 중국에 대한 속마음을 잘 담고 있다는 것이다.

그렇다면 북한은 중국을 경계하고, 중국 또한 북한과 갈등을 겪으
면서도 이 두 나라가 유지되는 이유는 무엇일까? 그것은 서로에게 이익
이 되는 존재이기 때문이다. 북한에게 중국은 사회주의권이 붕괴된
현재, 최대 후원국임에 틀림없다. 중국의 입장에서도 북한은 지정학
적으로 중요한 지역이다. 중국에게 북한은 국경을 맞닿은 14개국 중
하나가 아니라 동북아 현상유지라는 중국의 목표를 위해서 중요한 지역
이다.

이러한 북중관계를 강대국과 약소국의 동맹관계로 설명하는 시각
이 있다. 즉 강대국은 약소국이 저지른 사건에 연루(連累)되지 않으려

한 권으로 읽는 북한사

는 성향이 있고, 약소국은 강대국의 동맹조약 이행에서 방기(放棄)되지 않으려 한다는 주장이다. 즉, 방기와 연루의 관계에서 북한과 중국이 서로 상대를 '관리'하고 있다는 주장이다.

김정은 등장과 북중관계 전망

2016년 현재 김정은이 북한의 최고지도자로 등장한 지 4년여가 지나갔다. 언론에서는 아직까지 김정은 방중이 성사되지 못하고 있는 것에 대해 관심이 많은 듯하다. 특히 시진핑(習近平)의 한국방문이나, 중국 측 인사들의 '북한은 중국의 혈맹이 아니다', '중국의 군사 자동개입 조항이 사실상 폐기되었다'라는 등을 보도하며 북중관계가 냉랭한 관계에 들어섰다는 분석을 내놓고 있다.

과연 북중관계는 흔들리고 있는가? 여기에 대해 확답을 내릴 수 있는 사람은 많지 않을 것 같다. 중요한 것은 앞서 살펴본 바와 같이 북중관계는 갈등과 협력의 연속으로 전개되어 왔다는 점이다. 이 점에서 일부 학자들은 현재의 북중관계를 나뭇잎과 가지는 흔들릴지라도 그 뿌리(본질)는 변하지 않았다고 주장하기도 한다.

▶▶▶ 중국 연길에 있는 북한 식당의 모습
(여자 종업원들이 북한 노래를 부르고 있다)
_2002년 7월

북중관계는 이른바 북한의 급변 사태나 한반도 통일 문제에서 중요한 변수가 될 수 있는 사안인 만큼 우리에겐 대단히 중요한 안보현안이다. 그러나 그 문제는 쉽게 풀기 힘든 고차방정식이 될 것이다. 보다 다양한 시각에서 심도 깊은 연구결과가 나오길 기대해본다.

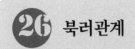

북, 러시아를 통해
외교적 '사면초가'에서 탈피 시도

　　　　1990년대 초 소련에 유학을 갔던 사람들은 다음과 같은 우스갯소리를 할 때가 있다. '자신이 유학 간 나라는 소련이었는데, 졸업장은 러시아 것을 받아왔다'는 것이다. 유학기간 중이던 1991년 12월 소련연방이 해체되었기 때문에 생긴 일이다. 이 얘기를 들으면서 소련연방의 해체가 한국인의 삶에도 '지대한 영향'을 미쳤구나 하는 생각을 가져보게 된다.

　　그러나 소련이 북한에 미친 영향은 우리와는 비교되지 않을 정도로 컸다. 소련은 북한 정권의 탄생과 전개, 그리고 전쟁발발 등 모든 면에서 떼어 놓을 수 없는 존재였다. 마치 한미관계에 버금가는 높은 수준의 동맹관계이자 후원국가였다. 소련과 북한의 이 같은 밀접한 관계로 인해 과거 국내에서는 소련에 대한 제대로 된 평가가 이뤄지지 못했던 측면도 있었다.

　　북한과 소련 두 나라 관계는 때때로 부침을 겪기도 했고, 현재 관계는 예전만큼은 못하다는 평가가 지배적인 것 같지만, 그래도 두 나라의 친선관계는 여전히 지속되고 있다.

북한의 든든한 후원자였던 소련

과거 북한에게 소련은 절대적인 '은인(恩人)'이었다. 북한을 일본의 지배로부터 해방시켜준 것이 소련군이기 때문이다. 당시 유럽전선에서 독일에게 항복을 받아낸 소련은 이어서 대일전(對日戰)을 선포하고 중국 만주를 거쳐 북한 땅으로 진입했다. 이 과정에서 일본군의 저항으로 적지 않은 사상자가 발생하기도 했는데, 이를 기념해 북한 청진에는 북·소 친선공원이 조성되기도 했다.

▶▶▶ 북한 청진에 조성된 북한과 소련의 친선 공원 전경 _러시아 군사연구소 소장 사료

이뿐만 아니라 소련군의 한반도 진입으로 인해 일본으로부터 '해방'된 당시 북한주민들은 소련의 스탈린을 높이 '칭송' 하며, 자신들의 이름과 직업을 쓰고 도장 또는 인장을 찍은 "싸인집"을 만들어 '스탈린 대원수' 앞으로 보내기도 했다. 북한 산업에 대한 소련의 영향력도 절대적인 것이었다. 이를 반영하듯 북한은 곳곳에 스탈린의 사진을 내걸으며 소련을 떠받들었고, 현재의 평양 '승리거리'는 과거 '스탈린거리'로 불리기도 했다. 특히, 김일성에게 소련은 절대적인 후원자였다. 평양의 쟁쟁한 경쟁자들 속에서 김일성을 북한의 최고권력자

한 권으로 읽는 북한사

로 만들어주었고, 김일성의 남침야욕을 후원해준 것도 소련이었다.

북한에게 소련은 '자랑스러운 형님' 국가이기도 했다. 1957년 소련이 미국보다 먼저 유인우주선 '스푸트닉호' 발사에 성공했을 때, 마치 자신의 일인양 자랑스러워하며 미국을 '종이호랑이'라고 깔보기도 하였다. 소련의 발전이 사회주의체제의 우월성을 증명해주는 것이라 생각한 것이다.

이래서였을까? 북한주민들은 러시아 민요를 좋아하고 지식인들은 중국의 문인보다 톨스토이나 푸시킨의 작품을 좋아한다고 한다. 탈북한 전직 북한외교관은 이런 소련을 '욜까 할아버지,' 즉 산타클로스라고 불렀다. 대부분의 북한사람들이 그렇게 생각한다고 한다.43) 러시아 또한 떼는 쓰지만 귀여운 철부지 막냇동생 같은 북한을 미워하지 못하고 아껴왔다는 것이다.

▶▶▶ 1946년 북한 구성군 주민들이 스탈린에게 보낸 '싸인집' 표지와 내부 모습 _러시아 모스크바 국립도서관 소장 자료

북방삼각관계 형성과 북한의 줄타기 외교

6·25전쟁으로 중국이 개입하면서 북한과 소련의 '로맨스'는 삼각관계로 변화되었다. 이것은 중국이 한반도에 다시 영향력을 행사하는 계기도 되었다. 김일성은 1961년 7월 6일 소련을 방문해 '북·소 간 우호협력 및 상호원조조약'을 체결했다. 이어서 7월 11일에는 중국을 방문해 같은 내용의 동맹조약을 체결하면서 이른바 '북방삼각관계'를 제도화시켰다.

북방삼각관계가 시작된 이후 북한은 소련과 중국을 오가는 '줄타기 외교'를 전개하였다. 때로는 등거리 노선을 취하며 중립을 지키다가도 때로는 어느 한쪽에 편향되는 모습도 보였다. 어떤 이는 이것을 시계추처럼 좌우를 왔다 갔다 한다고 해서 '시계추 외교'라고도 부른다. 1966년 중소분쟁이 무력충돌로 확대될 때에는 이른바 '자주노선'을 선언하기도 했다. 북한의 줄타기 외교는 두 나라 사이에서 자신의 '몸값'을 올려 더 많은 지원을 얻어내려는 생존술이었다.

소련연방 해체와 북소동맹 파기 및 복원

1980년대 북·소관계는 협력과 결별이 함께 일어나며 큰 변화를 겪었다. 북한은 1983년 소련의 KAL기 격추 사건 이후 생성된 신냉전의 기류 속에서 소련으로부터 많은 지원을 얻어냈다. 북한 군사전문가인 버뮤데즈(Bermudez)에 따르면, 1984년 5월과 1986년 10월 김일성이 모스크바를 방문해 MiG-23기 46대와 MiG-29기 17대 등 최신예 전투기를 지원받았다고 한다. 북한은 이에 대한 대가로 소련의 정찰기가 동북아시아 지역에서 원활한 정찰임무를 할 수 있도록 영공의 일부를 개방해주었다.

그러나 1988년 서울올림픽을 계기로 양국의 갈등은 표면화되었다. 구소련 외교문서에 따르면, 1986년 5월 16일 북한 황장엽 국제비서가 소련에 가서 한국의 올림픽 단독 개최를 막아달라고 요구했지만, 소련은 단호히 거부한 것으로 나온다. 1988년 10월에는 황장엽이 소련 측에 한국과의 수교 움직임에 대해 항의했지만, 이때 역시 소련의 반응은 차가웠다.

결국 양국의 결별은 1990년 9월 30일 한·소수교가 발표되면서 현실이 되었다. 10월 5일 노동신문은 소련에 대해 '배신행위', '사회주의 대국으로서 존엄과 체면, 동맹국의 이익과 신의를 팔아먹은 행위'라며 극렬히 비난했다. 소련이 북한에게 한·소수교에 대해 설명하는 자리에서 북한은 독자적 핵개발 의사를 밝히기도 했다. 결국, 한·소수교는 북한과 소련의 관계에 변곡점이 되었다.

급기야 1995년 9월 7일 양국의 마지막 연결고리였던 동맹조약도 파기되었다. 구소련을 계승한 러시아가 조약을 갱신하지 않겠다고 선언함으로써 폐기된 것이다. 1961년 7월 체결된 동맹조약은 5년 단위로 효력이 연장되었는데, 일방이 파기를 희망하면 파기되는 것이었다.

궁지에 몰린 북한은 북·러 동맹을 복원하기 위해 부단히 몸부림쳤다. 그 결과 2000년 2월 9일 이바노프 외무장관이 평양을 방문해 '북·러 우호선린 협력조약'을 체결했다. 여기에는 한반도에 대한 영향력을 회

▶▶▶ 두만강을 사이에 두고 북한과 러시아 하산을 연결하는 '조소우호철교.' 양국을 오고가는 기차가 이 다리를 지나간다 _2002년

복하려는 러시아의 의도도 작용한 것이었다. 이 조약에는 과거의 이념적 연대와 군사자동개입 조항은 포함되지 않았지만, 새로운 북·러관계의 상징이 되었다. 2000년 7월에는 신생 러시아 대통령으로서는 처음으로 푸틴이 평양을 방문했다. 이어서 2001년 7월에는 김정일도 러시아를 방문했다. 결과적으로 북한의 러시아에 대한 계속된 구애가 성공한 것이고, 북·러관계는 잃어버린 10년을 묻어두고, 다시 회복되었다.

김정은 시대 북·러관계 전망

김정은 등장 이후 북·중관계가 냉랭해지면서 북한은 외교적 '사면초가'에 놓이게 되었다. 이런 상황에서 북한이 러시아에 접근한 것은 과거 북방삼각관계 속에서 활용했던 전형적인 줄타기 외교라 할 수 있다. 김정은이 김일성 때부터 해오던 외교방식을 그대로 벤치마킹하고 있는 것이다.

물론 러시아도 한반도에 관심이 많았다. 이미 흐루시초프 집권 때인 1963년 한국과의 수교를 내부적으로 검토했음이 최근 외교문서에서 확인된 바 있다. 당시 소련은 미·일동맹에 대한 견제 차원에서 한국을 지렛대로 활용하고자 했던 것이다. 그러나 흐루시초프가 실각하면서 추진되지는 못했다. 2000년대 초반 북·러관계가 회복된 것도 러시아가 한반도에 대한 지정학적 영향력을 회복하기 위한 것이 주된 요인 중 하나였다.

2014년 11월 18일부터 24일까지 북한 김정은의 특사로 최룡해가 러시아를 다녀왔다. 비록 '특사의 비행기'가 고장나 회항하는 해프닝도 있었지만, 방문 성과는 있어 보인다. 푸틴 대통령을 만나 김정은의 친서를 전달했고, 북러 정상회담도 긍정적으로 타진했다. 이를 두고 일각에서는 양국 간 '신밀월'이 형성되고 있다는 분석도 나왔다.

최근 진행되는 북·러관계는 한반도에 대한 러시아의 영향력 확대라는 기본 목표에 우크라이나 사태로 인한 러시아의 국제적 외교 고립, 그리고 북·러 간 경제적 이슈가 추가된 모양새다.

북한 또한 러시아를 통해 국제적 고립을 탈피하고 경제적 지원을 얻어내려는 목적에서 전통적 우방인 러시아에 손을 내민 것이다. 결국 대부분의 국제관계가 그러하듯 최근 북·러관계도 양국의 이해가 서로 부합된 결과라고 보아야 할 것이다.

그렇다면 앞으로 북·러관계는 어떻게 전개될까? 아마도 당분간은 속도를 내며, 가시적 성과를 내놓을 것으로 보인다. 그러나 이것이 과거와 같이 이념에 기반한 정치·군사동맹으로 발전할지, 아니면 경제협력에 한정될지는 앞으로의 추이를 지켜봐야 할 것 같다. 과연 러시아가 과거 소련처럼 북한에게 마음씨 좋은 산타클로스로 다시 돌아올지 관심을 갖고 지켜보자.

▶▶▶ 러시아 모스크바에 있는 북한대사관 모습 _2015년 10월

27 북한과 쿠바

김일성 3代를 이어오며
반미공조로 맺어진 친선관계

쿠바는 미국 플로리다 남쪽에 위치한 섬나라이
다. 국민의 85%가 가톨릭 신자이고, 스페인어를 사용하는 등 북한과는
지리적으로나 문화적으로 그리 어울릴 것 같지 않은 나라다. 그러나
두 나라는 최근까지 둘도 없이 친한 관계를 유지했다. 그렇다면 멀게
만 보이는 두 나라가 어떻게 그토록 가까운 사이가 된 것일까?

북한과 쿠바의 '유유상종'

그것의 가장 큰 이유는 양국이 모두 미국을 '공동의 적'으로 삼고
있다는 점이다. 북한은 6·25전쟁을 겪으며 미국을 '원수'로 규정했다.
쿠바도 피델 카스트로(Fidel Castro) 집권 후인 1959~1960년 쿠바 내
미국 기업 자산을 몰수하면서 미국과의 모든 경제교류를 단절하고, 대
치해왔다. 미국은 1961년 4월 카스트로 정권을 붕괴시키기 위해 쿠바
망명자 1,500여 명에게 무기를 제공하며, 쿠바 남서부 해안인 피그스

(Pigs)만 상륙작전을 시도했지만 실패했다. 1962년 미국과 소련을 세계대전 직전까지 가게 했던 미사일 위기가 일어난 곳도 쿠바였다.

북한과 쿠바의 관계에 대해 1980년대 평양에서 근무했던 한 쿠바 외교관은 양국의 시차가 14시간인 점을 강조하며 '북한이 자고 있을 때 쿠바가 미국을 감시하고, 쿠바가 자고 있을 때 북한이 미국을 감시한다. 원수를 언제나 감시할 수 있다. 이것이 북한과 쿠바의 동질감이다'라고 설명한다. 다소 농담 섞인 얘기가 될 수 있겠지만, 어쩌면 이것이 양국의 관계를 설명하는 적절한 표현일지도 모르겠다.

북한과 쿠바는 이 밖에도 비슷한 점이 많다. 카스트로가 이끄는 혁명군이 쿠바 남서부의 마에스트라 산맥(Sierra Maestra)에서 정부군에 대항하며 게릴라전을 전개했는데, 이것은 백두산에서 김일성이 수행했다고 북한이 선전하는 항일유격대 활동에 비유되기도 한다. 1990년대 소련연방의 붕괴로 경제적 지원이 끊기자 쿠바는 이 시기를 '경제적 특별기간(Periodo Economico Especiall)'이라 불렀고, 북한은 '고난의 행군'이라고 불렀다. 북한이나 쿠바 모두 군(軍)이 선봉에 서 있다는 점 또한 유사한 점이라 할 수 있다.

체 게바라 방북과 양국관계 본격화

북한과 쿠바는 1959년 1월 카스트로 정권이 수립된 직후부터 교류를 시작했다. 1960년 8월 29일에는 외교관계도 수립했다. 그러나 양국 관계의 본격적인 시작은 1960년 12월 1일, 중남미의 게릴라 지도자인 체 게바라(Che Guevara)가 평양을 방문하면서부터였다.

당시 게바라는 쿠바국립은행 총재 자격으로 경제대표단을 이끌고 북한을 방문했다. 쿠바 혁명 이후 공산권과의 유대강화를 위해 소련·

▶▶▶ 1960년 12월 2일, 평양을 방문한 체 게바라 일행과 김일성이 함께
기념촬영을 한 모습 _노동신문

중국 등을 방문한 이후 마지막으로 1주일간 북한을 찾은 것이다. 이런 게바라를 북한은 대대적으로 환영했다. 공항에서 3천 명이 환영 행사를 벌였고 평양시 군중대회도 개최했다. 김일성은 환영연회를 개최하며 융숭하게 대접했다. 게바라 일행은 함흥, 희천 등 지방 경제 시설도 참관했고 북한과 외교협정을 비롯해 7건의 협정을 체결했다.

게바라의 방북 이후 양국관계는 본격화되었다. 북한의 대외관계를 정리한 「대외관계사」에 따르면 양국은 1966년부터 1975년까지 총 178회의 대표단을 교환했다. 특히 1967년에는 쿠바 최고지도자 카스트로가 방북했고, 같은 해 최용건 최고인민회의 상임위원장이 쿠바를 방문하면서 고위급 교류로 발전하였다. 1986년에는 카스트로가 또 한 번 북한을 방문해 양국 간에 '친선협조조약'이 체결되기도 했다. 김일성이 사망한 1994년에는 황장엽 비서가 방문하기도 했다.

쿠바에 대한 북한의 지원

1966년 10월 당대회자회에서 김일성은 "쿠바 혁명의 승리는 미국의 코앞에서 일어난 사회주의 혁명의 첫 승리이며, 쿠바 혁명을 보위하는 것은 신성한 의무"라며 쿠바 지원을 강조했다. 김일성의 쿠바 지원에는 이곳을 중남미지역 침투 거점으로 활용하려는 계산도 반영된 것이었다.

북한과 쿠바는 국제사회에서 정치적으로 서로를 지지해줬다. 쿠바는 1959년 12월 제14차 유엔총회에서는 한국을 지지했지만, 북한과 수교 이후인 1961년 4월 제15차 유엔총회부터는 북한을 지지하기 시작했다. 북한은 또 쿠바에 대미협상 경험을 전수하기 위해 군정위 수석대표였던 장정환과 박중국을 대사로 임명하기도 했다. 장정환은 1960년대 초 대표였고, 박중국은 푸에블로호 사건 때 대표였다.

장정환이 쿠바 대사가 된 것은 신생사회주의 국가 쿠바와 확고한 '반미연대'를 맺기 위해 군정위에서 협상경험이 있는 자를 보내기 위한 것이었다. 김일성은 '쿠바 사람들이 판문점에서 미국과 직접 맞서 싸우던 동무(장정환)를 보내니까 그렇게 좋아하는 것 같다'고 했다 한다.

군사적 지원도 있었다. 김일성은 1986년 카스트로가 두 번째 평양을 방문했을 때 소총 10만 정과 탄약을 무상으로 지원했다. 또한 김일성은 쿠바 주재 북한대사관 직원과 가족, 그리고 유학생들에게 쿠바에서 전쟁이 일어나면 지원병으로 참전해야 한다면서 쿠바 훈련장에서 훈련을 받게 하기도 했다.

이러한 군사적 관계는 최근까지 이어지고 있다. 2010년 11월 이영호 당시 총참모장은 쿠바를 방문해 쿠바가 공격당하면 북한이 함께 싸울 것이라 언급했고, 2013년 6월 쿠바를 방문한 김격식 당시 총참모장은 양국관계를 '참호를 함께 쓰는 사이'라고 강조했다. 2013년 7월에는 미사일 부품과 MiG-21기 등을 싣고 쿠바에서 나오던 북한 화물선 청천강호가 파나마 당국에 억류되기도 했는데, 이는 현재 양국의 군사 관계를 잘 보여주는 한 사례이다. 일각에서는 북한이 1962년 쿠바 미사일 위기로 소련이 쿠바에서 철수하자, 그 공백을 메우기 위해 연대급 규모의 군대를 쿠바에 보냈다는 설도 있지만, 공식적으로 확인된 것은 아니다.

경제적 지원도 있었다. 북한자료에 따르면, 북한은 1963년 11월 26일 쿠바가 자연재해를 입자 쌀 5,000톤과 트랙터, 콘크리트 혼합기, 일용품, 의약품 등의 구호물자를 보냈고, 1964년에는 200여 명의 기술자를 파견한 기록이 있다. 또 쿠바가 1969년을 사탕수수 1,000만 톤 생산의 해로 정했을 때에는 '지원돌격대'를 보내기도 했다.

김일성은 1967년 8월 12일 쿠바의 '3대륙인민단결기구기관지'에 '반제, 반미투쟁을 강화하자'라는 기고문을 싣기도 했다. 북한은 1967년과 1968년에는 7월 20일부터 8월 20일까지를 '쿠바인민과의 연대성 월간'으로 정하고 각종 연대성 행사들을 진행하기도 했다.

3대로 이어지는 북한과 쿠바의 '친선관계'

북한이 김일성, 김정일, 김정은으로 권력이 세습되는 동안에도 쿠바와의 친선관계는 지속되고 있다. 혈맹이라 불리는 중국까지 북한과 냉랭한 사이가 되었지만, 쿠바는 북한과 친선관계를 유지하는 몇 안되는 나라 중 하나이다.

그러나 쿠바인들은 북한과 비교당하기 싫어한다고 한다. 북한과 쿠바는 완전히 다르다는 것이 이유다. 쿠바에는 종교의 자유도 있고, 1998년과 2012년 교황이 방문하기도 했다. 북한과 달리 카스트로의 동상은 없고, 쿠바 망명자들은 3년에 1번 쿠바를 자유롭게 방문할 수도 있다고 한다.

최근에는 적극적인 경제정책도 펴고 있는데, 이 과정에서 한국과의 경제협력도 진행되고 있다. 현재 한국은 중국, 베트남에 이어 쿠바의 아시아 3대 교역국 중 하나이다. 2016년 6월에는 윤병세 장관이 한국 외교장관으로는 처음으로 쿠바를 방문해, 쿠바 외교장관과 첫 장관회의를 개최하기도 했다. 북한은 윤병세 장관의 방문 직전 김영철 당중앙위원회 부위원장을 쿠바로 보내 라울 카스트로 국가평의회 의장과 회동을 갖는 등 북한·쿠바관계 강화를 재확인하며 한국의 접근을 경계하기도 했다.

쿠바와 미국의 관계 변화도 주목된다. 양국은 2014년 12월 17일 외교정상화선언을 했다. 이후 양국 수도에 1961년 외교 단절 이후 54년 만에 대사관이 재개설되었다. 미국 관광객의 쿠바 방문도 급증하고 있다. 미국과 쿠바의 관계가 어디까지 발전할지 주목해볼 만하다.

그렇다면 북한과 쿠바, 비슷한 듯 다른 이 두 나라가 과연 언제까지 친선관계를 지속할 수 있을까? 이 점에 대해 비교사회주의를 연구하는 학자들은 매우 흥미롭게 지켜보고 있다. 과연 쿠바의 경제적 변화가 양국관계를 어떻게 변화시킬지 우리도 관심을 갖고 지켜보자.

국제혁명역량 강화수단이었던
반둥회의, 냉전종식 후 무용지물

제2차 세계대전 이후 제국주의에 의해 식민지 지배를 받던 아시아와 아프리카의 많은 나라들이 독립국가가 되었다. 이들 국가들은 이후 등장한 동서냉전 속에서 어느 진영에도 속하지 않고, 자신들만의 제3의 길을 택하고 독자적인 세력화를 도모하고자 했다. 비록 힘의 논리가 지배하는 것이 국제사회의 냉혹한 현실이겠지만, 이들 국가들은 유엔 등 각종회의에서 그야말로 소중한 '한 표'를 행사하면서 많은 나라들의 구애(求愛)를 받기도 했다.

이들 제3세계 국가들의 첫 구심점격인 회의가 바로 반둥회의(Bandung Conference)였고, 북한은 초기부터 이들 국가들과 보조를 맞추고자 하는 시도를 했다.

반둥회의와 북한

반둥회의는 1955년 4월 18일부터 24일까지 아시아와 아프리카의

29개 신생독립국 대표들이 인도네시아 반둥에 모여 양 대륙과 세계의 현안을 논의한 국제회의로 제1차 아시아·아프리카회의로도 불린다. 이 회의는 미·소에 의해 양분된 동서냉전 속에서 신생독립국들이 제3의 세력으로 독자적 발언권을 행사하기 위한 성격이 강했다. 당시 회의 주체국은 5개국으로 인도네시아, 미얀마, 스리랑카, 인도, 파키스탄이었다. 대한민국은 초청은 받았지만 참석은 하지 않았고, 북한은 1955년 개최된 첫 회의부터 적극적으로 참여했다. 북한이 내건 참가이유는 제국주의를 반대하고, 신생독립국가들과 협력을 증진해 이른바 '국제혁명역량'을 강화하기 위함이었다.

이 회의는 제2차 세계대전 이후 1955년 4월 기준으로 전 세계적으로 48개국이 독립을 한 것이 그 배경이었다. 이들 독립국에게는 당시 세계를 양분하던 미국과 소련의 대립 상황에서 어느 쪽에도 속하지 않고 자신들의 목소리를 내고자 하는 의도가 강했다. 이 회의에서는 이른바 '반둥 10 원칙'이라 불리는 '반둥정신'이 채택되면서, 국제사회

▶▶▶ 1955년 4월 처음 개최된 인도네시아의 반둥회의 회의장 외부 전경 _위키백과

에서 새로운 세력으로 등장하게 되었다. 반둥정신의 핵심은 독립, 자주, 반식민주의, 비동맹, 제3세계 협력 등으로 비동맹운동의 시발점이 되었다.

김일성은 1956년 4월 개최된 노동당 3차대회에서 '반둥회의 개최로 제국주의가 큰 타격을 받았다'고 평가하기도 했다. 그리고 1956년 6월 1일부터 7월 19일까지 직접 대표단을 이끌고 루마니아, 헝가리, 몽골 등 동유럽과 아시아 9개국을 방문하기도 했다. 또 1958년 11월과 12월에는 중국과 북베트남도 방문하면서 계속해서 사회주의 국가들과의 친선강화를 위해 노력했다.

북한 통계에는 1960년 한 해에만 북한의 정부대표단이 199회에 걸쳐 사회주의 국가를 방문한 것으로 나오는데, 이것은 당시 대외관계에서 북한의 적극적인 모습을 잘 보여주는 것이라 하겠다.

이 회의가 인도네시아 반둥에서 열린 것에서 알 수 있듯이, 그 중심에는 인도네시아가 있었다. 인도네시아는 당시 미국과 소련이 지배하는 국제사회에 대해 독자적인 목소리를 내고자 하는 나라였다.

북한은 이 같은 비동맹외교를 주도하는 인도네시아에 대해서도 높은 친밀감을 가지고 있었다. 인도네시아는 소련, 중국에 이어 세계 3위의 공산당이 있는 나라이자 국토면적이나 인구 측면에서 대국이었다. 뿐만 아니라 1965년에는 유엔에서 탈퇴했고, 올림픽 참가도 거부했으며, 제3세계 국가들만의 '가네포(Ganefo)'라는 국제대회를 만들어 1963년 11월 자카르타에서 북한을 포함 49개국이 참가한 가운데 1차대회를 개최하는 등 제3세계 국가들의 구심점 역할을 하고 있었다. 인도네시아가 보여주는 이 같은 '독자적 행동'이 북한에게는 대단히 '매력적'으로 보였던 것이다.

반둥회의를 시작으로 북한의 사회주의 국가, 신생독립국들과의 연대도 본격화되었다. 1966년에는 95개 나라가 새로 독립했는데, 이들 제3세계 국가들은 전 세계 인구 및 면적의 약 2/3를 차지하게 되었고, 국제 무대에서 발언권도 이전에 비해 현저하게 증가되고 있었다. 이에 따라 북한의 반둥회의에 대한 관심과 참여도 계속 커져 갔다.

▌김일성 부자의 반둥회의 10주년 동반 참석

북한은 초기부터 반둥회의에 적극적이었다. 1955년 첫 회의에 참가했을 뿐만 아니라, 김일성과 김정일은 1965년 4월 9일부터 21일까지 반둥에서 열린 회의 10주년 행사에 함께 참가하기도 했다. 엄밀히 말하면 김정일이 '주석 김일성'을 수행한 것이다. 당시 김일성 부자는 비행기를 타고 인도네시아에 갔다. 김정일은 2000년 6월 남북정상회담에서 김대중 대통령에게 남한 언론에서 자신이 비행기는 안 타고 기차만 탄다는 보도가 있음을 언급하고, 자신이 비행기를 타고 인도네시아에도 다녀왔다고 '확인'해주기도 했다.

김일성 부자는 인도네시아를 방문해 양국 간 대사급 외교관계를 체결했다. 그리고 인도네시아 사회과학원에서 "조선민주주의인민공화국에서의 사회주의 건설과 남조선혁명에 대하여"라는 제목의 '특별강연'도 했다. 강연의 주요내용은 북한이 그동안 추진했던 '혁명투쟁 업적'과 앞으로 한반도 통일을 위해 전개할 투쟁의 방향을 선전하는 것이었다. 북한은 당시 강연내용을 지금까지도 반복해서 선전하고 있다. 김일성은 이 자리에서 명예박사학위도 수여받았다.

수카르노 인도네시아 대통령도 김일성을 환대했다. 수카르노는 김일성에게 꽃을 하나 선물했는데, 이것이 김일성을 상징한다는 이른바 '김일성화(花)'다. 북한은 매년 김일성화 전시회를 열만큼 이 꽃에 '애착'을 갖고 있다.

북한은 당시 김일성의 인도네시아
방문에 큰 의미를 부여했다. 김정일은
이 방문을 '일대사변'이라고까지 평가했
다. 자신들의 '성공담'을 세계에 알려 북
한의 국제적 위상이 한층 올라갔고, 자
신들에게 유리한 국제적 환경을 구축하
는 데 중요한 의의를 가졌다는 것이다.

▶▶▶ 북한의 김일성화 전시회
모습

인도네시아 쿠데타와 공산당 불법화

그러나 김일성 부자의 인도네시아 방문 '성공담'도 불과 5개월 뒤에
발생한 '인도네시아 사태'로 그 빛이 바래게 된다. '9월 30일 사태'로도
불리는 이 사건은 1965년 9월 30일 인도네시아에서 발생했던 쿠데타
를 말한다.

이 쿠데타는 소수의 장교들이 친 공산당(PKI)부대들을 동원하여
일으켰지만, 하루 만에 친미파인 수하르토 장군에 의해 진압되었다.
그 결과 공산당과 협조관계에 있었던 수카르노 대통령은 실각하고, 수
하르토 장군이 새 대통령이 되었다. 그리고 이 사건으로 세계 3위의
인도네시아 공산당은 불법화되었고, 공산당 세력에 대한 전국적인 소
탕이 이루어졌다.

이 사건은 김일성에게는 큰 충격이었다. 그도 그럴 것이 김일성
부자가 불과 5개월 전에 직접 방문해 대사급 외교관계를 맺었고, 당
시 대통령인 수카르노와 함께 제국주의와 식민주의를 반대하는 공동선
언을 발표했으며, 제3세계 국가의 중심으로 여겼던 인도네시아가 하루

한 권으로 읽는 북한사

아침에 공산당 활동이 전면 금지되고, 친미정권이 들어서는 현실을 쉽게 받아들이기 힘들었을 것이다.

당시 노동신문에는 사건의 추이를 예의 주시했던 북한의 모습을 엿볼 수 있다. 북한은 사건 발생 1주일 뒤 수카르노 대통령이 무사하다는 보도가 있자, 즉각 노동신문에 "건강한 몸으로 사업하고 있다는 소식을 듣고 매우 기쁘다"는 내용의 기사를 게재하기도 했다. 그러나 이내 사건이 '나쁜 결말'로 끝나자 크게 당황하기 시작했다.

당시 김일성이 이 문제를 심각하게 받아들인 것은 공식연설에서도 확인된다. 김일성은 1966년 개최된 당대표자회의 연설에서 '최근의 인도네시아 사태에 대하여 주목하지 않을 수 없다'고 입장을 밝힌다. 그러면서 '이 사태가 미국의 아시아 침략계획의 일환으로 추진되고 있다'며 미국에 대한 강한 경계심을 제기한다. 북한은 1960년대 후반 이른바 '군사 모험주의'로 불릴 정도로 많은 수의 군사도발을 강행하는데, 일부에서는 그 원인을 당시 북한이 인도네시아 사태 등을 통해 가졌던 대외 위기인식에서 찾기도 한다.

반둥회의 60주년과 김정은

2015년 4월 인도네시아에서는 반둥회의 60주년 행사가 다양하게 개최되었다. 인도네시아는 이 행사에 김정은을 초청했었다. 아직 국제 외교무대에 서본 경험이 없는 김정은에게 반둥회의는 매우 좋은 기회가 될 것이다. 반둥회의는 북한이 첫 회부터 참가했고, 10주년 기념식에는 김일성과 김정일이 함께 참가했을 만큼 북한과 많은 관련이 있는 회의이기에 더욱 그러하다.

그러나 김정은은 참가하지 않았다. 그 이유는 두 가지 측면에서 찾을 수 있다. 첫째는, 북한에서 그러하듯 김정은은 이른바 '최고 존엄' 그 자체이다. 그런 존재가 각국 대표들이 참가하는 회의에서 'one of them'이 된다는 것은 쉽지 않은 선택이었을 것이다. 둘째는, 북한의 경제상황에서 찾을 수 있다. 과거 김일성은 제3세계 국가들과의 관계 개선을 통해 국제혁명역량 강화를 기대했다지만, 거기에는 항상 경제적 지원이 수반되었었다. 이런 지원으로 아프리카 여러 나라에는 '김일성'의 이름이 새겨진 경기장이나 건물들이 세워졌었다. 그러나 '제 코가 석자'인 현재의 북한 상황에서 김일성처럼 경제원조를 통한 친선강화의 여력은 그다지 없어 보인다. 이 점이 김정은으로서도 딜레마(dile-mma)일 것이다.

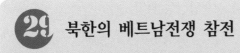

또 다른 남북 대결장이었던 베트남전쟁

베트남전쟁은 국군의 건군 이후 최초이자 최대 규모의 해외파병이었다. 대한민국은 1964년 9월 이동외과병원과 태권도교관 등 140명의 파병을 시작으로 1973년 3월 철군할 때까지 연인원 32만여 명의 국군을 파병했다.

그러나 베트남전쟁에는 한국군만 참전한 것은 아니었다. 북한도 한국군과 마찬가지로 초기부터 참전하고 있었다. 이 점은 베트남전쟁이 남북한의 또 다른 대결장이었음을 보여주는 것이다. 그러나 북한군의 베트남 파병은 2000년 이전까지는 '비밀'로 다루어져왔다. 전쟁 당시 작성된 각종 기록에는 북한군에 대한 기록들이 일부 확인되고 있었고, 학계에서도 북한의 베트남전 참전이 거의 사실로 받아들여지고 있었지만, 북한이나 베트남은 이에 대해서 일절 함구하고 있었다.

비밀에 부쳐졌던 북한의 베트남전쟁 파병

2000년대 들어서면서부터 북한의 베트남전쟁 참전이 서서히 공개되기 시작했다. 그 시작은 2000년 3월 북한의 백남순 외무상이 베트남의 수도 하노이에서 동북쪽으로 약 60여km 떨어진 박장(Bac Giang)에 있는 북한군 전사자 위령탑을 찾은 사실이 언론에 보도되면서부터이다. 백남순이 찾은 곳에는 위령탑과 함께 14구의 북한군 전사자 묘지가 있었는데, 현지 주민들은 북한공군 조종사와 일부 정비사의 무덤이라고 증언하고 있다.

이 보도가 있은 직후 북한은 참전 사실을 공식적으로 인정하기 시작했다. 2000년 4월에는 인민무력부 기념관에 참전 자료를 전시하기 시작했고, 2001년 7월에는 북한이 전투기 조종사와 군수물자를 북베트남에 지원했다고 밝혔다. 2002년 9월에는 박장에 있던 전사자 무덤을 북한으로 옮겨갔다. 2001년 발간된 『김일성 전집』에는 김일성이 베트남전쟁에 참전하는 제203부대 군인들과 1966년 10월 19일 대화한 내용이 나온다. 김일성은 이 대화에서 참전 결정은 당시 북베트남의 요청에 대해 당에서 '공군지원병'을 파병하기로 결정했다고 언급한다. 또 1964년 8월 통킹만 사태가 발생한 직후에는 땅굴을 파는 것을 지원하

▶▶▶ 베트남 현지에 있는 북한군 묘지(14개의 묘비가 있다) _2015년 12월

한 권으로 읽는 북한사

기 위해 공병을 파견했다고 밝히기도 했다.

2003년 발간된 『김일성 전집』에는 '북한 조종사들이 베트남에 가서 몇 년 동안 잘 싸웠고, 실제로 희생된 사람은 몇 명 되지 않는다'는 김일성의 발언을 싣기도 했다. 2009년 10월 3일에는 참전자 및 그 가족들이 베트남을 방문한다는 보도를 내보내기도 했다. 이러한 것은 2000년 이후 북한이 베트남전쟁 참전을 인정하기 시작하면서 나타난 변화들이다.

베트남 현지 묘비에 기록된 전사자 인적 사항

성명	출생지	출생일	사망일
원홍상	평남 숙천군 상평리	1946년 4월 25일	1965년 9월 24일
김광욱	함북 학성군 레동리	1932년 5월 22일	1967년 3월 10일
김원환	평남 순천군 만곡리	1936년 10월 21일	1967년 4월 10일
차순해	평남 평성군 백석리	1938년 1월 25일	1967년 4월 21일
리창일	함북 청진부 관해동	1937년 5월 18일	1967년 5월 1일
박동준	함북 온성군 서흥동	1939년 1월 24일	1967년 5월 1일
신달호	함북 회령군 은림리	1938년 2월 3일	1967년 5월 16일
김태준	함남 홍원군 천중리	1938년 3월 28일	1967년 6월 3일
림춘건	평남 남포시 중비석동	1945년 8월 15일	1967년 6월 26일
리동수	함남 홍원군 천중리	1937년 6월 4일	1967년 7월 21일
리도인	평북 룡천군 동삼리	1938년 1월 15일	1967년 7월 21일
림장환	함북 경성군 일향리	1929년 12월 18일	1967년 9월 30일
김경우	평남 안주군 상창리	1937년 12월 20일	1967년 10월 18일
김기환	평남 선천군 룡안리	1936년 1월 5일	1968년 2월 12일

공군 전투기 조종사와 심리전 요원 파병

그렇다면 북한은 어떤 종류의 군대를 어느 정도 규모로 파병한 것일까? 이것에 대해서는 현재까지 정확하게 알려진 바가 없다. 그러나 여러 자료를 종합해 볼 때 북한은 공군부대와 고사포부대, 심리전 요원, 수송부대, 화학부대, 대남공작부서인 3호 청사 요원들을 보낸 것으로 알려졌다.[44] 그리고 공병부대도 파병했던 것으로 확인된다.

참전 규모에 대해서 일부에서는 약 200여 명의 전투기 조종사와 100여 명의 심리전 요원, 그리고 땅굴 전문요원이 파견되었다고 추산하는가 하면, 1967년부터 1969년 초까지 87명의 조종사가 참전했다는 자료도 있다. 북한에서 귀순한 북한공군 조종사 출신인 이철수는 약 800명의 공군조종사가 파견되었다고 증언한 바 있다.[45]

북한군의 베트남 참전에 대한 공식문서는 2011년 12월 냉전사연구로 저명한 미국 '우드로 윌슨 센터'가 그 일부를 처음 공개한 바 있다.

▶▶▶ 베트남 하노이 군사박물관에 전시되어 있는 MiG-21기.
북한 조종사들도 이 기종과 MiG-19기를 타고 전투에
나갔다 _2014년 12월

한 권으로 읽는 북한사

이 문서에 의하면 1966년 9월 북베트남 당국이 북한의 조종사 파병 '요청'에 대해 논의 후, 북한군 총참모장 최광과 협정서를 체결한 것으로 되어 있다. 협정서의 내용은 북베트남은 전투기를 제공하고 북한은 전투조종사를 파병하며, 북베트남의 지휘를 받는다는 것이 핵심이다. 당시 북베트남군은 북한 조종사들을 스페셜리스트(Specialist)라고 불렀다. 북한 조종사들은 MiG-19와 MiG-21 전투기 조종석에 앉아 쇠줄로 자신의 몸을 감으며 탈출하지 않겠다는 의지를 보여주기도 했다 한다.

북한은 심리전 요원들도 파견했다. 이들은 한국군을 겨냥해 귀순을 유도하는 내용의 전단을 살포했고, 국군을 평양으로 납치해 가기도 했다. 한국군 이동외과병원에 근무하던 안학수 하사는 1966년 9월 외출 중에 실종되었는데, 그는 다음 해인 1967년 4월 평양에 나타나 북한

▶▶▶ 북한군이 국군의 귀순을 유도하기 위해 살포한 전단. '해방군편에 의거하여 조선민주주의인민공화국으로 가자'라고 기재되어 있다
_군사편찬연구소 소장 사료

▶▶▶ 북한이 하노이에서 운영했던 라디오 방송국의 방송 안내 전단 _군사편찬연구소 소장 사료

체제 선전에 이용되기도 했다. 안학수 하사는 2009년 국군포로로 인정받았다.

북한의 심리전 요원들은 라디오 방송을 통한 심리전도 전개했다. 북한의 라디오 방송은 1965년 9월 한국군 전투부대가 파병될 때부터 전파를 타기 시작했다. 한국군도 이에 대한 대응 차원에서 한국군 자체의 라디오 방송국을 운영했다. '주월한국군방송국(KFVN)'으로 불린 이 방송국은 한국방송사상 첫 해외 한국어방송으로 1965년 12월 시험방송을 시작해 1973년 철군할 때까지 7년 이상 운영되었다.[46] 장병들의 오락과 한국소식의 전달뿐만 아니라 북한의 심리전에 대한 대응 차원에서 운영되었고, 그 성과는 매우 성공적이었다.

북한의 베트남전쟁에 대한 지나칠 정도의 관심

베트남전쟁에 대한 북한의 관심은 지나칠 정도로 많았다. 당시 발행된 북한의 노동신문에는 이러한 북한의 관심이 잘 나타나 있다. 당시 노동신문은 6면으로 발행되었는데, 거의 매일 한 면이 베트남전쟁에 대한 소식들로 채워졌다. 이런 관심은 북한 정책결정과정에서도 나타났다. 1965년 5월 최고인민회의는 북베트남을 적극 지원하겠다고 결의했고, 1966년 10월 제2차 당대표자회의에서는 지원의사의 공식화와 함께 사회주의 진영의 북베트남에 대한 지원이 미미하다고 비판도 하였다.

그렇다면 북한은 왜 베트남전에 관심을 가지고 있었을까? 이것은 명분과 실리 측면으로 나누어볼 수 있다. 명분상으로는 사회주의 진영에 대한 지원이었다. 북한이 '공동의 적'이라고 생각하는 미국과의 전쟁을 하는 북베트남을 지원하겠다는 것이었다.

그러나 실리적 측면에서의 이유는 따로 있었다. 『김일성 전집』에는 김일성의 파병에 대한 속마음을 엿볼 수 있는 부분이 나온다. 1973년 5월 김일성은 이집트에 파병되는 조종사들을 격려하는 자리에서 비밀 유지와 함께 현대전의 경험을 쌓고 오라고 강조한다. 새로운 전술을 연마하여 '일당백의 싸움꾼'이 되면 조국통일 위업수행에 크게 이바지할 수 있을 것이라고 강조한다. 결국 베트남전에 조종사들을 파병한 것은 실리적으로는 현대전에 대한 실전경험을 익히게 하려는 것으로 볼 수 있다. 김일성은 이 자리에서 공중전에는 비밀이 없다면서 철저히 비밀을 유지하라고 강조한 부분이 이채롭다.

베트남전쟁은 대한민국과 북한의 또 다른 전쟁터

베트남전쟁이 본격화되는 1960년대 중반 이후 북한의 대남 군사도발은 절정에 이르렀다. 1967년 해군 당포함을 공격했고, 1968년에는 청와대 기습과 미 정보함 푸에블로호 나포, 그리고 울진·삼척지역에 대규모의 무장간첩을 남파시켰다. 이른바 북한의 '군사 모험주의'라고 일컬어지는 이 시기 북한의 군사적 도발은 베트남전쟁과 연관되어 있다고 다수의 연구들은 지적하고 있다.

북한의 베트남전쟁 파병은 한반도에서뿐만 아니라 장소를 달리하여 타국 땅에서 이루어진 대한민국과의 군사적 대결이었다. 그러나 지금까지 북한의 베트남 참전에 대한 연구는 거의 이루어지지 않았다. 베트남과 북한이 관련 자료를 내놓지 않고 있기 때문이었다.

그러나 1960~70년대 한반도 상황을 제대로 이해하기 위해서는 북한의 베트남전 파병에 대한 연구가 꼭 필요하다고 생각된다. 앞으로 베트남전쟁 연구가 활성화되어 북한의 베트남전 파병에 대한 궁금증이 해소되기를 기대한다.

30 남베트남 패망과 북한

김일성, 베트남 통일 지켜보며
한반도 무력통일 의지 다져

1975년 남베트남(월남)이 패망하기 이전까지 한국과 남베트남은 매우 밀접한 관계를 유지하고 있었다. 한국의 이승만, 박정희 대통령이 남베트남을 방문했고, 남베트남의 지엠(Ngo Dinh Diem)과 티에우(Nguyen Van Thieu) 대통령이 한국을 방문한 바 있다. 이것은 식민지 경험과 분단, 전쟁 경험이라는 역사적 경험과 공산주의와 대치하고 있다는 현실 상황의 유사성에서 기인한 측면이 강했다.

북한과 북베트남(월맹) 관계도 유사했다. 북한은 1950년 북베트남과 수교한 이래 오랜 기간 친선관계를 유지해왔다. 1957~1958년에는 호치민과 김일성 간에 상호 교환방문이 이루어졌다. 이 같은 남북한과 남북베트남의 상호 대칭적 관계는 앞서 살펴본 바와 같이 남북한의 군대가 베트남전쟁에 각각 참전하면서 절정으로 치달았다고 할 수 있다.

남북한과 남북베트남의 이 같은 관계 속에서 1975년 4월 북베트남의 무력침공으로 인한 남베트남의 패망은 남북한 모두에게 주목할 만한 사건이 될 수밖에 없었다. 그러나 그것을 바라보는 시각은 남북한이 각각 달랐다. 한국은 공산주의의 침공과 미국의 동맹조약 이행에 대한 의구심을 갖게 되었고, 김일성은 한반도에서의 적화통일에 대한 욕심을 다시금 갖게 했다.

남베트남 패망과 우익인사 탄압

4월 30일은 남북 베트남이 하나로 통일된 날이었다. 동시에 이날은 남베트남(월남) 패망일이기도 하다. 1975년 4월 30일 남베트남은 패망했다. 북베트남의 본격적인 무력침공이 시작된 지 불과 2개월 만이자 미국, 한국 등 자유 7개국이 파리평화협정에 따라 군대를 철군한 지 2년 만이었다.

남베트남 패망으로 인한 베트남 통일 직후 북베트남 공산 정권은 남베트남을 공산주의체제로 개조하기 위한 작업에 착수했다. 이른바 '남부(南部)의 북화(北化)'였다. 이 중 가장 먼저 착수한 것이 남베트남 체제하에서의 주요 인사들, 즉 이른바 우익인사들에 대한 사상재교육이었다.

그 과정은 이랬다. 사이공을 함락시킨 공산 정권은 1975년 5월 초 구(舊)정권의 모든 군인과 공무원들에게 등록을 명령했다. 그 결과 100만 명 이상이 등록했고, 이후 대상자가 국영기업직원, 교사, 의사 등으로 확대되면서 숫자는 더 늘어났다. 이들 중 장교가 아닌 일반사병, 하위직 공무원, 당장 사회가 필요로 하는 교사·의사들은 대부분 3일간의 교육을 받고 일상에 복귀했다. 1976년 6월까지 재교육 대상자로 등록한 사람의 95%가 교육을 받고 돌아온 것으로 알려졌다.

그러나 나머지 5%, 즉 5만 명 이상의 군 장교와 고위공무원 등은 반통일·반공산주의 핵심세력으로 분류되어 3년에서 5년의 교육을 받왔다. 일부는 그 이상의 교육에 처해졌다. 당초 이들에게는 10일간의 사상개조 학습만 받으면 별다른 불이익을 주지 않겠다고 선전했지만, 실상은 그렇지 못했다. 한 조사에 따르면 통일 7년이 지난 1982년에도 최소 12만 명이 재교육 중인 것으로 알려졌다. 공산 정권도 이를 일부 인정하여, 1985년 약 1만 명이 재교육 중이라고 밝혔다.

이들에 대한 교육은 주로 사회주의 이념, 베트남 공산당 역사, 통일의 정당성, 남베트남의 오류, 미국의 죄악 등이었다. 수용자들에게는 끊임없이 자아비판이 강요되었고, 각종 노역과 학대가 자행되었으며, 이 과정에서 많은 인원이 죽기도 했다.

다행히 살아남은 자들은 '교육완료 증명서'와 함께 '자유'의 몸이 되었지만, 감시는 이후에도 계속되었다. 공산 정권의 탄압을 피해 100만 명이 넘는 대규모 난민(Boat People)도 발생했다. 통일 이후 나타난 베트남 상황은 일방적으로 '먹힌 자'의 비극을 단적으로 보여주는 것이었다.

▶▶▶ 남베트남의 대통령궁 모습. 패망 이후 관광지가 되어버렸다 _2014년 12월

한 권으로 읽는 북한사

북한과 북베트남 관계

북한은 베트남전쟁에 공군을 비롯해 심리전, 공병, 고사포부대 등을 참전시키는 등 베트남과 친밀한 사이였다. 북한의 베트남전쟁 참전에 대해서는 앞서 다룬 바 있다.

북한과 북베트남 관계는 이미 1950년 양측이 외교관계를 맺으면서 시작되었다. 당시 베트남은 프랑스와 전쟁 중이었고, 북한은 6·25전쟁 중이라 양측 간에는 '제국주의와의 대결'이라는 '동질감'이 형성되고 있었다. 이후 베트남이 미국과 전쟁하면서 동질감은 더욱 강해졌다.

그 결과 6·25전쟁 기간 중에 베트남 측 인사들이 북한을 여러 차례 방문하기도 했다. 그 예로 1951년 5월에는 국제민주여성 대표단 일원으로 레티귀라는 북베트남 대표가 평양, 신의주, 남포 등을 방문했고, 1951년 9월에는 북베트남 민족통일전선 전국위원회의 부주석이 방문했다. 특히 이들은 동부전선의 월비산 고지를 방문하기도 하는데, 당시 미 공군의 폭격으로 죽을 뻔한 위기를 겪기도 한다.[47]

북한도 베트남에 대표단을 보냈다. 1956년 10월 28일 북한 문화대표단이 베트남을 방문해 약 40일간 머물며 공연을 선보이고 교류활동을 전개했다. 당시 북한대표단은 현재 관광지로 유명한 하롱베이를 방문하기도 했다. 이런 교류의 결과 1957년 7월에는 호치민이 북한을, 1958년 11월에는 김일성이 북베트남을 방문하며 관계는 더욱 강화된다.

1960년대에도 교류는 활발히 지속되었다. 1961년 6월에는 팜반동 수상이 평양을 방문해 김일성과 공동코뮤니케를 발표했다. 1963년 6월에는 박금철 최고인민회의 상임위원회 부위원장을 단장으로 하는 북한대표단이 하노이를 방문했는데, 당시 베트남은 군중대회를 열며 이들을 환대했다. 북한은 북베트남 정권뿐만 아니라 우리에게 '베트콩'으로

▶▶▶ 1957년 7월 김일성과 호치민의 대담 모습 _국방일보

알려진 남베트남 민족해방전선(NLF)과도 관계를 맺었다. 1960년 12월 결성된 NLF는 1966년 6월 북한에 상주대표단을 파견하면서 북한과 관계를 맺기 시작했다. 이런 양측의 교류의 '결실'이 북한의 베트남 참전으로 이어지는 것이다.

그러나 양측관계는 베트남이 1978년 캄보디아, 1979년 중국과 전쟁을 하는 과정에서 북한이 베트남을 비판하고, 캄보디아와 중국 편을 들면서 냉각기에 접어든다. 2000년대 이후 관계개선을 해 나가는 중이지만, 북한의 가슴 한구석에는 베트남에 대한 앙금이 여전히 남아 있는 것으로 알려져 있다.

베트남 통일과 북한의 반응

1975년 4월 30일 베트남이 무력통일을 이루자 김일성은 축전을 보내고, 베트남대사관을 비롯해 여러 곳에서 축하연회를 개최하며 '통일'을 축하해줬다. 당시 북한 매체에는 베트남 통일을 '영웅적 투쟁의 빛나는 결실, 월남인민의 위대한 승리'라는 내용의 글들로 채워졌다.[48]

그러나 베트남 통일을 지켜보면서 김일성은 이제 한반도 차례라는 생각과 함께 베트남보다 무력통일이 늦어졌고, 그 결과 '경쟁자' 호치민에 비해 자신이 낮게 평가된다는 생각에 그리 기뻐하지만은 않았던 것으로 알려져 있다. 오히려 일종의 '경각심'을 가졌다는 것이다.

베트남 통일로 촉발된 북한의 '경각심'은 김일성의 중국 방문으로 나타났다. 김일성은 베트남의 무력통일이 거의 가시화되는 1975년 4월 18일 중국을 방문한다.[49] 중국에서 김일성은 마오쩌둥, 저우언라이, 덩샤오핑 등을 만나고, 북·중 친선과 함께 아시아에서 제국주의를 물리치는 데 함께하자고 촉구한다. 또 '전쟁이 일어난다면 잃을 것은 군사분계선이요, 얻을 것은 통일'이라며 무력통일에 대해 강한 의지를 표명한다. 이에 대해 당시 중국 지도부는 김일성에게 자제를 촉구했던 것으로 알려져 있다. 그러나 당시 김일성의 중국방문에 대해서는 아직도 많은 부분이 베일에 가려져 있다.

베트남 통일은 북한에 많은 영향을 미친 것으로 알려져 있다. 1973년 1월 파리평화협정으로 베트남에 파병된 외국군대가 철수하자 북한도 이전까지 남한과 평화협정을 체결하자는 입장에서 돌변해 미국과 평화협정 체결을 주장하고 나선다. 더불어 외국군대 철수 주장을 더욱 강조한다. 여기에는 여러 이유가 있지만, 베트남에서 보고 배운 측면이 강했다.

더불어 위기조성에도 나선다. 김일성은 노동당 창건 30주년인 1975년 10월 10일까지 남침용 땅굴 작업을 완료할 것을 지시하는데, 이것도 베트남의 경험이 영향을 미친 것으로 알려져 있다.[50] 1976년 8월의 판문점 도끼만행 사건도 그 연장선으로 평가된다. 그러나 당시 김일성의 생각은 베트남 상황과 한반도 상황을 동일시한 오판에 불과했다. 대한민국이 남베트남과 다르다는 것을 김일성은 제대로 몰랐던 것이다.

남베트남 한국 외교관 3명, 강제 북송될 뻔

북베트남의 무력공격에 사이공(현재 호치민시) 함락이 임박해지자 현지에서는 그야말로 대탈출이 진행되고 있었다. 미국은 헬기를 이용해 사이공의 미국 국민과 우방국 국민들을 항공모함으로 실어 날랐고, 영국, 필리핀, 대만 등은 자국의 군함을 이용해 자국민 탈출을 전개했다. 여기에는 우리 해군군함도 한국 외교관과 교민탈출을 위한 작전을 전개하고 있었다.

그러나 사이공은 결국 함락되었고, 미처 탈출하지 못한 한국 외교관과 교민들이 발생하고 말았다. 그리고 사이공에는 북한 공작원들이 나타나면서 남아 있던 한국인들을 찾아 나서고 있었다.

남베트남 패망과 한국 외교관 억류

남베트남 패망 한 달 전인 1975년 4월 1일 남베트남에는 우리 외교관 21명(가족 59명)과 교민 1,009명, 그리고 농업·의료·수자원 관련

▶▶▶ 사이공 함락 당시 우리 해군은 수송함을 보내
교민과 난민을 수송했다. 사진은 해군 수송함
갑판 위에 설치되었던 천막촌 모습 _해군본부

사절단 45명 등 총 1,134명이 남아 있었던 것으로 파악되었다.[51]

그러나 북베트남의 무력침공으로 상황이 급격히 악화되자 우리 정
부는 공관원에 대해 철수를 지시하고, 교민들에 대해서도 자진철수를
독려했다. 또 해군군함(LST)을 남베트남에 보내 구호물자를 전달하고
교민과 피난민을 수송하기 위한 '십자성 작전'도 전개했다.

그러나 4월 30일 10시 20분 남베트남 정부가 항복할 때까지 외교관
9명과 교민 160여 명은 탈출하지 못하고 공산치하가 된 사이공에 남게
되었다. 이후 외교관 9명 중 6명은 단독으로 탈출하거나 공산당국의
외국인 퇴거 조치에 따라 다행히 귀국했다. 그러나 이대용 공사, 안희
완 영사, 서병호 총경 등 3명은 공산당국에 체포되어 사이공의 악명
높은 치화형무소에 수감되었다.

당시 억류된 외교관 3인 중 최선임자는 이대용 공사였다. 이 공사는
1963년부터 대사관 무관(대령)으로 재직하며 국군의 베트남 파병 업무
를 수행했고, 1968년 준장 진급 후에는 대사관 공사로 또다시 근무

한 권으로 읽는 북한사

중이던 현역 장군이기도 했다.

▶▶▶ 2015년 필자와 인터뷰 중인
이대용 전 공사의 모습

북한의 외교관 북송공작

일반적으로 외교관들은 국제법에 따라 그 신분과 활동이 보호된다. 그러나 패망 당시 베트남 상황은 특수했다. 한국은 베트남전쟁에 국군을 파병했던 국가였고, 북베트남과는 전쟁을 치른 사이였다. 여기에 남북한이 대치한 상황에서 북한은 북베트남과 밀접한 관계였다. 결국 공산 정권에 의한 남베트남 패망은 곧 우리 외교관들에게는 큰 위협이었던 것이다.

이대용 공사도 이것을 우려했다. 그리고 우려는 패망 하루 만에 현실로 다가왔다. 5월 1일 사이공주재 일본외교관은 '북한이 북베트남과 협의해 한국 외교관 전원을 평양으로 끌고 갈 계획이다'라는 소식을 전해주었다.

후에 알려진 사실도 이를 뒷받침해주고 있다. 북한은 사이공 함락 직후부터 잔류한 한국 외교관의 귀국을 방해하고, 억류해 놓을 것을 북베트남 측에 요청했다고 한다. 그리고 북베트남의 수도인 하노이 주재 북한대사 김상준이 남베트남 패망과 동시에 공작원들과 함께 사이공으로 내려와 본격적인 '공작활동'을 전개했다는 것이다.

당시 북한의 목표는 북측에 연고가 있는 거물급 한국인은 북한으로 데려가고, 나머지는 고정간첩화해서 한국으로 돌려보낸다는 것이었다. 이 과정에서 사이공 교민을 포섭해 주요 외교관들의 행방과 과거 활동

등에 대해 조사하기도 했다.

이 점에서 이대용 공사 등 외교관 3명은 북한에겐 중요한 '공작목표'였던 셈이다. 따라서 북한은 세 명의 외교관이 치화형무소에 수감되었을 때 이들을 북으로 데려가기 위한 '공작'을 벌였다. 당시 북한 공작원들은 베트남 비밀경찰들과 손잡고 이 공사 일행을 6차례나 찾아와 협박과 회유를 하며 북으로 데려가고자 했다.

특히 황해도가 고향인 이 공사에게는 북반부에서 도주한 '도망범'이라고 몰아세우다가도 북에 있는 누나와 조카 소식을 전하며 회유도 했다. 북한으로서는 황해도 출신의 현직 외교관이자 장군인 이 공사를 북으로 데려간다면 선전용으로 활용할 가치가 매우 컸기 때문이다.

남·북·베트남 3자 비밀협상

우리 외교관들은 형무소에 수감 중일 때 현지 프랑스대사관과 이순홍 한인회장의 도움을 받고 있었다. 이들을 통해 본국 외무부와 비밀리에 연락도 주고받았다. 우리 정부는 외교관들의 생사와 소재가 확인된 이후 대통령까지 나서서 우방국에 도움을 요청하는 등 이들의 석방을 위해 노력했다. 그러나 그때마다 베트남 당국은 자신들은 외교관 석방을 반대하지 않지만, 북한이 반대한다는 답변을 할 뿐이었다. 북한이 배후에서 일정한 역할을 하고 있었던 것이다.

그러던 중 1977년 11월 24일 프랑스 주재 한국대사의 보고가 해결의 실마리를 제공했다. 그 내용은 한국 정부가 억류 중인 외교관과 남한에 잡혀 있는 남파간첩을 교환하고자 한다면 프랑스가 중재할 수 있다는 것이었다. 이 계획은 곧바로 대통령에게 보고되어 재가를 얻었고, 이후 남·북·베트남 3자 비밀협상이 본격적으로 시작되었다.

한 권으로 읽는 북한사

당시 협상에 참여했던 공로명 전 외무부 장관은 최근 회고록에서 이 부분에 대해 소상히 밝히고 있다.[52] 그에 따르면, 1978년 7월 7일 뉴델리 주재 베트남대사관에서 제1차 3자 예비회담이 개최되었다. 한국대표는 공로명 당시 외무부 아주국장이었고, 북한은 박영수 조국평화통일위원회 참사였다. 베트남은 인도 주재 베트남대사관 1등 서기관이 참여했다.

6차례의 예비회담 이후 1978년 7월 24일 제1차 본회담이 개최되었다. 북한은 처음에 우리 외교관 1명과 북한의 남파간첩 70명, 즉 1:70의 비율로 교환을 요구했다. 이 비율은 이후 여러 차례의 조정을 거쳐 11월 17일 최종적으로 1:7로 결정되었다.

이후 본격적인 교환자 명단선정 작업이 진행되었다. 그러나 14차례의 비공개회담이 진행되는 동안 북한의 계속된 억지로 양측의 이견은 좁혀지지 않았고, 급기야 1979년 5월 23일 회담은 성과 없이 종료되었다. 외교관들을 구할 수 있는 한줄기 희망이 사라지는 듯했다.

그러나 이 무렵 긍정적인 상황도 발생했다. 1978년 12월 베트남의 캄보디아 침공에 대해 북한이 베트남을 비난하면서 양측 관계가 급랭하기 시작한 것이다. 우리 정부는 이 기회를 놓치지 않았다. 그리고 스웨덴 정부와 당시 베트남 당국과 관계가 깊었던 아이젠버그라는 이스라엘 국적의 사업가를 통해 외교관 석방을 이뤄낸다. 그 결과 외교관 3인은 억류 5년 만에 석방되어 1980년 4월 12일 평양이 아닌, 꿈에도 그리던 서울로 돌아오게 된다.

이대용 공사의 '악연'들

이대용 공사가 사이공에 억류되었을 당시 만났던 두 명과의 '악연'

이 눈길을 끈다. 한 명은 이 공사를 북으로 데려가기 위해 회유와 협박을 했던 북한 공작원 박영수이다. 그는 당시 남·북·베트남 3자 비밀협상 때에도 북측 대표로 참가했었다.

박영수가 주목을 끄는 것은 그가 1994년 3월 판문점에서 개최된 남북실무자 접촉에서 남측 대표인 송영대 차관을 향해 '서울은 여기서 멀지 않다. 서울이 불바다가 되면 송 선생도 무사하지 못할 것'이라는 이른바 '서울 불바다' 발언을 했던 자이기 때문이다. 그 자가 남베트남 패망 당시에는 우리 외교관 북송공작의 장본인이었던 것이다.

또 한 명은 베트남 비밀경찰 '즈엉징특'이라는 자이다. 그는 평양유학을 다녀왔던 자로 수시로 이 공사를 심문하며 권총으로 위협하곤 했다. 다시는 만날 것 같지 않았던 그가 2002년 초 베트남대사가 되어 서울에 온 것이다. 이대용 공사와 베트남대사는 서울에서 별도로 만나기도 했는데, '악연과의 재회' 바로 그것이었던 셈이다.[53]

1975년 4월 30일, 남베트남이 패망한 지 40여 년이 흘렀다. 지난 세월 동안 한국과 베트남은 적에서 협력관계로 변화했다. 한때 베트남은 북한과 긴밀했지만, 이젠 더 이상 그렇지만은 않은 것 같다. 역사란 그런 것일까? 흔히 영원한 적도, 영원한 우방도 없다고 하는데, 정말 그런가 보다.

북한의 외교 및 대외 수교 현황

■ 북한 대외정책 결정구조와 전개과정

북한헌법 제17조(2013년 4월 개정)에는 "자주, 평화, 친선은 조선민주주의인민공화국의 대외정책의 기본이념이며 대외활동원칙"이라고 되어 있다.

이 기본이념과 원칙 아래 북한의 대외정책은 일반적인 당-국가체제의 특성과 마찬가지로 조선노동당의 지도 아래 결정되고 집행된다. 구체적으로는 당의 국제담당 비서와 국제부를 통해 집행된다. 물론 여기에는 과거 김일성이나 김정일, 그리고 현재는 김정은의 '지도'가 중요한 영향을 미친다.

북한의 대외정책은 당·국가·민간 등의 차원으로 구분하여 집행되고 있는데, 외국 정부와의 외교는 내각의 외무성이 주로 관장하고, 사회주의 국가들 간의 이른바 '당대당 외교(정당외교)'는 노동당의 국제부가, 의회외교는 최고인민회의, 민간외교는 노동당 외곽단체인 아시아태평양평화위원회 등이 맡고 있다.[54]

한편 북한의 외교행태는 시기별로 변화를 보여왔다. 광복 이후부터 1950년대 중반까지는 국가승인과 6·25전쟁에 대한 전시외교, 전후 복구 지원 등을 주요 목표로 했다. 이후 외교정책을 다변화해 나갔고, 1966년부터는 이른바 '자주노선'을 수립해 나갔다. 이것은 당시 중·소분쟁 등 외부환경이 주된 요인이었다. 1970년대에는 국제사회에서 도래하던 데탕트 분위기에 맞춰 외교정책의 세계화를 추진했고, 이 과정에서 서방국가들과의 외교도 추진되었다. 1980년대에는 1980년 10월 개최된 제6차 노동당대회에서 대외정책의 기본이념을 자주·친선·평화라고 표방하고, '합영법'으로 대표되는 대외개방에 주력했으며, 사회주의권의 붕괴 이후에는 남북한 공존 및 대미 접근을 추진했다. 1990년대 이후에는 선군외교를 강조하면서 국제적 고립에서 탈피하기 위한 생존외교에 주력하고 있다.

■ 북한의 수교 현황(2014년 12월 현재)

구분	총수교국		동시수교국	단독수교국	
	남한	북한		남한	북한
아주	37	26	26	11	–
미주	34	24	23	11	1(쿠바)
구주	53	49	48	5	1(마케도니아)
중동	18	16	15	3	1(시리아)
아프리카	48	45	45	1(남수단)	–
계	190	160	157	31	3

남한은 유엔 비회원국인 교황청, 쿡제도와의 수교를 포함하여 190개국임
출처: 『2015 외교백서』(서울: 외교부, 2015), 432쪽

■ 국제친선전람관(國際親善展覽館)

1978년 북한이 김일성과 김정일이 세계 각국에서 받은 선물이나 기념품을 보관 및 전시하기 위해 만든 일종의 전시관으로 평안북도 향산군 묘향산 중턱에 위치해 있다. 한옥 형태의 6층짜리 콘크리트 건물로, 약 100여 개의 전시관으로 이루어져 있다.

▶▶▶ 북한 묘향산에 위치한
국제친선전람관 전경

전람관에는 중국의 마오쩌둥과 소련의 스탈린을 비롯해 전 세계 각국으로부터 받았다는 선물들과 외국어로 간행된 김일성 및 주체사상 관련 간행물들이 전시되어 있는 것으로 알려져 있다. 일종의 선물로 이어진 북한의 대외관계를 엿볼 수 있는 장소라 할 수 있다.

제4장

주요 도발 사건 편

　　　　　　지금까지 북한의 도발은 끊임없이 계속되었
다. 국방백서에 따르면 북한은 6·25남침 이후부터 2014년까지 1,968
건의 침투와 1,072건의 국지도발 등 총 3,040건의 대남도발을 일으켰
다. 이 중 427건은 2000년 남북정상회담 이후 일으킨 것이다.

　도발의 장소도 육·해·공을 가리지 않았다. 육상에서는 무장공비
남파, 땅굴, 비무장지대 총격, 군사분계선 월선 등을, 해상에서는 북방
한계선(NLL) 침범, 선박 포격, 어선 납치 등을, 공중에서는 항공기 납
치 및 폭파, 영공침범 등을 저지르며, 정전협정을 위반하고 대남도발을
감행했다.

　2000년대를 전후해서도 북방한계선(NLL)에서의 도발로 제1·2차
연평해전을 일으켰고, 2010년 3월에는 천안함 폭침과 11월 연평도 포
격 도발을 감행했다. 이뿐만이 아니다. 2006년 이후 다섯 차례의 핵실험
과 수차례의 장거리 미사일 발사를 강행했고, 사이버공격과 무인기 침
투, 그리고 잠수함 발사 탄도미사일(SLBM) 발사실험 등 도발의 형태는

점점 다양화되었고 도발의 강도는 고도화되어 왔다.

　지금까지 있었던 이 같은 북한의 대남도발은 매번 남북 간에 형성된 화해와 협력의 분위기를 깼을 뿐만 아니라 한반도를 심각한 군사적 긴장상태로 몰아가는 직접적인 요인이 되었다. 또한 북한의 도발은 도발—대화—보상—재도발이라는 일정한 패턴을 보여주는 특징도 있었다. 그러나 우리는 이런 북한의 대남도발에 대해 많은 것을 잊고 지내고 있고, 오히려 점점 익숙해져 가는 것은 아닌가 생각해본다.

　제4장에서는 과거 북한이 일으켰던 도발 중에서 대표적인 사례들을 선별해서 살펴보고자 한다. 구체적으로 1968년 1월의 청와대 기습 사건, 푸에블로호 나포 사건, 당포함 사건, EC-121기 사건, 판문점 도끼만행 사건, 아웅산 테러 사건, 1·2차 북핵 문제, 그리고 북방한계선(NLL)에 대한 것들이다.

32 1·21 청와대 기습 사건 ①

대통령 시해 목적 무장공비 31명
임진강 건너 서울로

6·25전쟁 이후 북한이 감행한 대남도발 중 가장 위협적이었던 사건은 무엇이었을까? 그동안 다양한 형태의 도발이 있었지만, 그중에서도 우리의 대통령을 목표로 했던 사건이 아닐까 싶다. 이런 경우는 1983년 10월 해외에서 전두환 대통령에 대한 테러 시도도 있었지만, 아무래도 그것의 첫 시도는 '1·21 청와대 기습 사건'일 것이다. 이 사건은 북한의 무장공비가 대한민국의 수도 서울에 있는 청와대까지 침투했다는 것만으로도 우리에겐 큰 충격 그 자체였었다.

1·21사태의 개요

1968년 1월 21일, 북한은 31명의 무장공비를 남파해 박정희 대통령을 시해하려 했다. 1·21 청와대 기습 사건(이하 1·21사태)이 바로 그것이다. 비록 오랜 시간이 지났지만 아직도 많은 이들이 생생하게 기억하고 있을 만큼 충격적인 사건이었다.

그러나 청와대를 습격하기 전 무장공비의 정체가 노출되면서 도발은 실패로 끝났다. 31명의 무장공비 중 28명은 사살되고 1명은 생포되었다. 2명은 다시 월북한 것으로 추정된다.[55] 이 사건은 당시 유일하게 생포된 공비의 이름을 따 '김신조 사건'으로도 불린다.

▶▶▶ 무장공비들이 철책을 넘는 모습을 재현한 모습
_경기 연천군 장남면 반정리 소재

당시 무장공비들은 청와대 습격에 대한 지령을 받고 1월 16일 황해도 연산을 출발했다. 이들은 1월 17일 23시경 한국군 군복을 입고 연천군 장남면 반정리의 남방한계선을 은밀하게 통과했다. 당시 이 지역은 미 2사단이 경계를 맡고 있었는데, 북한은 이곳이 상대적으로 경계가 취약하다고 생각한 것이었다.

이후 얼어붙은 임진강을 건너 서울을 향해 남하하던 무장공비들은 1월 19일 오후 2시경 파주 법원리 삼봉산에서 나무를 하던 민간인 4형제와 만나게 되면서 정체가 발각되었다. 이들 형제가 파주경찰서에 이 사실을 신고하면서 무장공비의 침투사실이 알려진 것이다. 그러나 이때까지 이들의 최종 목표가 청와대 습격이라는 것을 알지는 못했다.

이후 군·경의 검문활동이 강화되었다. 그러나 무장공비들의 행적은 한동안 확인되지 않았다. 검문활동이 공비들의 이동속도를 간파하지 못했던 것이다. 이들은 산악을 시속 10km라는 빠른 속도로 이동하

한 권으로 읽는 북한사

고 있었던 것이다.

그러던 중 1월 21일 밤 10시경 자하문 고개에서 검문 중이던 종로
경찰서장 최규식 총경과 첫 교전이 이루어지면서 본격적인 대간첩작
전이 전개되었다. 국방부 자료에 따르면 2월 3일까지 15일간 지속된
이 작전에 16개 부대 19,186명이 참가했고, 이 과정에서 31명이 전사
하고 51명이 부상을 입었다.[56]

124군부대 창설과 침투 목표

당시 침투한 무장공비들은 124군부대 소속이었다. 이 부대는 북
한 민족보위성(현재 인민무력부) 정찰국 소속의 특수부대였다. 생포된
김신조에 따르면 북한은 열성 당원 2,400명을 남쪽에 내려 보내기
위해 특수부대를 창설했다 한다. 이것은 제주도를 제외한 남한의 8개
도에 각각 300명씩 내려 보내기 위한 것이었다.

북한의 전직 고위관리였던 황일호에 따르면 당시 북한은 124군부
대 이외에도 283군부대, 567군부대, 198군부대 등을 창설했다 한다.
이들 부대는 124부대와 유사한 편제였으나 무장공격보다는 정치선전
선동과 정치공작을 기본 임무로 하였다 한다.

124군부대의 목표는 박정희 대통령과 청와대였다. 이들은 1월 21
일 저녁 8시를 청와대 습격시간으로 정했는데, 이날은 일요일이기 때
문에 대통령이 청와대에 있을 것으로 예상했다고 한다. 이들은 3~4분
만에 습격을 끝내고 청와대 차량을 탈취해 습격 당일 북으로 복귀하는
계획도 가지고 있었다.

김신조에 따르면 청와대를 목표로 삼은 것은 '박정희가 대남공작
을 탄압하여 1967년도에 남한 내 지하공작망의 1/3이 파괴되었는데,

박정희를 살해함으로써 간첩들의 사기 진작과 4·19 이후와 같이 무질서한 정국을 조성하는 데 있었다'고 한다.

이들은 남파 직전에는 황해북도 사리원의 노동당 청사를 청와대로 간주하고 습격훈련도 마친 상태였다. 당시 실전처럼 진행된 훈련으로 경비하던 노농적위대원 12명이 죽고 40여 명이 부상당했다고 한다.

그러나 이들의 최초 목표는 청와대만은 아니었다. 1968년 1월 2일 124군부대 부부대장 우명한 상좌로부터 받은 최초 지령은 청와대 외에도 미국대사관, 육군본부, 서대문형무소, 방첩대 서빙고 분실 등 네 곳의 목표물이 더 있었다. 이곳에서도 시설물 폭파와 요인을 암살하고 잡혀 있는 남파간첩들을 데리고 함께 월북하는 것이었다. 이를 위해 인원도 5개조 35명으로 편성되었다.

그러나 1월 13일 정찰국장 김정태가 31명이 청와대만 공격하는 것으로 계획을 변경했다 한다. 한꺼번에 다섯 곳을 습격하기보다 청와대를 먼저 공격하고 한두 달쯤 상황을 지켜보면서 다시 공격하는 것으로 계획이 수정된 것이다. 김정태는 6·25전쟁 당시 전선사령관이었던 김책의 아들이다.

124군부대 남파 배경

그렇다면 북한은 왜 124군부대를 남파시켰을까? 그것은 북한 내부 권력투쟁이 배경이었던 것으로 알려져 있다. 당시 북한에는 김일성 후계구도를 놓고 김영주, 김성애, 김정일, 그리고 김창봉으로 대표되는 군부 간의 심각한 갈등이 나타나고 있었다. 이런 상황에서 군부강경파가 이른바 '공적 쌓기' 목적에서 벌인 일이라는 것이다.

여기서 중요한 회의가 1967년 5월 개최된 노동당 제4기 15차 전원회의이다. 이 회의는 갑산파 숙청과 갑산파가 맡고 있던 대남사업이 군부강경파에게 돌아가게 되는 전환점이 되었다.

남파공작원 출신 김진계에 따르면 이 회의에서 당시 대남공작을 총괄하던 갑산파 출신이자 노동당 연락부장 이효순이 '3대 공포증'에 걸려 대남사업을 소극적으로 하고 있다며 심한 비판을 받았다 한다. 3대 공포증이란 공작원이 남한에 가면 변절을 잘하고, 남한 경찰수사 망이 깐깐하며, 남한주민들이 신고를 잘한다는 것이었다. 김일성도 "남 조선 혁명은 이효순이가 말아먹었다"고 질책하며, "혁명은 전면공격할 때만이 승리할 수 있다"고 강조했다는 것이다.

이 회의 이후 총정치국장 허봉학이 대남업무를 맡게 되었다. 군대 내 당조직의 최고책임자가 대남업무를 총괄하게 된 것이다. 여기에 민족보위상 김창봉, 정찰국장 김정태 등 군부강경파가 가세하게 되었 다. 이효순이 소극적인 대남사업으로 질책을 받은 만큼 이들은 대남사 업을 공격적으로 전개하였다.

황일호에 따르면 이들이 군과 대남공작부문을 장악한 이후 '남조 선 해방과 통일전략계획'이라는 자체 계획도 수립했다고 했다. 이 계획 은 7단계로 되어 있는데 크게 준비, 실행, 결속단계로 구분되었다. 그리 고 1967년부터 1968년도 초반까지 약 1년은 준비단계에 해당되었다.

이들 계획의 핵심 실현 수단이 바로 특수부대 조직이었다. 이들은 1960년대 전반기부터 민족보위성 내 특수부대에서 인원을 선발해 새 로운 '정예' 특수부대를 창설하고 훈련시켰다. 김신조의 124부대는 이 같은 배경하에서 서울로 내려오게 된 것이었다. 일부에서는 이것을 '제2의 6·25전쟁 계획'으로 부르기도 한다.

1968년 124군부대의 남파는 북한 내부 권력투쟁과 충성경쟁의 산 물이었다고 볼 수 있다. 결국 1960년대 후반 북한의 소위 군사적 모험주의는 군부 강경파의 후계구도 쟁취를 위한 '공적 쌓기'의 분위기 속에서 전개된 것으로 이해될 수 있을 것이다.

일부에서는 이 사건에 대해 베트남전쟁과 관계가 있다는 분석도 내놓고 있다. 1·21사태와 함께 이틀 뒤에 북한이 미 정보수집함 푸에블로호를 나포한 것은 국군의 베트남 파병을 막고, 미군의 관심을 분산시켜 결과적으로 호치민을 지원하려 했다는 것이다. 특히 이들 사건이 1월 30일 베트콩이 사이공에서 벌이는 '구정공세(Tet Offensive)'와 시기적으로 비슷하다는 점을 강조하기도 한다.

1·21사태는 북한이 무장공비를 서울에 남파하여 청와대를 기습하려 했던 충격적이고 중대한 사건이었다. 그만큼 후폭풍도 매우 거셌다. 이 사건이 대한민국에 어떤 영향을 미쳤고, 북한은 사건 주동자들을 어떻게 처리했는지 등에 대해서는 다음 회에서 계속 살펴보자.

예비군제도·주민등록증 신설 등
한국사회에 많은 영향 끼쳐

대한민국 대통령을 시해하려 했던 북한의 청와대 기습 사건은 실패로 끝났다. 그러나 이후 북한이 보인 태도는 뻔뻔했다. 책임인정과 사과는커녕 자신들은 이 사건과 무관하다고 억지 주장을 펴고 나섰다.

한편 국내에서는 이 사건을 계기로 예비군제도와 주민등록증이 신설되는 등 새로운 변화가 생겨났다. 이번에는 1·21사태가 한국사회에 미친 영향에 대해서 살펴보자.

북한의 책임 회피

이 사건에 대한 북한의 첫 입장이 나온 것은 사건 발생 3일 후인 1968년 1월 24일이었다. 이날 노동신문 1면은 이 사건에 대해 지면의 3/4을 할애하며 대대적으로 보도했다. 나머지 1/4은 1월 23일 북한이 동해에서 일으킨 푸에블로호 나포에 대한 기사였다. 지면의 크기로만

본다면 미국 군함을 나포한 것보다 1·21사태를 3배는 더 크게 보도한 것이다.

그러나 그 내용은 책임회피와 핑계로 일관했다. 북한은 무장공비에 대해 '무장유격대'라는 표현을 쓰면서 이들을 마치 남한지역에서 자생적으로 출현한 조직으로 둔갑시켰다. 그리고 '무장유격대'가 서울뿐만 아니라 경기도 평택과 경남 의령 등 전국 각지에서 출현하고 있다고 호도했다. 무장공비는 자신들과는 관계없는 남한의 자작극이라며 '생떼'를 쓴 것이다. 그 결과 북한은 사살된 무장공비들의 시신 인수도 거부했다. 공비들은 현재 경기도 파주의 '북한군·중국군 묘지(일명 적군 묘지)'에 안장되어 있다.

북한이 이 사건을 자신들의 소행이라고 인정한 것은 사건 발생 4년 뒤인 1972년 5월이었다. 당시 김일성은 평양을 극비리에 방문한 이후락 중앙정보부장과의 면담에서 이 사건에 대해 '군부 일각의 좌경모험주의자들의 행동이었다'면서 박정희 대통령에게 사과의 뜻을 전해달라고 했다. 1·21사태에 대한 북한 최고지도자의 첫 언급이자 사과였지만, 부하들에게 책임을 전가한 비공개 유감표명에 그쳤다.

사건 관련자에 대한 처벌

그렇다면 김일성이 인정한 좌경모험주의자들은 어떻게 처벌되었을까? 북한 대남공작분야의 핵심간부였던 황일호의 증언에 따르면, 이 사건의 책임자였던 김창봉 민족보위상과 김정태 정찰국장은 사건 직후 한동안은 아무런 처벌도 받지 않고 건재했다고 한다.

그 이유는 김창봉이 이 사건을 '124군부대 부대장과 특수정찰국의 일부 부장들이 공명심에 사로잡혀 자기들끼리 계획을 세워 실행하다가 실패로 끝난 사건'이라고 '허위보고'를 했다는 것이다. 당시 김일성은 김창봉을 신임하고 있었기 때문에 그의 말을 그대로 믿었다. 정찰국장 김정태도 건재했다. 김정태는 1968년 10월 원산항에서 남파간첩들이 출발할 때 격려까지 하며 건재해 있었다. 북한은 1968년 10월 30일부터 11월 2일 사이 3회에 걸쳐 총 120명의 무장공비를 선박을 이용해 울진과 삼척지역에 내려 보내 이른바 '해방촌' 건설을 시도했지만 실패에 그쳤었다. 결국 1·21사태로 124군부대장만 20년 징역형에 처해지는 등 '실무자'들만 처벌을 받고 사건은 마무리되는 듯했다.

그러나 문제는 1968년 11월 다시 불거졌다. 김창봉으로 대표되는 군부강경파와 김일성의 동생이자 당시 당조직지도부장 김영주 간의 권력 갈등과정에서 이 사건이 다시 거론된 것이다. 김영주가 두 차례에 걸쳐 군부에 대한 집중 검열을 실시했고, 이 과정에서 사건의 전모가 밝혀지게 된 것이다.

그 결과 1969년 1월 북한군 당위원회 전원회의가 개최되고 민족보위상 김창봉과 총정치국장 허봉학은 이 사건의 책임을 지고 숙청되었다. 정찰국장 김정태도 역시 숙청되었다. 그러나 김정태는 김일성의 빨치산 동료였던 김책의 아들답게 지방에서 3년간의 노동형을 받은 뒤 대흥총국 부총국장으로 복직되었다.

북한이 김창봉 등 사건 주도자에 대해 처벌한 것은 사건을 일으킨 것에 대해 책임을 물은 것이라기보다는 권력투쟁에서 하나의 처벌 명분으로 작용했던 측면이 강해 보인다. 김일성이 좌경모험주의자들 탓을 했듯이, 북한은 이 사건에 대해 진정으로 반성은 하지 않은 것이다.

대한민국에 미친 영향

북한 무장공비의 '목표'가 되었던 박정희 대통령의 반응은 1968년 2월 1일 서울-수원 간 고속도로 기공식 연설에서 나왔다. 박 대통령은 북한을 향해 '참는 데에도 한계가 있다는 것을 엄숙하고도 분명히 경고한다'며 북한의 도발행태에 대해 강력히 경고했다.

일국의 대통령이 공개적으로 경고를 보낼 만큼 1·21사태는 우리에게 대단히 충격적인 사건이었다. 그만큼 대한민국에 미친 영향도 많았다. 역사적 제도주의 학파에서 주장하는 것처럼 이 사건은 우리사회의 '결정적 전환점(Critical Junctures)'이 되었다고 평가할 수 있다.

이 사건 이후 우리사회에는 여러 변화가 나타났다. 가장 대표적인 변화 중 하나가 1968년 4월 1일 향토예비군 창설이었다. 사실 향토예비군 설치법은 1961년 12월 27일 제정되었다. 그러나 시행령과 시행규칙이 제정되지 못하는 등 진전되지 못하고 있었다. 그러나 1·21사태 이후 총 166만여 명의 조직편성을 완료하고, 4월 1일 대전 공설운동장에서 창설식을 갖게 된 것이다.

또한 1968년 4월 5일에는 전국 고교·대학생 전원에게 군사훈련을 실시키로 결정했다. 정부 차원의 전시 대비훈련의 필요성에 따라 현재 매년 시행되고 있는 을지연습도 1·21사태로 생긴 것이다. 주민등록증 발급도 마찬가지다. 이것은 1962년 공포되었으나

▶▶▶ 1968년 4월 1일, 향토예비군 창설식에 참가한 박정희 대통령 _국가기록원

이 또한 별다른 진전이 없었지만 이 사건을 계기로 주민등록번호와 주민등록증이 도입된 것이다.

영화 '실미도'로 알려진 684부대 또한 이 사건과 관련이 있다. 북한 무장공비의 청와대 습격에 대응하는 일종의 '보복작전'이자 맞대응전략 (Tit for Tat)으로 나온 것이 이 부대였다. 이들은 이른바 '김일성 주석궁'을 폭파하는 것을 목적으로 만들어진 특수부대였지만, 계획이 실행으로 이어지지는 않았다.

| Remember 1·21!

1·21사태가 발생하기 전 정부는 1967년 북한 상황을 분석하여 1968년 초 무장 게릴라의 남파 가능성을 예상하고 있었다. 박정희 대통령도 이런 가능성을 보고받고 1968년 1월 6일 강원도 원주에서 치안회의를 개최하기도 했다. 박 대통령은 치안회의에서 유시(諭示)를 통해 '북한은 그 규모와 성격에 있어서 전혀 새로운 형태의 만행을 감행하여 우리의 전진을 방해하려 하고 있다'고 지적했다.

박 대통령은 1월 15일 있었던 연두 기자회견에서도 북한의 군사 도발 가능성에 대해 또 한 번 언급하였다. 대통령은 '그동안 우리가 들은 여러 정보로는 김일성이가 유격대를 남한에 침투시켜 6·25전쟁 이전 지리산, 오대산 지구의 게릴라 책동 같은 것을 꿈꾸고 있는 것 같다'고 했다. 그러면서 군·경 그리고 민간이 모두 이에 대해 철저히 대비할 것을 강조했다.

북한은 우리 정부의 '예상'을 맞춰주기라도 하듯 무장공비를 남파시켰다. 1968년 말에도 제124군부대 소속 무장공비 120명을 울진·삼척지구에 침투시키는 만행도 감행했다. 북한의 도발은 실패했지만,

▶▶▶ 1968년 1월 6일, 강원도 원주 1군 사령부에서 개최된 국가비상회의 모습
 _육군역사사진집

특수훈련을 받은 무장공비들이 대한민국의 심장부인 서울에 침투하면서 많은 사회적 혼란을 야기했다. 그러나 그 피해가 이 정도에서 그칠 수 있었던 것은 무장공비를 신고한 나무꾼 형제와 같은 민간의 신고정신과 사전에 제대로 된 정보판단을 통해 이에 대비했던 정부의 노력이 주효했다고 할 수 있다.

　1·21사태 이후에도 북한의 도발은 끝이지 않고 지속되었다. 최근까지도 천안함 폭침 사건이나 연평도 포격 도발, 그리고 무인기를 이용한 도발 등 그 형태만 바뀌었을 뿐 도발은 계속되고 있다. 이런 점에서 최근 1·21사태를 잊지 말고, 교훈으로 삼자는 움직임이 군내·외에서 진행되고 있는 것은 매우 다행스럽다 할 것이다.

　'Remember 1·21!'

　우리가 잊는 순간 북한의 도발은 언제나 되풀이된다는 사실을 기억하자.

한 권으로 읽는 북한사

34 푸에블로호 사건 ①

北, 계획된 나포로
미국과 첫 비밀협상 성사시켜

        북한 무장공비의 청와대 습격 시도가 실패한 지 이틀 뒤 북한은 또 한 번의 충격적인 도발을 일으켰다. 이번에는 미국 군함을 나포한 것이다. 원산 앞바다를 항해하던 미 해군소속의 푸에블로호를 전투기와 경비함을 이용해 강제로 나포한 것이다. 이 사건으로 한반도의 위기는 6·25전쟁 이후 최고조로 치닫게 된다.

북한의 미 정보수집함 나포

푸에블로호(The USS Pueblo) 사건은 북한이 1968년 1월 23일 낮 2시경 원산 앞바다에서 미 해군 소속의 정보수집함을 강제로 나포한 사건이다. 당시 푸에블로호는 1월 11일 일본 사세보를 출항하여 북한과 소련지역의 전자정보를 수집하고, 청진, 원산 등에서 북한 해군활동을 조사 후 2월 4일 다시 사세보로 돌아올 예정이었다.

나포 당시 푸에블로호에는 83명의 승무원이 타고 있었는데, 이들은

▶▶▶ 푸에블로호 모습('GER-2'는 2번째
해양조사선이란 의미다) _미 해군

12월 23일 송환되기까지 북한에 억류되었다. 승무원 1명은 나포 당시 총격전으로 사망했다. 배는 48년이 지난 현재까지 돌아오지 못하고, 평양의 '전승기념관'에 '선전물'로 전시되고 있다.

푸에블로호는 1944년 미 육군에서 건조한 수송선이었다. 선체 길이 54m, 총 배수량 895톤으로 비교적 작은 배였다. 1954년 '퇴역' 후 방치되고 있던 것을 1966년 미 해군에서 인수하여 정보수집함으로 개조한 것이었다.

푸에블로라는 이름은 미국 콜로라도주의 한 도시이름으로 1967년 5월 푸에블로 시장(mayor)이 성공적 항해를 기원하는 전문을 보내주기도 했다. 배의 외부에 쓰여진 'GER-2'라는 글자는 2번째 해양조사선(General Environmental Research)이라는 의미로 당시 미 해군에는 이런 배가 3척 있었다.

미국과 북한의 '첫 정부 간 협상'

사건 직후 미국은 승무원 송환을 위해 가능한 모든 수단을 강구했다. 유엔에 제소하고 소련에 협조를 요청하는 등 외교적 조치와 항공모함 엔터프라이즈호를 동해로 급파하는 등 군사적 대응을 병행했다. 핵무기 사용도 고려되면서 한반도의 긴장은 급격히 고조되고 있었다.

미국과 북한의 첫 접촉은 사건 하루 뒤인 1월 24일 판문점 군정위에서 이뤄졌다. 그러나 별다른 해결책을 찾지는 못했다. 군정위는 공개된 회의였기에 정보함의 나포와 승무원 송환이라는 민감한 문제를 논의하기에는 적합하지 못했다.

그러던 중 1월 27일 북한이 중립국감독위원회를 통해 물밑 접촉을 제의해왔다. 군사적 대결이 아닌 대화로 해결하자는 것이었다. 미국도 승무원들을 구하는 데는 협상이 나을 것으로 판단하고, 북한의 제의를 수용하게 된다.

드디어 2월 2일 판문점 중감위 회의실에서 첫 번째 비밀회담이 열렸다. 이 회담은 대한민국이 빠졌지만 기존 군정위회담과 같은 것이었다. 양측의 군정위 대표들이 참가했다.

그러나 이날 미국 대표의 발언과 이에 대해 북한 대표의 이의제기로 회담은 '양국 정부 간 협상'으로 성격이 '격상'되게 된다. 그 내용은

▶▶▶ 미국과 북한의 협상 장면. 우측에서 두 번째 인물이 북한 측
수석대표 박중국이다 _북한기록영화

이랬다. 스미스 제독이 '푸에블로호는 유엔사의 지휘하에 있지 않고 미 태평양함대에 소속되어 있다'고 발언하자 북한 대표 박중국이 '그렇다면 이것은 군정위에서 다룰 것이 아니라 북한과 미국 간에 다루어져야 할 사안'이라고 맞선 것이다. 2월 5일 3차 회의에서 스미스는 자신이 '미국 정부의 전권을 가진 대표'라고 했고, 북한은 이 접촉을 '미국 정부와 북한 정부 간의 회담'이라고 규정했다.

비록 미국은 이 회담을 '사적 만남(Private Meeting)' 또는 '비밀 만남(Closed Meeting)'이라 표현했지만, 외형상으로는 푸에블로호 사건을 계기로 사상 처음으로 '양국 정부 간 첫 협상'이 성사된 것이다. 이것은 북한이 남한을 봉쇄하고 미국과 접촉한다는 이른바 통미봉남(通美封南) 전략의 첫 사례이기도 했다.

┃ 이상한 합의? '사죄문과 인수증'

협상의 핵심 쟁점은 푸에블로호의 영해침범 여부와 승무원 송환 문제였다. 그러나 협상은 팽팽한 대립 속에 평행선을 그리고 있었다.

그러던 중 1968년 5월 8일 개최된 16차 회의에서 일부 변화가 나타났다. 교체된 미국 대표가 처음 참가한 이날 회의에서 북한은 자신들이 작성한 이른바 '사죄문' 견본을 미국에 제시한 것이다. 그 내용은 북측이 이전까지 주장했던 내용, 즉 3A로 일컬어지는 영해침범 인정(Acknowledge), 사과(Apologize), 재발방지 약속(Assurance)을 담고 있었다. 북한은 이 '사죄문'에 미국 대표가 서명하면 승무원을 풀어주겠다고 했다. 그러나 미국은 북한의 제안을 거부했고, 협상은 또 진전 없이 시간만 흘러갔다.

1968년 11월 5일 미국 대통령선거에서 공화당의 닉슨 후보가 당

선되면서 협상에 변화가 나타났다. 미국은 성탄절 전에 승무원을 데려오길 원했고, 북한도 닉슨 행정부 출범 전에 협상이 마무리되길 원했다. 서로의 이해관계가 일치되면서 12월 17일 양측은 다시 만났다. 26번째 회담이었다.

이날 회담에서 미국은 두 가지 방안을 제안했다. 하나는 미국 대표가 북한이 제시하는 사과내용이 인쇄된 문서상에 '승무원을 인수한다'는 내용을 직접 자필로 쓰겠다는 것이었다. 이른바 덧쓰기(overwrite) 방안이었다. 미국은 북한이 작성한 사과내용은 무시하고, 미국 대표가 자필로 쓴 부분만을 인정하겠다는 것이었다. '사죄문'을 '승무원 인수증(引受證)'으로 만들려는 의도였다.

또 다른 제안은 아예 처음부터 북한이 승무원 인수내용을 포함하여 문건을 만들어 오면 미국 대표가 서명해 주겠다는 것이었다. 다만, 서명 전에 문서의 내용을 부인(否認)하는 성명을 발표하겠다는 것이었다. 성명의 내용은 미국은 북한이 제시한 문서의 내용은 인정하지 않으며, 승무원 송환을 위해 '어쩔 수 없이' 서명한다는 것이 골자였다.

북한은 미국의 두 번째 제안을 수용했다. 자신들이 제시한 '사죄문'에 미국 대표가 서명하고, '부인성명' 발표의 기회를 주겠다는 것이었다.

사건의 종결과 북한의 허위선전

1968년 12월 23일 판문점에서 양측은 마지막으로 만났다. 2월 2일 첫 회담을 시작한 이후 29번째였다. 북측이 준비한 문건에 미국 대표 우드워드 장군이 서명했다. 물론 이 문건의 내용을 인정하지 않는다는 부인성명도 발표했다. 이후 승무원들은 함장 부쳐(Lloyd M.

Bucher) 중령을 선두로 '돌아오지 않는 다리'를 통해 송환되었다. 승무원들이 다시 자유의 품에 안기는 것이자 335일 만에 사건이 종결되는 순간이었다.

북한은 승무원이 송환된 다음날인 12월 24일 자 노동신문에 이 사건을 대대적으로 보도했다. 핵심은 미국에 대한 '북한의 승리'라는 것이었다. 미국 대표가 서명한 '사죄문'도 함께 게재했다. 이른바 승리의 '증거'라는 것이었다. 그러나 신문에 보도된 '사죄문'은 조작된 것이었다. 승무원을 인수한다는 내용의 2줄은 삭제하고 미국이 사과한다는 부분만 있었다. 이 변형된 '사죄문'은 현재도 북한의 선전용으로 악용되고 있다. 북한의 간악한 선전술책인 것이다.

▶▶▶ 노동신문이 보도한 미국의 '사죄문(좌: 한글, 우: 영문) 본문 하단의 공백부분에는 2줄이 더 있었는데 북한은 이 부분을 삭제했다
_노동신문

35 푸에블로호 사건 ②

푸에블로호 나포 직후
전쟁에 대한 공포로 엄청난 혼란 겪어

그렇다면 북한은 왜 푸에블로호를 나포했을까? 그리고 억류된 승무원들은 어떻게 지냈을까? 북한 내부에 일었던 전쟁에 대한 공포감은 어느 정도였을까? 그 속에 담긴 이야기를 살펴보면 북한의 의도를 찾을 수 있을 것이다.

북한에 들이닥친 전쟁의 공포

푸에블로호 나포 직후 북한 전역에는 전쟁의 공포가 들이닥쳤다. 탈북자들은 당시의 위기상황을 생생히 증언하고 있다. 공작원 출신 김진계에 따르면 나포 직후 동해에는 미 제7함대 소속의 항공기가 구름같이 하늘을 덮었고, TV에서는 종일 군가가 나오면서 전쟁의 공포가 전염병처럼 퍼지고 있었다 한다. 주민들은 핵전쟁이 일어날 거라며 산으로 대피하거나 휴전선 근처에 사는 주민들이 후방의 친척집으로 피난오는 경우도 있었다. 집집마다 불필요한 것을 팔아 비상식량을 구하기도 했는데, '김일성 선집'을 팔아 식량을 구하려는 이들도 있었다.

전 북한군 사단 정치위원 여정은 사건 당시 종파분자로 몰려 자강도 강계의 한 감옥에 수감 중이었는데, 전쟁의 위기는 원산에서 200km 떨어진 그곳에까지도 미쳤다. 여정에 따르면 이 사건으로 간수들은 권총으로 무장하고, 등화관제를 실시하는 등 경비가 강화되었다. 그러나 이 상황에서 간수들은 전선으로 차출될 것을 두려워하고 있었다 한다.

전 북한군 조종사 이웅평도 자신의 아버지가 함경도로 소개(疏開)될 수 있으니 짐을 싸 놓으라 했다고 증언한 바 있다. 최근 공개된 루마니아 외교문서에 따르면 사건 당시 북한은 평양에 주재하는 외국 대사관에까지 전쟁이 일어날지도 모른다며 방공호를 팔 것을 요구했었던 것으로 나온다.

그러나 북한을 엄습했던 전쟁의 공포는 그리 오래가지 않았다. 사건 발생 10여 일 뒤인 2월 2일 미국과 북한의 협상이 시작되면서 점차 수그러들었다. 북한은 미국에게 협상의 전제조건으로 동해안에 전개되어 있는 군대의 철수를 요구했었다.

위기가 가라앉자 김일성은 북한군 창건 20주년(2.8) 연설에서 "보복에는 보복으로, 전면전쟁에는 전면전쟁으로 대답할 것"이라며 그제서야 '큰 소리'를 치기 시작했다.

왜 푸에블로호를 나포했나?

그렇다면 북한은 왜 푸에블로호를 나포한 것일까? 이 부분에 대해 많은 학자들이 관심을 갖고 나름대로의 분석을 내놓은 바 있다. 이들의 분석은 대체로 세 가지로 미국의 군사력을 한반도에 분산시켜 베트남을 지원하려 했다는 점, 1·21사태의 관심을 다른 곳으로 돌리기 위해서였다는 점, 공화국 창건 20돌(9.9)을 맞아 경제침체에 대한 원인과 주민들의 불만을 다른 곳으로 돌리기 위해서였다는 점 등이다. 이외에 소련의 지시에 의한 이른바 소련사주설도 있다.

최근에는 김일성이 호치민을 지원하기보다 오히려 국제적 관심이 베트남으로 향하는 것을 막고, 김일성 자신이 국제적 관심을 받기 위해 도발을 저질렀다는 주장도 제기되고 있다. 그리고 이 사건을 통해 북한이 당시 갈등관계에 있던 중·소로부터 지지를 이끌어냄으로써 한반도에서 적과 아군의 '대결전선'을 명확히 했다는 분석이 힘을 얻고 있다. 그러나 북한 내부문서가 공개되기 전까지 북한의 나포 동기에 대한 논쟁은 앞으로도 계속될 것으로 보인다.

그러나 분명한 것은 북한의 도발은 의도적이었다는 점이다. 북한은 적어도 사건 발생 2일 전에 푸에블로호의 존재를 확인했고, 이를 나포하기 위한 계획도 수립했다. 특히 이 과정에는 김정일이 직접 개입해 해군사령관에게 나포 방법까지 일러주었다는 것이 북한 문헌과 고위 탈북자의 공통된 증언이다. 북한도 이 사건을 김정일 선군정치의 '심화발전과정'이었다고 선전하고 있다.

인질로서 승무원 활용

약자가 강자와의 협상에서 인질은 대단히 효과적인 수단이다. 북한은 억류한 승무원들을 인질로 활용하며 미국과 협상해 나갔다. 미국이 군사적 대응을 접고 협상에 나온 것도 83명의 미국시민, 즉 승무원을 구하기 위해서였다.

그렇다면 승무원들은 억류기간 중 어떻게 생활했고, 북한은 이들을 어떻게 활용했을까? 승무원들은 나포 당일 야간기차로 평양으로 옮겨졌다. 북한이 주장하는 영해침범이라면 적어도 며칠은 원산에 억류하는 것이 맞을 법한데도 북한은 그러지 않았다.

이후 승무원들은 12월 23일 송환되기까지 두 곳의 시설에 수용되었다. 나포 직후에는 군대교육장으로 사용되던 열악한 시설에 수용되어 잦은 구타와 고문, 협박을 당했다. 승무원들은 이곳을 '헛간(barn)'이라 불렀다.

▶▶▶ 북한이 선전용으로 찍은 억류된 승무원들 사진
_북한기록영화

그러나 미국과 북한의 협상이 진행되면서 대우는 나아졌다. 숙소는 3월 4일 야간에 평양 교외의 장소로 옮겨졌다. 복도가 대리석으로 장식된 3층짜리 '좋은 건물'이었다. 그곳은 1967년 10월 평양에서 개최된 '사회주의 국가 군대 3종 경기대회'에 참가한 외국 선수들이 묵었던 숙소였다. 승무원들은 풀려나기 전까지 이곳에서 생활했다.[57] 구타는 줄었고, 체육활동을 시켜주는 등 대우가 바뀌었다.

미국과의 협상이 진행되는 동안 북한은 승무원들을 협상과 선전수단으로 활용했다. 승무원들에게 강요하여 이른바 '자백서', '청원서' 등을 작성케 했고, 이것을 13차례나 노동신문에 보도했다. 심지어 이것

▶▶▶ 기자회견에 참석한 기자들의 모습 _북한기록영화

을 미국 본토의 승무원 가족이나 언론사에 보내기도 했다. 또 미국 협상대표에게도 보여주며 자신들의 주장이 정당하다고 억지도 부렸다.

9월 12일에는 34개국 기자들을 불러 모아 5시간 넘게 기자회견도 개최했다. 회견내용은 북한의 '대본'에 따른 것이었다. 북한은 기자들에게 승무원들이 생활하는 숙소도 보여주며 자신들은 인도주의적으로 승무원들을 대우하고 있다고 주장했다.

북한은 승무원을 대상으로 매주 2회씩 총 8시간에 걸쳐 공산주의 사상을 교육하고, 자신들의 선전 책자를 읽게 했으며, 선전영화도 보게 했다. 6·25전쟁 당시 미군이 자행했다고 주장하는 신천대학살 기념관에 견학을 시키기도 했다. 북한은 이 모든 것이 김정일의 전략이었다고 선전하고 있다.

푸에블로호 사건의 영향

이 사건 이후 북한은 미국에 대해 '자신감'을 갖게 되었다. 미국의 친미인사들을 평양으로 초청하며 이른바 '인민외교'를 전개했고, 1973년에는 뉴욕에 대표부도 개설했다. 매년 나포일인 1월 23일이 되면 미국을 향해 푸에블로호 사건에서 '교훈'을 찾으라며 큰 소리도 치고 있다.

북한은 사건 이후 전개된 대미협상에서도 푸에블로호의 경험을 활용하고 있다. 일례로 2009년 3월 두만강지역에서 취재 중이던 미국 여기자 2명을 인질로 잡은 뒤, 클린턴 전 대통령을 평양으로 불러들였고, 최근에도 미국인을 인질로 잡고 미국 고위인사의 평양방문을 요구한 바 있다. 승무원이라는 인질 대신 핵이나 미사일 등으로 미국의 관심을 끌고, 협상과 보상, 또 도발을 저지르는 행태 또한 이 사건 이후 반복된 모습이라 할 수 있다.

푸에블로호 사건은 1968년 12월 23일 승무원들이 송환되면서 일단락되었다. 그러나 북한은 아직까지도 배는 돌려주지 않고 있다. 미 해군에서는 푸에블로호를 현재도 미귀환 군함으로 관리하고 있고, 미국 정치인들은 수시로 푸에블로호의 반환을 촉구하고 있다. 이 사건은 비록 40여 년도 더 지난 '과거의 사건'이 되었지만 그 영향은 아직도 진행형인 것으로 보인다. 앞으로 푸에블로호의 운명은 어떻게 될까? 관심을 갖고 지켜보자.

30 당포함 사건

北 기습도발로
해군 장병 39명 전사한 '비극적 사건'

푸에블로호 나포 사건이 발생하기 1년 전인 1967년 1월 동해안에서는 한국해군 경비함이 북한 해안포에 피격되어 침몰되는 사건이 일어났다. 2010년 3월 서해에서 천안함 폭침 사건이 발생하자 언론에서는 1967년 당포함의 피격 사건을 함께 보도하기도 했는데, 천안함과 당포함 사건은 북한이 우리 해군군함에 대해 공격을 감행했고, 그 결과로 해군 장병들이 목숨을 잃었다는 점에서 유사했다.

당포함 사건

당포함 사건은 1967년 1월 19일 동해 북방한계선 부근에서 한국해군 동해경비분대 소속의 당포함(PCE-56, 650톤급)이 어로(漁撈) 보호작전 중 북한 해안포의 기습공격으로 침몰된 사건이다.

어로 보호작전은 북방한계선 부근에서 조업하는 우리 어선들을 북한 경비정의 나포 위협으로부터 보호하는 작전이었다. 이 작전은 어획

▶▶▶ 당포함이 북한 해안포에 피격되어 침몰하는 모습

량 증대와도 관련되어 국가경제 측면에서도 중요한 임무였다. 그러나 당시 어선들은 북방한계선 근처로 갈수록 어획량을 늘릴 수 있었기 때문에 조업활동 중 간혹 북방한계선을 넘는 경우가 있었다. 그리고 북한 경비정은 이런 어선을 강제로 나포하려고 시도하곤 했다.

사건 당일에도 당포함은 70여 척의 명태잡이 어선을 보호하는 임무를 수행 중이었다. 이날도 일부 어선이 북방한계선 근처까지 올라가 조업하고 있었고, 북한 경비정 2척이 우리 어선을 지켜보다 나포를 시도하였다.

이에 대응하여 당포함이 우리 어선들을 남하시키려는 과정에서 북한 해안포의 기습적인 공격을 받게 된 것이다. 이날 당포함은 북한 해안포로부터 20여 분간 280여 발의 집중포화를 받았다. 당포함은 170여 발의 함포를 쏘며 응전했지만 결국 침몰하고 말았다. 이 교전으로 79명의 승조원 중 39명이 전사하고, 30명이 중경상을 입었다. 당포함이 공격을 받자 인근 해군함정이 함께 대응하며 지원하고, 공군 전투기도 투입되었지만, 더 이상의 확전 없이 사건은 종결되었다.

북한의 계획된 기습도발

사건 이후 북한은 당포함이 자신들의 '연해(영해)'를 침범했고, 자신들의 행위는 이에 대한 '정당하고 자위적인 조치'였다고 주장했다. 그러나 당포함 사건은 북한의 계획된 기습도발이었다.

북한 경비정 2척이 우리 어선을 나포하려고 한 것은 당포함을 유인하기 위한 것이었다. 당포함이 북방한계선을 넘자마자 아무런 경고 없이 이미 준비해 놓았던 해안포 공격을 가한 것이다. 그것도 불과 20분 만에 280여 발을 발사했다. 결국 이 사건은 당포함을 유인하여 공격하려 했던 북한의 술책이었던 것이다.

북한은 사건 나흘 뒤인 1월 23일 자 노동신문에서 사건 당시 '미 태평양지구 육군사령관과 유엔군사령관이 함께 동해안을 시찰 중이었고, 당포함의 침몰 모습을 직접 보았다'고 주장했다. 사실 여부는 확인되지 않지만, 이것이 맞는다면 북한은 도발 날짜와 시간까지 고려한 것이라 할 수 있다.

북한은 자신들의 입장을 선전하기 위해 1월 21일 외무성이 주관하여 내·외신 기자회견도 개최했다. 군사 문제를 외무성이 주관하여 기자회견을 하는 것은 대단히 이례적인 것이었다.

그렇다면 북한은 왜 당포함을 공격했을까? 그것은 당시 동·서해에서 빈번하게 일어나고 있던 해상충돌에서 그 원인을 찾을 수 있다. 당포함 사건이 있기 6개월 전인 1966년 7월 29일에도 동해에서 이와 유사한 사건이 있었다. 이때는 북한 무장선박 9척이 어선으로 가장해 북방한계선 남쪽에 침범한 후 해군 초계정 PCS-202호를 나포하려고 시도했었다. 그러나 양측의 교전 결과 오히려 북한 선박 1척이 침몰되었다.

이 사건 이후 북한은 우리 해군함정과 어선에 대해 공격적인 태도를 보였다. 1966년 11월 22일에는 동해상에서 초계 중인 우리 해군함정을 향해 해안포 40발을 발사했고, 11월 29일에는 우리 측 어선 2척에 기관총 사격을 가하고 어선과 어부 8명을 납치해 갔다. 이 같은 일련의 해상 충돌과정 속에서 북한의 '보복공격'으로 당포함 사건이 발생했던 것이다.

| 또 다른 도발의 시작

사건 이후 북한의 태도는 매우 뻔뻔했다. 북한은 당포함을 경호임무를 하는 군함이라며 '경호함 56호'로 불렀다. 그러나 당포함을 한국 해군이 아니라 미국군함이라고 우겨댔다. 이런 북한의 억지 주장은 '일관'되었다. 1월 21일 개최된 제293차 군정위 본회의에서도 그랬고, 1월 20일부터 28일까지 노동신문에 사건을 보도하면서도 그랬다. 1987년에 발행된 북한의 공식문헌에서도 마찬가지였다. 어디서도 당포함을 한국해군이라고 부르지 않았다.

그러면서 외무성 기자회견을 통해 모든 책임을 미국에게 돌렸다. 미국이 1966년 10월 존슨 대통령의 방한 이후 '전쟁 도발책동을 노골화하고 있다'고 주장했

▶▶▶ 1967년 1월 23일 자 노동신문에 보도된 상황도
당포함을 '미국측 경호함 56호'라고 쓰고 있다
_노동신문

다. 당시 존슨 대통령은 1966년 10월 31일부터 2박 3일간 방한했다. 존슨은 베트남전쟁에 한국군이 파병된 것을 의식한 듯 3일간의 짧은 기간 동안 다양한 일정을 보냈다. 한미 정상회담을 통해 주한미군 불감축, 국군현대화 등에 합의하였고, 중부전선을 시찰했고, 베트남전쟁에서 전사한 이인호 소령의 미망인에게 미 은성훈장을 전달하는 등 한미 동맹의 결속도 굳건히 하였다. 북한은 이를 전쟁도발이라고 억지 주장을 한 것이다. 그리고는 이번 당포함 사건은 자신들의 '4대 군사노선의 정당성을 보여주는 것'이라고 주장했다. 한마디로 적반하장(賊反荷杖)이었다.

그렇다면 북한은 왜 미국을 걸고 넘어간 것일까? 사건 이후 김정일의 발언을 보면 이것은 체제내부 결속을 위한 목적으로 보인다. 김정일은 1967년 7월 3일 당 선전선동부 일꾼들과 한 담화에서 지금 정세는 매우 긴장되어 있고, '경호함 56호' 격침 사건을 계기로 적들의 전쟁도발책동이 더욱 증가하고 있고, 베트남에서의 전쟁의 불길이 언제 우리나라에 번져올지 모르는 상황이라고 강조했다. 그렇지만 북한이 추진하는 경제·국방병진 노선에서 '혁명적 앙양'은 나타나지 않는다고 비판하며 선전선동부의 역할을 강조했다. 결국 위기를 고조시킴으로써 체제 결속과 병진노선의 추진을 강조한 것이다.

일부에서는 북한이 중·소와 소원해진 시점에 미국에 대해 '사고'를 침으로써 중·소의 관심을 끌고, 북·중·소 3국의 결속력을 다지려는 속셈이었다는 평가를 내놓기도 한다.

결과적으로 당포함 사건은 1차적으로는 대한민국 해군에 대한 계획된 기습 보복공격이었고, 2차적으로는 미국을 억지로 끌어들여 체제 내부 결속과 대외 선전전에 활용한 사례가 될 것이다.

그러나 북한의 미국에 대한 경고는 정확히 1년 뒤인 1968년 1월

23일, 원산 앞바다에서 미 해군의 정보수집함 푸에블로호를 나포하며, 또 하나의 비극적인 사건으로 나타났다. 이 점에서 당포함 사건은 1960년대 후반 북한의 호전적 도발의 시작이었다고 할 수 있을 것이다.

1960년대 북한의 대남 군사도발

북한의 군사적 도발은 휴전 이후부터 끊임없이 계속되었다. 특히 1960년대는 도발이 최고조였던 때이다. 국방백서에 따르면 1953년부터 2014년까지 북한의 침투 및 국지도발은 총 3,040건이며, 이 중 1,340건이 1960년대에 발생했다. 타 시기에 비해 압도적으로 많은 수치다. 주한미군 자료에도 휴전 이후부터 1982년까지 북한의 적대행위로 191명의 미군 사상자가 발생한 것으로 나오는데, 이 중 70% 이상이 1967~1968년에 발생한 것으로 되어 있다. 또 민간단체 자료에는 1955~1995년까지 모두 447명이 납북되었는데, 이 중 1967~1970년에 발생한 것이 233명으로 전체의 절반을 넘는 것으로 되어 있다.

이런 자료들은 북한의 대남 군사도발이 1960년대 후반에 매우 집중적이고 극렬하게 이루어졌음을 보여준다. 그래서 전문가들은 이때를 북한의 '군사모험주의 시기'라고 부른다.

그렇다면, 1960년대 후반 북한의 군사도발이 가장 많았던 이유는 무엇 때문일까? 그것은 몇 가지 이유가 복합적으로 작용했다는 것이 공통된 분석이다. 이 시기 북한은 중소분쟁으로 지원이 줄고 있는 상황에서 남한에 확고한 반공정부가 출범하고, 베트남전쟁이 확대되는 것을 지켜보면서 심각한 안보위기를 느끼고 있었다. 또 안보위기 속에서 채택한 경제와 국방의 병진노선으로 인해 경제는 점점 더 침체의 늪에 빠지고 있었다. 여기에 김정일과 그의 작은 아버지 김영주가 후계구도를 놓고 본격적으로 경쟁하면서 상황은 더욱 복잡해지고 있었다.

북한은 이런 혼란한 상황을 군사적 도발을 통해 타개하고자 했다. 도발을 통해 주민들의 경제적 불만을 짓누르고, 내부적으로 체제 결속을 도모하겠다는 것이었다. 여기에 후계자 대결에 따른 이른바 '충성경쟁'이 가세되면서 양적으로나 강도 면에서 그 어느 때보다 극렬한 군사 도발이 나타나게 된 것이다.

37 EC-121기 사건

김일성 생일날
미 정찰기를 공격한 북한공군

       북한은 1967년 1월 당포함 사건, 1968년 1월 1·21사태와 푸에블로호 나포 등 육상과 해상에서 도발을 감행하더니, 1년 뒤인 1969년 4월에는 공중에서 미국을 대상으로 도발했다. 그것이 바로 EC-121기 사건이다. 이 사건을 통해 북한의 도발 무대가 육·해·공으로 다양화되는 경향을 보이기 시작했다. 특히 이 사건은 도발시간과 방법이 치밀하게 계획되었던 사건이었다.

계획된 기습공격, 미군 31명 사망

EC-121기 사건은 1969년 4월 15일 낮 1시 50분경, 미 해군 7함대 소속의 4발 프로펠로기인 비무장 정찰기가 동해상공에서 북한 전투기에 피격당한 사건이다. 당시 정찰임무 중이던 EC-121기는 북한 연안에서 90NM(Nautical Mile, 약 166km) 떨어진 지점에 추락하였다. 이 사고로 미군 승무원 31명 전원이 사망했다. 북한은 정찰기가 자국 영공을 침범했다고 주장했지만, 미국은 연안으로부터 40NM 이내로는 접근하지 않았다고 했다.

당초 EC-121기의 임무는 일본 아쓰기(Atsugi) 기지를 이륙해서 북한 연안과 평행선을 그으며 함경북도 무수단 근해의 목표상공까지 비행 후 오산기지로 돌아오는 것이었다. 당시 미군은 베트남에서도 같은 기종의 정찰기를 운용하고 있었다.

탈북자들은 이 사건을 북한의 치밀한 계획하에 이루어진 기습공격이었다고 이야기한다. 이들에 따르면, 북한은 미군 정찰기를 격추하기 위해 평양 인근 북창비행장에서 MiG-21 2016년 8월 16일 전투기 2대를 분해해 기차에 싣고, 함경북도 청진 부근의 어랑비행장에 옮겨 놓았다는 것이다. 당시 어랑은 조종사 훈련부대로 훈련기 이외에 전투기는 없었다. 옮겨진 전투기는 활주로상에 위장해 놓았다. 전투기의 중량을 가볍게 하여 이륙 거리를 단축하기 위해 미사일도 1발씩만 부착했다. 미군의 레이

▶▶▶ 피격된 EC-121기와 동종의 항공기

더를 피하기 위한 자체 훈련도 했다고 한다. 그리고 4월 15일, EC-121기는 동해 상공에서 북한 MiG-21 전투기의 미사일에 격추되었다. 이날은 김일성의 57회 생일날이기도 했다.

1970년대 노동당 선전선동부와 대남사업부서 부부장을 지낸 신경완도 북한의 사전계획설에 힘을 실어주고 있다. 그는 이 사건을 김정일

이 주도했다고 주장한다. 당시 미사일 한 대 가격이 얼마인데 공군사령관 수준에서 함부로 결정할 사항이 아니라는 것이다. 최종적으로 김일성이 명령을 내렸지만 실무적으로 잘 집행되도록 군대에 지시를 내린 사람은 김정일이었다는 것이다. 북한도 김정일 선군정치를 선전하면서, 이 사건을 푸에블로호 사건과 함께 김정일이 주도했다고 밝히고 있다.58)

러시아 측 관계자 또한 북한의 사전계획설을 확인해주고 있다. 이 관계자에 따르면 이 사건의 실무적 준비를 담당한 것은 당시 북한 공군 사령관 김기옥이었다고 증언한다. 김기옥이 김정일의 지시를 받고 동해안 비행장에 전투기를 은밀하게 이동 배치하고, EC-121기의 정찰 시간에 맞춰 작전을 전개했다는 것이다. 이 사실은 당시 북한의 우방국이었던 소련 측 관련자가 확인해준 최초의 증언이라는 점에서 대단히 의미가 깊다고 할 수 있다.59)

이상의 증언들을 종합해 보면 EC-121기 사건은 북한이 사전에 치밀하게 계획하여 의도적으로 일으킨 사건이라 할 수 있다.

미국, 무력시위 외에 구체적 보복 못해

사건 발생 직후 미 국방부는 소련, 중국, 쿠바 등지에서의 정찰비행을 일시적으로 중단시켰다. 그리고 항공모함 4척을 포함 40척의 전력을 동해로 보내 무력시위를 전개했다. 미 행정부 내에서는 북한의 도발에 대한 보복이나 배상요구를 해야 한다는 의견이 강력히 제기되었다. 그러나 이행되지는 못했다. 4월 18일, 제290차 판문점 군사정전위원회 본회의에서도 이 문제를 다루었지만 별다른 해결책은 찾을 수 없었다. 북한에 대한 전술 핵무기 사용을 포함하여 25개의 행동계획

한 권으로 읽는 북한사

이 포함된 긴급계획(Contingency Plan)이 수립되긴 했지만, 이 또한 장차 유사한 사건이 재발될 경우를 대비한 것이었다.[60]

1년 전 정보수집함 푸에블로호가 북한에 피랍되었을 당시 닉슨은 미온적인 대응을 한 존슨 대통령을 비난했었다. 그러나 정작 본인이 대통령이 된 상황에서 무력시위 외에는 별 다른 대책을 내놓지 못한 것이다. 당시 백악관 안보보좌관이었던 키신저는 회고록을 통해 그 이유를 세 가지로 밝혔다. 첫째는 미국이 중국과의 관계개선을 추진하고 있었던 점, 둘째는 닉슨 행정부가 출범한 지 3개월이 채 되지 않았던 데서 오는 조직의 미숙함, 셋째는 당시 미군전력 중 24시간 이내에 어떠한 군사력도 이동할 수 없었다는 점이다. 당시 베트남전쟁이 진행 중이었던 것도 고려요인이 되었을 것이다. 결국 미국은 5월 8일 이후 전투기의 엄호를 받으며 정찰기에 대한 비행을 재개하는 것으로 사건을 일단락지어야 했다.

한반도에서 이루어진 미소 공동구조 작전

북한의 전투기가 미군 정찰기를 격추시킨 후 한반도에는 군사적 긴장이 고조되었다. 그러나 다른 한편으로 EC-121기 사건으로 한반도에서는 미국과 소련의 공동구조작전이 전개되었다. 미국은 외교채널을 통해 소련에 공동구조요청을 전달했고, 소련은 이를 즉각 수용하였다. 4월 16일 새벽 정찰기의 추락 지점 근처에는 두 척의 소련 구축함이 작전 중이었다. 이들 군함이 미군의 탐색작업에 협조하게 된다. 이것은 냉전 시기 한반도 지역에서 미·소 해군 간의 첫 협력사례라 할 수 있다.

미·소 공동구조작전의 내용 또한 당시로서는 매우 파격적이었다.

양국 해군의 공동구조에는 몇 가지 해결할 기술적 문제가 있었다. 양국 군대의 교신 문제, 언어 문제, 구조와 관련된 정보교환, 탐색 및 구조지역의 분할 문제, 소련 측이 수거한 항공기와 승무원 시신 등에 대한 인계방법 등이다. 이 문제를 해결하는 과정에서 양국 해군 간 파격적인 방법이 강구되었다.[61)

양국 해군 간의 교신 문제는 미군이 자신들의 무전기를 소련 측에 건네주는 것으로 해결하였다. 미 P-3B 항공기가 미군의 무전기(URC-10)를 소련군함에 낙하시키는 방법으로 소련 측에 건네주었다. 그리고 원활한 언어소통을 위해 러시아어가 가능한 승무원을 한국의 오산 공군기지에서 태워 사건현장으로 보냈다. 이로써 미·소 양측의 통신 문제가 해결되었다.

수거된 정찰기 파편의 인도 문제도 있었다. 이를 위해 소련이 수거한 파편들에 대해 미국은 수시로 확인하고자 했다. 소련 함정들은 수거한 파편들을 함상 위에 펼쳐 놓았고, 미국은 항공기를 이용해 이것을 사진촬영하였다. 소련 측이 소련 함정 위로 미군 항공기의 저공비행과 사진촬영을 허용해준 것이다. 통상 상대국 군함에 대한 군용기의 비행은 서로의 신뢰가 구축되지 않은 상황에서는 하기 힘든 조치이다. 따라서 저공비행과 사진촬영의 허용은 매우 이례적인 조치라 할 수 있다.

작전구역에 대한 협의도 있었던 것으로 보인다. 자료에 따르면, 태평양사령부(CINPAC)는 바람과 해류로 인해 EC-121기의 잔해가 추락된 곳으로부터 북쪽으로 흘러가고 있다고 평가하였다. 따라서 특별한 지시가 없는 한, 북한 해안에서 20NM 이내에서는 수거작업을 실시하지 말고, 소련에게 요청할 것을 권했다. 이후 파편 일부가 북한 해안으로부터 18NM 정도로 가까운 지역에서 발견되었다. 그리고 그 파편들은 4월 18일 오전 10시경에는 해변으로 흘러갈 것으로 예상되었다. 이를 참고할 경우 작전구역에 대한 협의가 이루어졌을 것으로 보인다. 이것은 북한의 영해를 침범할 가능성에 대한 미국의 조치였다. 상대적으로 소련 측에서 구조하는 것이 나을 것이라는 판단에서 나온 권고였던 것이다.

미국과 소련의 본격적인 구조활동은 4월 16일부터 4월 19일까지 진행되었다. 4월 16일 09:30분 미 해군 P-3B기가 피격지점을 확인하고, 신호탄을 투하했다. 그리고 이날 저녁 두 대의 소련군함이 구조현장에 도착했다. 소련해군의 429호(Kotlin급)와 580호(Kashin급) 등 2척의 구축함이 구조현장에 진입한 것이다.[62] 소련군함은 구명용 보트(whaleboat)를 물에 띄워 잔해 회수 작업을 시작했다. 미 해군의 데일호, 스터렛호, 그리고 소련 429호 구축함은 그들이 발견한 정찰기 잔해들을 터커(USS Tucker)호에 건네주었다. 미국 측에서는 모두 26대의 항공기와 4척의 배가 이 작업에 참여했다. SAR 작업은 4월 19일 19:00부로 종료되었다. 4월 16일부터 4월 19일까지 4일간의 짧은 기간 동안의 협력이 끝난 것이다. 구조작업 결과 생존자는 없었다.

미 구축함은 장교와 사병의 시신 2구와 탄알구멍이 있는 기체 조각, 바퀴, 사다리, 구명조끼, 구명정, 다양한 의류와 파편들을 회수했다. 소련구축함은 구명정, 가죽 재킷, 연필들, 항공기 기체 조각들을 회수했고, 이것을 미국 구축함 터커호에 전달하였다. 터커호가 최종적으로 모든 수거된 파편들을 모아 사세보 해군기지로 가져가면서 작전은 종결되었다.

북한공군, 6·25전쟁 기간 급속한 성장 이뤄

그렇다면 당시 북한의 공군력은 어느 정도였을까? 북한공군은 6·25전쟁을 거치면서 비약적인 성장을 이루었다. 전쟁 초기 226대의 항공기를 보유했지만, 미 공군에 의해 궤멸되다시피 했다. 그러나 전쟁 기간 만주와 연해주, 모스크바 등지에서 소련의 지원으로 조종사를 양성하고, 제트전투기인 MiG-15기를 지원받았다.

그 결과 1953년 6월에는 병력 10,547명에 항공기 492대, 그리고 3개 전투비행사단, 1개 폭격사단, 2개 독립폭격연대를 보유하게 되었다.[63] 전쟁 이전에 비해 놀라운 성장이었다. 1953년 9월 21일 MiG-15기를 몰고 남한에 귀순한 노금석은 북한공군의 이러한 전력증강 과정을 상세하게 확인해주었다.

북한은 이후에도 중국과 소련의 지원으로 공군력을 증강시켜 1958년에는 제트전투기 622대를 포함해서 약 870대의 항공기와 28곳의 비행장을 보유하게 되었다. 1970년에는 한국공군과의 비교에서 2배 이상

▶▶▶ 노금석이 타고온 것과 동종의 소련제 전투기인 MiG-15
_북한 전승기념관 전시물

의 수적 우위에 설 수 있었다. 북한은 이 같은 공군력을 1966년 베트남 전쟁과 1973년 4차 중동전쟁에 파병하여 실전 경험을 쌓게 하였다.

김정은 시대 북한공군

국방부가 발행한 『2012 국방백서』에 따르면, 북한은 1,650여 대의 항공기 중 820여 대가 전투기다. 그러나 MiG-29기 등 일부 기종을 제외하고는 대부분 구형이고, 유류 부족으로 정상적인 비행훈련도 실시하지 못하고 있다 한다. 과거에 비하면 공군력이 많이 약화되었다고 할 수 있다. 그래서인지 김정은의 공군에 대한 관심이 여러 곳에서 확인되고 있다. 2014년 4월 15일에는 제1차 비행사대회를 개최하고, EC-121기를 격추한 미그기 1대를 전시했다. 2012년 5월에는 전투비행 기술 경기대회에 참석하면서 자신의 전용기를 공개하기도 했다. 이후 공군부대 방문도 수시로 이루어지고 있다.

김정은은 왜 그랬을까? EC-121기를 격추하고, 베트남전쟁과 중동 전쟁에 참전했던 북한공군을 다시 부활시켜보려는 의도는 아닐까? 김정은의 공군에 대한 관심을 지켜보자.

미군 장교 2명 사망…
한미의 군사적 대응에 김일성 유감 표명

　　　　　1972년 남북이 7·4남북공동성명을 발표하면서 한반도에는 일순간 대화의 분위기가 전개되었다. 그러나 북한의 남침용 땅굴이 발견되면서 대화는 단절되고 군사적 긴장만 남게 되었다. 이런 가운데 1976년 8월에는 다시금 한반도를 전쟁의 위기 속으로 넣는 사건이 판문점에서 발생하였다. 북한군의 도끼에 미군 장교가 살해된 것이었다.

북한군의 잔인한 미군 장교 살해

1976년 8월 18일 판문점 공동경비구역에서 미군 장교 2명이 북한군에 의해 살해당하는 사건이 발생했다. 이른바 판문점 도끼만행 사건이다. 이 사건은 유엔사 측이 경비초소의 시야를 가리는 미루나무 가지를 자르는 과정에서 북한군 경비병들에 의해 자행된 만행이다. 가지치기 작업은 이전부터 정례적으로 해오던 정당한 작업이었다.

▶▶▶ 1976년 8월 18일, 북한군들이 미루나무 작업을 하던 유엔사 측
인원을 집단 구타하고 있다 _국가기록원

사건은 5분도 채 걸리지 않았다. 이 사고로 작업을 감독하던 유엔
사 측 경비대장 보니파스(Arthur G. Bonifas) 대위와 배렛(Mark T.
Barrett) 중위가 북한군이 휘두른 도끼에 중상을 입고 후송 중 사망하
였다. 미군과 카투사 9명도 중경상을 입었다. 이것은 정전 이후 판문
점에서 북한군에 의해 미군 장교가 사망한 첫 사건이었다. 북한군의
만행이 찍힌 사진이 전 세계에 보도되고, 그 수단이 '도끼'였다는 사실
에 전 세계는 경악을 금치 못했다.

한미 연합 대응작전 '폴 버니언' 작전 개시
사건 발생 직후 일본을 방문 중이던 유엔군 사령관 스틸웰(Richard
G. Stilwell)은 급거 귀국해 회의를 소집했다. 이때 나온 유엔군 측
대응은 세 가지였다. 첫째, 군사정전위원회를 개최하여 북한군 최고사

령관에게 항의 전문을 전달한다. 둘째, 전투준비태세(DEFCON)를 4단계에서 3단계로 상향 조정한다. 셋째, 미루나무를 제거한다. 스틸웰 사령관은 이 계획을 박정희 대통령에게 보고했다. 박 대통령은 "우리가 참는 데에도 한계가 있고, 미친개한테는 몽둥이가 필요하다"며 강력한 대응의지를 표명했다.

8월 19일 개최된 군정위에서 유엔사 측 수석대표는 유엔군 사령관이 북한군 사령관에게 보내는 항의 메시지를 북한 측 수석대표에게 전달했다. 또한 8월 19일 10:30분부로 데프콘도 3단계로 상향 조정되었다. 데프콘이 상향된 것은 6 · 25전쟁 이후 처음이었다.

8월 21일 한미 양국은 본격적인 군사작전에 돌입하였다. 국군 제1공수여단과 제1사단, 미 2사단 전투공병단 등 813명으로 편성된 한미

▶▶▶ 한미 군대의 폴 버니언 작전으로 가지가 모두 잘린 문제의 미루나무 모습 _국가기록원

▶▶▶ 당시 미루나무가 있던 자리에는 현재 두 미군장교를 추모하는 기념비가 세워져 있다 _2013년 6월

한 권으로 읽는 북한사

특수임무부대가 미루나무 제거작전에 나섰다. 작전명은 미국 전설 속의 거인 나무꾼 이름을 따 '폴 버니언(Paul Bunyan)'으로 정했다. 만일의 경우를 대비해 항공모함 3척과 F-4 팬텀대대, B-52 전략폭격기, F-111 전폭기를 한반도로 전개했다. 북한이 무력으로 나올 경우 개성을 탈환하고, 연백평야까지 진출한다는 계획이었다. 미루나무 제거작전이 개시된 7시부터 한미 제1군단과 관련 작전부대에는 데프콘 2단계가 발령되었다. 전시상황이었다. 문제의 미루나무는 작업 개시 28분 만에 완전히 제거되었다. 이 작전에서 국군 특전사 64명은 미루나무 근처 북한군 초소 4개를 때려부쉈다. 북한군은 철수하여 지켜만 볼 뿐 아무런 군사적 대응도 하지 않았다.[64] 작전은 성공적으로 완수되었다.

김일성, 북한군에 전투준비태세 지시, 그리고 유감 표명

미루나무가 제거된 직후인 8월 21일 오전 11시, 북한 측 수석대표가 12시에 군사정전위원회에서 만날 것을 제의했다. 회의에서 북한 측 수석대표 한주경은 김일성이 유엔군사령관에게 보내는 통지문을 전달했다. 그것은 '판문점 공동경비구역에서 이번에 사건이 일어나서 유감'이라는 김일성의 유감 표명이었다. 김일성이 한미 양국의 강력한 군사적 대응에 굴복한 것이다. 김일성의 유감 표명이 나온 것은 1972년 평양을 방문했던 이후락 당시 중앙정보부장에게 1·21 청와대 기습 사건에 대해 사과한 후 두 번째였다.

그러나 김일성의 유감 표명이 나오기 전까지 북한의 대응도 심상치 않았다. 유엔사 측이 데프콘을 3단계로 상향조정하자, 김일성도 같은 날 오후 5시부로 전군에 전투준비태세를 명령했다. 또 30만 평양시민들의 지방 소산(疏散) 및 황해도와 강원도 등 전선지역 주민들을 후방으로 이동시켰다. 동시에 국가 동원령도 내렸다. 북한도 전쟁 준비에 돌입한 것이었다.

이뿐만이 아니었다. 만일의 사태에 대비하여 특수전 병력을 해상을 통해 남한에 은밀히 침투시킨 사실이 최근 전직 대남공작요원의 증언으로 밝혀졌다.[65] 이들에게는 전쟁이 발발할 경우 남한의 군사기지를 타격한 다음 게릴라 활동을 전개하라는 임무가 부여되었다고 한다. 그러나 김일성의 유감 표명 후 이들도 조용히 철수했다. 복귀 후 이들에게는 김일성의 이름이 새겨진 고급 손목시계가 선물로 지급되었다 한다.

▎판문점 사건으로 국제적 고립 자초

북한은 왜 판문점 사건을 저지른 것일까? 이에 대해 1970년대 들어서 유엔사 해체와 주한미군 철수를 주장하던 북한이 한반도에 긴장을 고조시켜 국제적 관심을 이끌어내고자 의도적으로 벌였다는 주장이 있다. 또 유엔사 측과 북한군 병력이 대치하던 상황에서 우발적으로 발생한 사건이라는 주장도 있다.

이 사건에 대해 탈북한 전 노동당 부부장 신경완은 김정일의 지시였다고 주장한다. 그는 이때가 김정일이 후계자로 등장해 개미 하나 움직이는 상황까지 보고받을 때였다고 한다. 김정일은 미루나무 가지치기 작업을 보고 받고, '한국 노동자들은 놔두고 미군만 골라서 조선 사람의 본때를 보여주라. 총은 쏘지 마라'고 지시했다고 한다. 그러나 막상 미군이 죽자 당황해 했고, 이로 인해 곤욕을 치렀다고 한다.

이 사건 이후 유엔사와 북한은 공동경비구역에도 군사분계선을 설치하고, 양측 인원을 격리시켰다. 북측에 의해 공동경비구역 분계선

한 권으로 읽는 북한사

남쪽에 설치되었던 북한의 4개 경비초소는 모두 철거되었다. 회의장 건물 주변에는 너비 50cm, 높이 5cm의 시멘트로 만든 군사분계선이 표시되었고, 그 외 지역에는 지름 10cm, 높이 1m의 시멘트 기둥이 10m 간격으로 설치되었다.

판문점 도끼만행 사건은 미루나무 가지치기라는 조그마한 충돌이 6·25전쟁 이후 가장 큰 전쟁발발의 위기를 가져왔던 사건이다. 이 사건이 우발적이든, 계획적이었든 결과적으로 북한의 호전성이 전 세계에 알려졌고, 북한이 철저히 고립되는 결과를 가져왔다. 그러나 북한은 김일성의 유감 표명이 있었음에도 불구하고 지금까지 이 사건을 유엔사 측이 사진사까지 배치해 놓고 도발을 감행했다고 주장하고 있다. 사건의 진실이 바뀌지 않듯, 북한의 적반하장의 모습 또한 예나 지금이나 변하지 않음을 잊지 말아야 하겠다.

39 아웅산 테러 사건

북한이 해외에서 벌인
대한민국 대통령 테러 시도

1980년대 들어서도 북한의 도발은 멈추지 않고 계속되었다. 그중에서는 해외 순방 중인 우리 대통령을 시해하려는 시도도 있었는데, 그것이 아웅산 테러 사건이다. 북한이 계획했던 대통령 시해라는 목적은 이루지 못했지만 정부의 주요인물들이 희생된 아픈 사건이었다. 북한도 이 사건으로 인해 테러국가로 낙인찍히며 동남아 지역에서 외교적 근거지를 잃는 '손실'을 겪어야 했다.

아웅산 테러 사건 개요

1983년 10월 9일 일요일 오전 10시 28분, 미얀마(버마)의 국립묘지격인 아웅산(Aung San)에서는 대한민국 대통령을 '살해'하기 위한 폭탄테러가 자행되었다. 미얀마를 공식 방문 중인 전두환 대통령을 시해하기 위해 북한이 벌인 계획적인 사건이었다. 대통령은 무사했지만, 테러행위로 서석준 부총리, 이범석 외무부장관 등 17명의 외교사

▶▶▶ 아웅산 폭탄테러 직전, 대통령 수행원들이 도열한 모습 _국방일보

절과 수행원이 순직하고, 14명이 부상당했다.

　당시 전 대통령은 사건 하루 전인 10월 8일 호주, 뉴질랜드, 인도, 스리랑카, 브루나이, 미얀마 등 6개국 순방을 위해 서울을 떠났고, 미얀마는 첫 번째 순방국이었다. 미얀마는 남북한 동시 수교국이었지만, 1977년 미얀마 대통령이 북한을 방문하는 등 북한과 더 가까운 관계였다. 그럼에도 정부가 미얀마를 첫 순방국으로 정한 것은 '북한의 제3세계 진출 기지를 분쇄하고, 우리의 확고한 거점을 구축하기 위한 것'이라고 대통령을 수행했던 이기백 전 합참의장은 술회했다. 그러나 순방 이틀 만에 참사를 당하면서 해외 순방은 중단되고, 곧바로 귀국길에 올랐다.

북한의 아웅산 테러 경과 및 조치

사건 직후 범인 2명이 생포되었다. 북한 인민무력부 정찰국 소속의 진모(본명 김진수) 소좌와 강민철(본명 강영철) 대위였다. 이들은 수류탄으로 자폭을 시도하여 중상을 입긴 했지만, 목숨은 건진 상태였다. 또 다른 한 명은 도주 중 사살되었다. 이들은 개성의 특수부대에서 전 대통령을 미얀마에서 살해하라는 지령을 받고, 9월 9일 황해도에서 공작선을 타고 출항하여 9월 17일 미얀마에 도착했다. 이후 북한대사관 참사관으로 위장하여 먼저 와 있던 공작원의 안내를 받아 구체적인 계획을 모의했다. 폭탄과 장비는 외교행랑을 통해 전달받았다. 이들은 전 대통령의 아웅산 참배를 작전 개시일로 정하고, 사전에 원격조종 폭탄 2개와 폭탄이 폭발 후 화재를 일으키기 위해 소이탄 1개도 설치했다.

그러나 전 대통령이 아웅산에 도착하기 1.5km 전에 폭탄이 폭발함으로써 이들의 작전은 실패에 그쳤다. 그 원인에 대해서는 두 가지 설명이 있다. 하나는 당시 미얀마 주재 한국대사였던 이계철 대사의 외모가 전 대통령과 흡사했고, 이 대사의 도착과 동시에 행사를 알리는 나팔소리가 있었는데, 이것을 공작원들이 행사의 시작으로 착각했다는 것이다. 그러나 다른 이유도 있다. 사건 직후 체포된 강민철은 장비의 결함이었다고 주장한다. 즉, 원격조종 폭탄이 당시 현장에서 경호원들이 사용하는 여러 무전기 전파들과 혼선을 일으켜 자신들의 폭발장치가 오작동했다는 것이다.

생포된 공작원 2명은 12월 9일 미얀마 법정에서 사형이 선고되었다. 이 중 진모는 1986년 사형이 집행되었고, 강민철은 수사에 협조한 덕분에 사형 집행이 유보되었다. 그러나 강민철은 수감 25년 만인 2008년 5월 18일(53세) 사망하였다. 사인은 중증 간질환으로 알려졌다.

북한의 전두환 대통령 테러 배경

그렇다면 북한은 왜 전두환 대통령을 살해하려고 한 것일까? 이에 대해 대한민국에 귀순한 강성산 전 북한총리의 사위인 강명도는 '김일성이 전 대통령을 두려워했다'고 증언한 바 있다. 북한은 전 대통령이 군인출신으로 우직하고 강한 성격으로 진짜 전쟁을 일으킬지도 모른다고 생각했다는 것이다.[66)]

특히, 북한은 1980년 5월 광주민주화운동 때부터 '전두환'의 행보를 주목했다고 한다. 당시 북한 대남비서였던 김중린은 김일성에게 광주민주화운동을 '폭동'으로 평가하고, 이것을 광주만이 아닌 남한 전역으로 확산시킬 경우 대남사업의 결정적 기회가 마련될 것이라고 보고하였다. 그리고 공작원들에게 침투명령을 내렸지만 상황이 조기에 수그러들면서, 실행할 호기를 놓쳤다고 한다.

기회를 놓친 김중린은 전 대통령을 시해함으로써 당시의 실수를 만회하려고 했다는 것이다. 잘 알려지지 않았지만, 1982년 8월 전 대통령의 아프리카 순방 때에도 암살을 기도했으나 실패했다. 이후 미얀마 순방을 계기로 북한은 '전두환 제거계획'을 다시 꺼내들었다. 그러나 이것마저 실패하면서 김중린은 김일성으로부터 심한 질책을 받고 1년간 중앙당 농장으로 좌천되었다.

대한민국 대통령에 대한 북한의 암살 시도는 여러 차례 있었다. 1968년 1월 21일에는 31명의 무장게릴라를 청와대로 침투시켰으나 실패하였다. 1970년 6월 22일에는 6·25전쟁 20주년 기념식을 3일 앞두고 국립묘지 현충문 폭파 사건이 있었다. 북한공작원이 폭탄을 사전에 설치하려다 실수로 폭파된 것으로 알려졌다. 북한은 이 밖에도 대한민국 대통령을 시해하려 여러 차례 시도했지만, 실패하였다.

북한의 외교적 고립, 테러국가로 낙인 찍혀

북한의 대한민국 국가원수에 대한 테러행위의 후폭풍은 매우 컸다. 사건 한 달 뒤인 11월 4일 미얀마는 사건 조사 결과를 발표하면서 북한과 단교하였다. 미얀마에 주재하던 북한 외교관과 그 가족들은 11월 6일 미얀마에서 강제 추방당했다. 국제여론도 북한에 대해 강도 높게 비난하였다. 69개국이 북한의 테러행위를 비난하고, 인적·물적 교류를 제한하는 조치를 취했다. 북한은 미얀마에 장기간 구축했던 외교기반을 상실하게 되면서, 동남아시아 및 제3세계 진출에 큰 타격을 받게 되었고, 테러집단으로 낙인찍히면서 국제적으로 고립되었다.

아웅산 사건이 발생한 지 어느 덧 30여 년이 지났다. 그동안 아웅산 사건은 우리들 기억 속에서 많이 잊혀진 듯하다. 그 사이 국제환경도 바뀌어 북한과 미얀마는 사건 발생 24년 만인 2007년 4월 26일 외교관계를 다시 복원하였다. 대한민국도 2012년 5월 아웅산 참사 이후 29년 만에 이명박 대통령이 미얀마를 국빈방문했다. 2014년 6월에는 아웅산 현지에 순직한 수행원들의 추모비가 31년 만에 건립되었다.

▶▶▶ 1983년 11월 6일, 미얀마 주재 북한외교관과
　　 가족들이 추방당하는 모습 _국방일보

그러나 북한의 대남전략은 변한 것이 없다. 북한은 지금도 걸핏하면 '청와대 불바다' 운운하며 위협을 가하면서, 대한민국 대통령을 시해하려 했던 저급한 야만성을 계속 이어가고 있다. 역사는 잊는 순간 되풀이된다고 한다. 북한의 아웅산 테러를 기억해보면서 우리의 안보 태세를 다시금 점검하는 계기로 삼아보자.

1차 북한 핵 문제

NPT 탈퇴를 '사회주의 고수를 위한 자위적 조치'라고 억지

    2016년 1월 북한은 전격적으로 네 번째 핵실험을 단행했다. 한반도가 또다시 핵의 공포 속에 빠져드는 순간이었다. 국제사회는 한 목소리로 북한의 핵개발을 규탄했고, 한국 정부는 개성공단을 통해 북한에 유입되는 자금이 핵과 미사일 개발에 유용된다면서 개성공단 폐쇄를 전격적으로 단행했다. 개성공단 폐쇄는 한국 정부가 북한의 핵 개발에 대해 기존보다 더 강경한 입장을 표명하면서 대북제재에 선도적으로 나서겠다는 강한 의지의 표현이기도 했다.

    오늘날 우리의 생존권에 심각한 위협이 되고 있는 북한 핵 문제는 이미 1990년대 초 본격적으로 등장했었지만, 이후 문제 해결을 위한 다양한 노력에도 불구하고 현재 진행형인 상태다. 북한 핵 문제와 관련하여 먼저 1차 북한 핵 위기부터 살펴보자.

1차 북핵 위기 시작

1993년 3월 12일, 북한은 일방적으로 NPT(핵확산금지조약) 탈퇴를 선언했다. 이른바 1차 북핵 위기의 시작이다. 그동안 북한 핵 문제를 해결하기 위한 노력이 지속되었지만, 북한은 2012년 헌법에 '핵보유국'이라고 명시하는 등 상황은 더욱 악화일로를 걷고 있다.

북한 핵 문제는 1989년 프랑스 상업정찰위성 SPOT 2가 북한의 영변 핵시설 사진을 공개하면서부터 대두되기 시작했다. 항공사진에 핵 재처리 시설과 원자로가 찍혀 플루토늄을 이용한 핵무기 제조 의혹이 제기된 것이다.

그러나 북한 공군조종사로 복무하다 1983년 귀순한 이웅평은 그의 저서에서 자신이 제공한 정보제공으로 북한 핵시설에 대한 존재가 알려지게 되었다고 밝히고 있다. 그에 따르면 북에서 조종사들 간에 대화를 하던 중 우연한 기회에 영변 핵시설의 존재를 알게 되었다고 한다. 북한의 개천비행장 조종사들은 영변 상공을 비행하면서 자연스럽게 그 건물들을 내려다보게 되는데, 조종사들 간에 그 건물이 무엇인지 이야기를 나누었다는 것이다. 이웅평은 귀순 후 미국 정보기관 사람들과 이 문제에 대해 6년간 연구했고, 그 결과 1989년 프랑스 상업위성의 공중촬영으로 북한 핵이 처음으로 세상에 알려지게 되었다는 것이다.[67]

그러나 이것이 곧바로 심각한 위기로 연결되지는 않았다. 1991년 9월 한반도 내 미군 전술핵무기 철수와 11월 8일 당시 노태우 대통령의 '한반도 비핵화 선언' 이후 남북 간에 평화적 해결 여건이 조성되었기 때문이다. 여기에 1992년 1월 20일 당시 정원식 국무총리와 북측 연형묵 정무원 총리 간에 '한반도 비핵화에 관한 공동선언'도 이루어졌다.

이런 상황에서 북한도 처음에는 협조적으로 나왔다. 1992년 1월 30일 IAEA(국제원자력기구)의 핵 안전조치협정에 서명했고, 핵시설과 그동안 생산한 플루토늄 90g을 신고했다. 북한은 IAEA에 1974년 9월에 가입한 회원국이었다. 그러나 IAEA 사찰 결과 플루토늄 분량의 차이가 확인되었다. IAEA는 2곳의 핵시설에 대한 추가사찰을 요구했지만 북한은 이 요구를 거부했다.

이후 1993년 3월 8일, IAEA가 '대북한 특별사찰 요청 결의안'을 채택하자 북한은 3월 12일 NPT 탈퇴를 공식 선언해 버렸다. NPT란 1967년 1월 1일을 기준으로 비핵국가에 대해서는 핵개발 금지를, 핵보유국에 대해서는 핵감축을 요구해 핵확산을 억제하기 위한 국제조약이다. 북한은 1985년 NPT에 가입했었다.

북한은 NPT 탈퇴 전 중앙인민위원회를 열고, 이 조치가 '팀스피리트 훈련과 IAEA특별사찰 강행에 대해 사회주의 제도를 옹호 고수하기 위한 응당한 자위적 조치'라며 항변했다. 북한의 NPT 탈퇴 이후 한반도에는 '핵의 그림자'가 드리우기 시작했다.

엑스타인(Harry Eckstein)이라는 학자는 역사적 전환을 가져올 정도의 영향력을 갖게 되는 사건을 '중대한 사건(Crucial Event)'이라 했다. 한반도에서 6·25전쟁 이상의 중대한 사건은 없을 것이다. 그러나 지난 20여 년 동안 지속된 북한 핵 문제는 우리에게 역사적 전환을 가져올 만큼 중대한 사건이 되어 버렸다.

카터 방북과 김일성과 회담

핵확산 금지를 추진하던 미국에게 북한의 NPT 탈퇴는 중대한 도전이었다. 결국 미국이 직접 나섰다. 1993년 6월 2일 미·북 고위급회담

이 개최되었다. 회담 결과 일단 북한의 NPT 탈퇴는 유보되었다. 이후 계속된 협상을 통해 북한이 핵사찰 수용에 합의하면서 상황은 더 이상 악화되지 않는 듯했다.

그러나 북한은 미국과의 합의와 달리 실제로는 IAEA의 핵사찰을 방해했고, 급기야 사찰단이 철수하게 되면서 상황은 악화되었다. 이후에도 북한의 반복된 약속불이행으로 북한 핵 문제는 유엔안보리에서 다루어지게 되었다. 미국도 북한과의 회담을 취소하고 안보리의 대북제재를 촉구했다. 그러자 북한은 1994년 6월 13일 IAEA마저 탈퇴하고, 유엔의 제재는 곧 '선전포고'로 간주한다며 강경한 입장을 고수했다.

이런 위기 속에서 당시 미국은 영변 핵시설에 대한 폭격 계획을 수립했던 것으로 알려졌다. 그러나 이 계획은 실행되진 않았다. 그 이유는 당시 김영삼 대통령이 이 계획을 추진하지 말 것을 미국에 강력히 요청했기 때문으로 알려져 있다. 여기에 카터 전 미국 대통령의 평양

▶▶▶ 1994년 6월 17일, 카터와 김일성의 대동강 '선상회담' 모습
_연합뉴스

방문도 전환점이 되었다.

카터는 1994년 6월 15일 판문점을 거쳐 평양으로 갔다. 그리고 6월 17일, 평양 '주석궁'과 대동강의 '김일성 요트' 위에서 김일성을 두 차례 만났다. 회담 결과 김일성은 IAEA의 사찰을 수용했고, 미국의 영변 폭격은 실행되지 않았다. 당시 카터-김일성 회담에서는 핵 문제 이외에도 김일성과 김영삼 대통령의 정상회담도 거론되었다. 이 논의는 실제로 7월 25일 김영삼 대통령이 평양을 방문하기로 계획되었지만, 7월 8일 김일성이 갑작스럽게 사망하면서 성사되진 못했다.

미국과 북한의 제네바합의

카터 방북 이후 북미협상은 재개되었고, 1994년 10월 21일 제네바에서 미국 로버트 갈루치와 북한 강석주 간에 합의문이 체결되면서 1차 북핵 위기는 일단락되었다.

당시 합의문을 살펴보면, 북한은 영변에 있는 5MW 흑연감속원자로를 '동결'하고, NPT 잔류와 IAEA 사찰을 받기로 했다. 미국은 그에 대한 '보상' 차원에서 2003년까지 경수로를 제공하기로 했다. 흑연감속로는 북한이 플루토

▶▶▶ 1994년 10월 21일, 당시 미국 로버트 갈루치 북핵 대사(왼쪽)와 강석주 북한 외교부 부부장이 제네바 합의문에 서명하고 있다 _연합뉴스

늄을 생산해온 핵심시설이고, 경수로는 핵물질 추출이 어려운 핵발전소다.

또한 경수로가 완공될 때까지 북한의 난방과 전력생산을 위해 연간 중유 50만 톤을 제공하기로 했다. 그리고 미국이 주도하여 경수로 제공에 따른 재정 및 공급을 담당할 국제컨소시엄을 구성한다는 내용도 포함되었다. 그 결과 1995년 3월 9일 13개 회원국으로 구성된 KEDO(한반도에너지개발기구)가 탄생했다.

북한 핵 문제와 북미관계

제네바 합의문에서 주목해야 할 또 다른 점은 북한과 미국의 정치·경제적 사항도 포함되었다는 점이다. 그 내용은 쌍방이 양측 수도에 연락사무소를 개설하고, 양국관계를 대사급까지로 격상한다는 것이다. 또 금융 및 통신에 관한 각종 제한도 완화시키기로 했다. 이전까지 북미관계와 비교할 때 매우 '파격적'이라고까지 할 수 있다.

이후 북미관계는 그 어느 때보다 급속히 가까워지기 시작했다. 특히 2000년에는 최고조에 이르렀다. 2000년 6월 남북정상회담 이후 4개월 뒤인 10월 10일 당시 조명록 국방위원회 제1부위원장 겸 총정치국장이 미국을 방문했다. 그는 김정일의 특사자격으로 클린턴 대통령을 만났다. 그 결과 '북·미 공동코뮤니케'가 발표되었는데, 그 내용에는 '클린턴의 평양방문 준비'를 위해 미 국무장관이 평양을 방문한다는 내용도 포함되었다.

그리고 10월 23일 미 국무장관으로는 처음으로 올브라이트가 평양을 방문했다. 언론에서는 양국 외교관계 수립이 임박했다는 전망도 나왔지만, 클린턴 대통령의 임기가 3개월밖에 남지 않았고, 다음 대통령은 공화당의 부시 대통령이었던 때라 더 이상의 관계진전으로 이어지지는 못했다.

1차 북핵 위기를 겪으며 국내에서는 북한이 남한을 제외하고 미국과 협상한다는 의미로 '통미봉남(通美封南)'이라는 말이 회자되기 시작했다. 사실상 북한과 미국이 직접 협상하면서 우리 정부의 입장은 여러모로 축소되었던 것이 사실이기도 했다. 북한의 대미협상 행태를 두고서는 '벼랑끝전술(Brinkmanship)'이라 불렀다.

그렇다면 제네바합의로 마무리되는 듯했던 북핵 문제는 왜 다시 불거져 현재까지도 지속되고 있는 것일까? 1차 북핵 위기 때는 미북간 양자회담이었는데, 현재는 왜 6자회담으로 변화된 것일까? 북한은 왜 핵을 개발하려는 것일까? 이에 대해서는 2차 북한 핵 문제에서 계속 살펴보자.

핵을 김정일의 '혁명유산'이자 '만능보검(寶劍)'이라 선전

1993년 3월 북한의 핵확산금지조약(NPT) 탈퇴로 초래된 1차 북핵 위기는 1994년 10월 북·미 제네바합의로 일단락되는 듯했다. 그러나 이후 과정은 그리 순탄하지 못했다. 1998년 8월에는 평북 금창리의 한 동굴에 대한 핵시설 '의혹'이 제기되었고, 1998년 8월 31일에는 북한이 사정거리 2,500km의 대포동 미사일을 발사하면서 새로운 위기가 조성되었다. 이때부터 본격적인 2차 북핵 위기가 시작되고 있었다.

2차 북한 핵 위기 시작

2001년 9·11테러는 북한 핵 위기의 전환점이 되었다. 이 사건 이후 부시 대통령은 북한을 이라크, 이란과 함께 3대 '악의 축(Axis of Evil)'으로 규정했다. 클린턴 행정부시절 국무장관이 평양을 방문하며 무르익었던 북·미관계는 차갑게 식고 있었다.

2002년 10월 3일 미국 대통령 특사인 제임스 켈리 국무부 차관보의 평양방문은 오히려 위기를 한층 더 고조시켰다. 당시 냉랭한 분위기 속에서 진행된 회담에서 북한은 '우라늄핵개발뿐만 아니라 그보다 더 무서운 것도 가지고 있다'며 큰 소리를 쳤기 때문이다. 이에 대해 '통역상의 오류'라는 평가도 있었지만, 결과적으로 이 사건은 미북관계에 악영향을 초래했다.

미국은 대북 중유지원을 중단했고, 북한도 흑연감속로의 재가동과 IAEA 사찰단의 추방으로 대응하면서 급기야 2003년 1월 10일 또다시 NPT 탈퇴를 선언했다.

이것은 1994년 북·미 제네바합의가 사실상 종료된 것이자 본격적인 2차 북핵 위기의 시작이었다. 이후 북한은 지금까지 2006년, 2009년, 2013년, 2016년(2회) 등 다섯 차례에 걸쳐 핵실험을 강행하면서 한반도 평화와 우리의 생존을 심각하게 위협하고 있다.

양자에서 다자회담으로 변화

2차 북핵 위기가 시작되고 이를 해결하기 위해 2003년 8월 27일 베이징에서 첫 6자회담이 개최되었다. 1차 위기 때는 북·미 양자회담이었지만, 여기에 한·일·중·러 4개국이 참가하면서 6자회담으로 형식이 변모되었다.

양자회담에서 6자회담으로 전환된 이유는 각국이 북핵 문제를 심각한 문제로 받아들였다는 반증이기도 했다. 그러나 각국의 속내는 달랐다. 미국은 9·11 사태 이후 아프가니스탄과 이라크와의 전쟁을 진행하면서 북한 문제에만 몰입할 수 없었다. 또 제네바합의 '실패'에 대한 '반성'적 차원에서 중국을 회담에 참여시켜 일종의 '회담 지렛대

효과' 또는 중국을 통한 북한의 '관리'를 기대했다.

북한의 입장도 변화가 있었다. 북한은 이전까지 미국과의 양자회담만을 주장했다. 그러나 2000년 6월 남북정상회담 이후 분위기가 개선되고, 당시까지 우호적 관계였던 러시아와 중국이 참가하는 것은 자신들에게 손해가 되지 않을 것이라 생각했다.

여기에 한국은 북핵 문제의 최대 당사국이었기에 참여는 당연한 것이었고, 일본도 북한 핵 위협에 민감한 국가였다. 중국과 러시아는 핵 문제를 통해 한반도 문제에 더 큰 영향력을 행사하길 기대했다. 그러나 이처럼 상이한 회담 참여국의 인식은 대화와 단절로 지속된 6자회담의 태생적 한계로 지적되기도 한다.

6자회담은 2003년 8월 첫 회담 이후 2008년 12월 10일까지 6차에 걸쳐 지속되었다. 그러나 이후 북한의 비협조로 현재는 중단된 상태

▶▶▶ 2005년 9·19공동성명 발표 직후 6자회담 수석대표들의 기념 사진 _연합뉴스

다. 그동안 6자회담은 북한 핵 문제 해결의 장이자 한반도 문제의 안정적 관리를 위한 기구로 그 역할을 수행했다. 이 과정에서 2005년 '9·19공동성명'과 이를 이행하기 위한 구체적 계획서인 '2·13합의'와 '10·3합의'를 도출하는 등 일부 진전을 이루기도 했다. 그러나 북한은 매번 합의를 무시하고, 도발―핵 위기 초래―합의 타결―합의 붕괴라는 악순환의 패턴을 반복적으로 보여왔다. 이로 인해 6자회담 무용론 또한 수시로 제기되었다.

북한 핵개발 과정과 목적

북한의 핵에 대한 관심과 개발은 6·25전쟁 직후부터 시작되었다. 1956년 3월 소련에 수십 명의 과학자를 보내 연수를 시켰고, 1959년 9월에는 조·소 원자력 협정을 체결했다. 또 1962년에는 영변에 원자력연구소를 설치했고, 1965년 6월에는 소련으로부터 소형 연구용 원자로(IRT-2000)를 도입하면서 본격적인 핵 연구를 시작했다.

핵 연구에 대한 김일성의 관심도 곳곳에서 확인된다. 김일성은 1965년 10월 도당위원장과 군단장 집회에서 행한 연설에서 '머지않아 핵을 보유할 수 있다'고 했고, 1967년 민족보위성 지휘관급 회의에서는 '우리도 원자탄을 생산하게 됐다. 미국이 원자탄을 사용하면 우리도 사용할 수 있다'고 했다. 북한은 1990년 9월 30일 한·소수교 이후 소련이 수교에 대해 설명하는 자리에서 독자적 핵개발 의사를 밝히기도 했다.

그렇다면 북한은 국제사회의 반대에도 불구하고 왜 핵을 가지려 하는 것일까? 이에 대해서는 여러 해석이 있다. 국가가 안전보장을 위해서 가장 파괴력이 강한 핵무기를 보유하기를 원한다는 국제정치이론에서의 이른바 '동기이론'부터 약소국이 강대국의 관심을 끌기 위한 수단으로 도발을 강행하는데, 북한 핵도 그 수단 중 하나라는 해석도 있다.

과거 북한은 핵을 평화적 에너지 생산을 위한 것이라고 주장한 바 있다. 그러나 지금 북한은 자신들의 핵개발이 '나라의 자주권과 민족의 존엄을 수호하기 위한 것'이며, 나아가 '세계의 평화와 안전을 담보하는 만능의 보검(寶劍)'이라고 주장하고 있다. 그리고 핵과 위성을 죽은 김정일의 '3대 혁명유산' 중 하나라고도 선전한다. 결국 핵이 곧 자위(自衛)의 수단이라는 것이다.

북한은 핵을 이용해 주민들에게는 강성대국이라 선전하고, 노후된 재래식 무기를 보완할 비대칭전력으로 활용하고, 대미 외교수단으로도 활용하고 있다. 이 점에서 북한에게 핵은 매우 유용한 수단임에 틀림없다.

그러나 북한이 주장하는 '핵보유의 정당성'은 억지에 불과한 것이다. 북한 핵은 결코 자주권과 존엄이 아닌 김일성 일가 독재체제를 지탱하는 수단에 불과한 것이며, 한반도와 세계평화를 위해 시급히 제거되어야 할 대상에 불과하다는 것이 그 '본질'이다.

북한 핵의 현 주소와 우리의 인식

북한의 김정은은 등장 첫해인 2012년 4월 북한헌법을 개정하면서 서문에 '핵보유국'임을 명기하며 핵보유의 의지를 드러냈다. 최근 미국의 한 북한 전문가는 최악의 경우 2020년에 북한이 최대 100개의 핵무기와 미국 본토를 공격할 수 있는 대륙간탄도미사일(ICBM) 20~30기를 보유할 수 있다고 주장했다.

물론 이 주장에 대한 여러 반론도 있다. 그러나 국방부의 『2014 국방백서』에서도 '북한의 핵무기 소형화 능력이 상당한 수준에 이른 것'으로 평가한 만큼 터무니없는 소리로 치부해버릴 수만은 없을 것 같다. 이제 북한 핵은 우리에게 더 이상 피할 수 없는 위협이 되어버린 것이다. 이러는 사이 북한은 2016년 1월 초 4차 핵실험을 강행하고, 이것이 수소탄이라는 주장도 새롭게 퍼더니, 급기야 9월에는 5차 핵실험을 전격적으로 실시했다.

　　북한 핵개발에 관한 일련의 과정을 돌이켜보면서 그동안 북한 핵에 대한 우리의 인식은 오히려 무뎌지고 있는 것이 아닌가 생각된다. 자주 듣다 보면 익숙해지고, 그 익숙해짐이 때론 당연함으로 받아들여지는 것이 인지상정일까? 그러나 북한 핵 문제는 우리뿐만 아니라 국제사회가 어떠한 경우에도 인정해서는 안 될 중대한 사안이다. 이 점에서 지금이 그 어느 때보다 북한 핵에 대한 우리의 경각심이 필요한 시점으로 보인다.

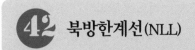

북방한계선(NLL)

북방한계선은
남북 간의 실질적인 해상분계선

남북관계와 관련하여 언론에 자주 등장하는 용어 중 하나가 서해 북방한계선(NLL)이다. NLL과 관련된 북한의 지속적인 억지 주장으로 인해 이제는 우리에게도 익숙한 용어가 되었다. 또 국내에서는 과거 노무현 대통령의 이른바 'NLL 포기발언'에 대한 진실공방으로 큰 이슈가 되기도 했다.

이렇듯 NLL은 남북한관계에서 주요한 쟁점이 되고 있지만, 정녕 우리들 중에서 이 문제에 대해서 제대로 알고 있는 경우는 많아 보이지 않는다.

정전협정과 NLL 획정

북방한계선(Northern Limit Line, 이하 NLL)은 우리에게 매우 익숙한 용어다. 잘 알려진 바와 같이 NLL은 1953년 8월 30일 유엔군사령관 클라크(Mark W. Clark) 대장이 한반도 해역에서 남북 간의 우발적 무력충돌을 예방하여 정전체제를 안정적으로 관리하기 위해서 설정한 선이다. 동해의 NLL은 육지의 군사분계선(MDL) 연장선을 기준으로 설정했고, 서해 NLL은 서해 5개 도서와 북한지역과의 중간선을 기준으로 한강 하구로부터 서북쪽으로 12개 좌표를 연결하여 설정하였다. 이후 NLL은 현재까지 남과 북의 실질적인 해상분계선으로 기능하고 있다.

유엔군 사령관이 NLL을 설정한 것은 휴전협상과정에서 해상분계선에 대한 논의가 충분히 이루어지지 못했기 때문이었다. 그 이유는 두 가지 측면에서 찾을 수 있다.

첫째, 협상의 시간적 문제였다. 유엔군 측과 공산군 측 간 휴전협상은 1951년 7월부터 시작되어 2년간 지속되었다. 그러나 서로의 의견은 일치하지 못했고 지루한 논쟁만 지속되고 있었다. 그러던 중 1953년 3월 스탈린이 사망했고, 이를 계기로 협상은 급진전되기 시작했다. 여기에 조기종전을 공약으로 내걸었던 아이젠하워가 미국 대통령으로 당선된 것도 하나의 촉진요인이었다. 이런 상황에서 지상에서의 분계선 이외에 해상분계선까지 논의하기에는 협상의 시간이 충분

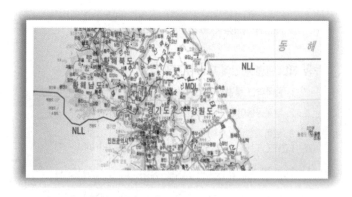

▶▶▶ 동·서해의 NLL _국방부

한 권으로 읽는 북한사

하지 못했다.

둘째, 당시 해군 전력 차이에서 오는 '인식의 문제'였다. 당시 해상에 대한 제해권(制海權)은 유엔군이 완전히 장악하고 있었다. 북한해군은 전쟁 초기 궤멸된 상태였고, 이것은 전쟁 기간 내내 지속되었다. 이런 상황에서 해상분계선은 지상의 분계선보다 상대적으로 덜 중요하게 여겨졌던 측면이 있다.

그 결과 1953년 7월 27일 체결된 정전협정 제2조 13항 ㄴ목에는 해상의 분계선에 대해 '1950년 6월 24일에 상대방이 통제하고 있던 섬에서 정전협정 체결 10일 이내에 각자의 군사역량을 철거하되, 단 황해도와 경기도의 도계선 북쪽과 서쪽에 있는 모든 섬 중에서 이른바 서해 5도는 유엔군 사령관 군사통제하에, 기타 모든 섬들은 북한 최고 사령관과 중국군 사령원 군사통제하에 둔다' 정도로 포함되게 되었다.

북한의 NLL 인정 사례들

정전협정 체결 당시 제해권을 완전히 상실했던 북한 입장에서는 이러한 정전협정 내용이 오히려 '만족스럽고, 다행스러운 결과'였다. 그 결과 유엔군사령관의 북방한계선 설정에 대해서 이의를 제기하지도 않았고, 여러 면에서 NLL을 인정했다.

북한이 NLL을 인정한 경우는 여러 사례가 있다. 대표적인 사례이자 증거로 1959년판 '조선중앙연감'이 있다. 북한 조선중앙통신사에서 매년 발행하는 이 연감의 1959년판에는 북한의 각 지역별 지도가 수록되어 있다. 그중 현재 서해 5도 지역이 포함된 황해남도 지도에는 NLL을 "군사분계선"으로 표기하고 있다. 이것은 북한이 NLL을 인정한 가장 확실한 증거인 셈이다.

북한은 또 1963년 5월 17일 NLL을 침범한 간첩선 문제를 다루었던 제168차 군정위회의에서도 '북한 함정이 북방한계선을 넘어간 적이 없다'고 반박하며, 사실상 NLL의 존재를 인정했다.

뿐만 아니라 1984년 있었던 남측의 수해피해에 대해 북한이 인도물자를 지원할 때에도 NLL은 적용되

▶▶▶ 1959년 북한 조선중앙연감에 수록된 황해남도 지도. 해상에 군사분계선이 표시되어 있다 _조선중앙연감

었다. 당시 북한은 육로뿐만 아니라 해상으로도 수해물자를 실어 보냈는데, 9월 29일부터 10월 5일까지 수송선박들이 남측 지역으로 넘어올 때 NLL을 기준으로 남북한 군함의 호송단 인수·인계가 이루어졌다. 북한이 NLL을 인정한 것이다. 이 밖에도 북한이 NLL을 인정한 사례는 여러 차례가 더 있다.

북한의 NLL 부인과 그 배경

그러나 북한은 시기에 따라 NLL을 부인하는 태도를 보였고, 동시에 이 지역에서 군사적 도발도 자행했다. 특히 이런 행태는 1973년 북한이 해군을 동원해 일으켰던 이른바 '서해 사태' 이후 본격적으로 부각되기 시작했다.

1973년 12월 1일 제346차 군정위회의는 북한이 NLL을 부인한 첫

사례로 알려져 있다. 당시 이 회의에서 북한 대표는 '황해도와 경기도의 도 경계선 북쪽의 해면은 북한 측의 연해라면서, 유엔사 측이 서해 5도를 드나들려 하는 경우에는 북측에 신청하고 사전 승인을 받아야 한다'고 주장했다. 북한이 서해 5도 해역에 대해 공식적으로 자신의 관할임을 주장한 것은 이것이 처음이었다.

이후에도 북한은 NLL을 부인하는 행태를 보여왔는데, 1999년 9월 2일에는 소위 '조선 서해해상 군사분계선'을 선포하고 NLL은 무효라면서, 이 수역에 대한 자위권을 행사할 것이라고 주장했다. 이어서 2000년 3월 23일에는 '서해 5개 섬 통항질서'를 공포하고, 이 지역을 출입하기 위해서는 자신들이 지정한 2개의 수로만을 이용하라고 요구했다. 2002년 8월에는 소위 '백서'를 통해 '북방한계선은 미국이 자신들과 사전합의나 통보 없이 일방적으로 설정한 비법적인 선'이라고 주장했다. 그러면서 'NLL이 무장충돌과 전쟁발발의 화근'이라고 까지 주장했다.

이런 가운데 북한은 NLL을 침범하며 군사적 도발도 여러 차례 일으켰다. 대표적인 사례로 지난 1999년 6월 제1차 연평해전과 2002년 6월 제2연평해전, 2009년 11월 대청해전, 그리고 2010년 3월 천안함 피격 사건 등 다수였다.

그렇다면 북한은 왜 NLL을 부인하려 하는가? 그 저의에 대해 여러 분석이 있다. 대표적으로 NLL을 설정한 것이 유엔군사령관이기 때문에 NLL 문제를 부각시켜 미국과 이 문제를 협의하려 한다는 분석이 있다. 'NLL 위협'이 일종의 대미 '관심유발' 행위라는 지적이다. 이 주장은 특히 북한이 1970년대 초반부터 루마니아, 중국을 통해 대미 접촉을 적극적으로 시도하는 것과 거의 같은 시기에 NLL 문제를 처음으로 제기한 점에 주목하고 있다.

▶▶▶ 2002년 제2연평해전 당시 피격되어 침몰했던 참수리 357호정의 복제함
_전쟁기념관 전시

    NLL지역에서의 분쟁을 초래해 북한의 입장에서 불명확해져가는 '대결의 전선'을 명확히 하려 한다는 분석도 있다. 분쟁이 일어나면 적과 아군의 경계가 명확해지기 마련인데, 북한이 노리는 것이 이 과정에서 중국과 러시아의 지지를 끌어내고자 한다는 것이다.

    또한 북한이 자신들의 해군력을 평가하고, 남측의 대비태세를 '시험'해보려 한다는 것과 NLL지역에서 군사적 불안정을 초래해 대내 체제 결속을 도모하고, 남한 내에 남남갈등을 일으키려 한다는 분석도 있다. 이 밖에도 이 지역의 수자원 확보를 위해서라는 분석 등 다양한 분석이 제기되고 있다.

NLL에 대한 우리의 입장

북한은 그동안 NLL에 대한 불인정과 군사적 도발을 통해 NLL

을 무력화하려고 시도했다. 그러나 변함없는 사실은 NLL은 남북 간의 실질적인 해상분계선이며, 이것은 현실적·정전협정상·국제적 관행상으로도 타당하다는 점이다. 이 점에서 NLL은 지상에서의 군사분계선(MDL)과 같이 확고히 유지되어야 하는 것이다.

통계로 본 6·25전쟁 피해 현황

■ 국군 및 유엔군 인명 피해 현황

(단위: 명)

국명	전사/사망	부상	실종	포로	계
한국	137,899	450,742	24,495	8,343	621,479
미국	33,686	92,134	3,737	4,439	133,996
영국	1,078	2,674	179	978	4,909
오스트레일리아	340	1,216	–	28	1,584
네덜란드	120	645	–	3	768
캐나다	516	1,212	1	32	1,761
뉴질랜드	23	79	1	–	103
프랑스	262	1,008	7	12	1,289
필리핀	112	299	16	41	468
터키	966	1,155	–	244	2,365
태국	129	1,139	5	–	1,273
남아프리카공화국	36	–	–	8	44
그리스	192	543	–	3	738
벨기에	99	336	4	1	440
룩셈부르크	2	13	–	–	15
에티오피아	122	536	–	–	658
콜롬비아	213	448	–	28	689
인도	3	23	–	–	26
노르웨이	3	–	–	–	3
합계	175,798	554,202	28,445	14,160	772,605

한 권으로 읽는 북한사

■ 공산군 인명 피해 현황

(단위: 명)

국명	전사/사망	부상	실종	계
북한	520,000	?	120,000	640,000
중국	141,000	220,000	29,000	391,000
소련	315	?	?	315
합계	520,456	220,000	149,000	1,031,315

출처: 박동찬, 『통계로 본 6·25전쟁』(서울: 국방부 군사편찬연구소, 2014), 30쪽

■ 북한지역 민간인 피해 현황

(단위: 명)

사망	실종	중국·소련 등 국외 소개	정전 후 대한민국 편입	군 징집	총계
282,000	796,000	80,000	40,000	600,000	1,798,000

출처: 국방부 군사편찬연구소, 『소련 군사고문단장 라주바예프의 6·25전쟁 보고서』 ③(2001), 36쪽(1954년 북한 중앙통계국에서 발표한 것을 인용)

■ 북한지역 산업 피해 종합 현황(1950.6.25~1953.7.23)

산업별	1949년 대비 1953년 생산 감소 비율	산업별	1949년 대비 1953년 생산 감소 비율
연료공업	77%	농업	10%
금속공업 (야금공업)	88%	어업	70%
화학공업	80%	임업	47%
제지공업	82%	광업	33%
고무공업	33%	인쇄업	57%
식료품공업	12%	전력생산	74%
방직공업	25%	건축자재	54%

출처: 국방부 군사편찬연구소, 『소련 군사고문단장 라주바예프의 6·25전쟁 보고서』 ③ (2001), 37쪽

■ 북한지역 주요 가축·건물 피해 현황(1950.6.25~1953.7.23)

구분	피해 현황	구분	피해 현황
소	109,000두	학교	5,000개
돼지	135,000두	병원	1,000개
주택	600,000동	극장/영화관	263개
산업건물	약 9,000동	기타 문화기관	수 천 개

출처: 국방부 군사편찬연구소, 『소련 군사고문단장 라주바예프의 6·25전쟁 보고서』 ③ (2001), 36쪽

6·25전쟁 개전 초기 북한군 지휘부 현황

■ 북한군 최고지휘부 현황(1950.6.25 현재)

직책	이름	계급	나이	주요 경력
내각수상	김일성	원수	38세	제88여단 제1대대장, 소련군 대위
민족보위상	최용건	대장	50세	제88여단 정치부 지도원, 소련군 대위
총참모장	강 건	중장	32세	제88여단 제4대대장, 소련군 대위
해군사령관	한일무	중장	42세	소련에서 출생, 소련군관학교 졸업
공군사령관	왕 연	중장	38세	제88여단 정치부 지도원, 소련군 대위
포병사령관	김무정	중장	45세	팔로군 포병단장, 조선의용군 사령원

출처: 국방부 군사편찬연구소, 『6·25전쟁사』 ②(2005), 15쪽

■ 북한군 사단장 및 여단장급 이상 지휘관 현황(1950.6.25 현재)

	직책	이름	계급	나이	주요 경력
제1군단	군단장	김 웅	중장	38세	중국 중앙군관학교 제10기생, 중공 팔로군 연대장
	제1사단장	최 광	소장	32세	제88여단 제4대대, 소련군 중위
	제3사단장	이영호	소장	?	제88여단, 소련군 상위
	제4사단장	이권무	소장	36세	팔로군 여단참모부 작전훈련 견습 참모
	제6사단장	방호산	소장	37세	중공 독립 4사 166사 정치위원
	제105전차여단장	유경수	소장	35세	제88여단 제1대대 제1중대 제1소대장, 소련군 중위

	제3경비여단장	최 현	소장	39세	제88여단 제1대대 경리소대장, 소련군 상위
	제13사단장	최용진	소장	39세	제88여단 제1대대 제1중대장, 소련군 상위
	제15사단장	박성철	소장	38세	제88여단 분대장, 소련군 중위
제2군단	군단장	김광협	소장	35세	제88여단, 소련군 상위
	제2사단장	이청송	소장	?	제88여단 특무장, 소련 한인 2세
	제5사단장	김창덕	소장	48세	조선의용군 출신, 독립 11사 164사 부사장
	제12사단장	전 우	소장	36세	조선의용군 출신, 독립 156사 부사장
	제1경비여단장	오백룡	소장	39세	소련군 정찰부대
	제766부대장	오진우	총좌	34세	제88여단 전사
전략 예비	제10사단장	이방남	소장	34세	조선의용군 출신

출처: 국방부 군사편찬연구소, 『6·25전쟁사』 ②(2005), 15쪽

제**5**장

교육· 과학· 문화· 체육 편

> ### "삶은 가까이서 보면 비극이요, 멀리서 보면 희극이다"
> *Life is a tragedy when seen in close-up,*
> *but a comedy in long-short*

　　　　　　영화배우이자 감독인 찰리 채플린(Charlie Chaplin)은 삶을 이렇게 얘기했다. 이 말을 북한에 적용해 '북한주민들의 삶은 가까이서 보면 비극이요, 멀리서 보면 희극이다'라고 바꿔 쓸 수는 없을까?

　　북한사회는 철저히 통제된 곳이다. 주민들은 모든 행동과 사고가 통제된다. 또한 북한의 사회, 경제, 교육, 문화, 체육 등 모든 것은 철저히 '최고영도자'를 중심으로 작동하고 있다. '최고영도자'를 중심으로 모든 사회가 '사회정치적 생명체'로서 조직적으로 움직인다. 조선노동당 규약 서문(2012.4.12 개정)에는 "조선로동당은 위대한 김일성동지와 김정일동지의 당이다"라고 시작하고 있고, '사회주의 헌법' 서문(2013.4.1 개정)은 "조선민주주의인민공화국은 위대한 수령 김일성동지와 위대한 령도자 김정일동지의 사상과 령도를 구현한 주체의 사회주의 조국이다"라고 되어 있다.

이런 현실을 덮어놓고, 북한 당국은 스스로를 '지상낙원'이라고 선전하고 있으니, 참으로 북한 현실은 멀리서 보면 희극이겠고, 북한주민의 삶을 지켜보면 비극이 아닐 수 없다.

제5장에서는 북한의 교육, 과학, 문학, 체육 등 모든 부문이 김일성 일가를 위한 도구이자 수단으로 활용되고 있음을 확인할 수 있을 것이다. 이를 위해 북한이 정권수립 이후 전개해온 교육정책, 과학기술의 성과 및 한계, 북한에서 지식인에 대한 중요한 분기점이 되었던 '5·25교시'에 대해서 살펴볼 것이다. 그리고 북한소설의 창작과정과 북한 사회에서 소설의 도구적 역할에 대해서 다뤄볼 것이다. 끝으로 올림픽, 아시안게임, 월드컵 등 북한의 국제 체육경기대회 참가에 대해 살펴보면서 북한에서 스포츠의 역할과 용도에 대해서도 살펴보자.

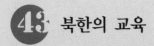

북한의 교육

무상의무교육 자랑했지만,
경제 붕괴로 유명무실

광복 직후 북한의 당면 목표는 국가와 당의 건설이었다. 그러나 이 목표를 이루기 위한 '인재'는 턱없이 부족했다. 이것은 광복 직후 다수의 지식인들이 공산주의를 피해 월남했기 때문이다. 북한은 새로운 인재양성이라는 현실적인 선택을 할 수밖에 없었지만, 교육인프라 또한 열악하기만 했다. 인구 40만 명의 평양에 중등학교 몇 개가 전부일 정도였다. 고등교육기관은 북한 전체에 평양공업전문학교 하나뿐이었다. 결국 북한의 교육은 학교 건립과 교원확보를 위한 시도로부터 시작되었다.

광복 직후부터 교육사업 시작

김일성은 1945년 11월 3일 발표한 담화에서 "새 조선을 건설하려면 많은 민족간부가 있어야 하는데, 이것이 가장 절박한 문제 중 하나"라고 지적하고, 교육사업에 본격적으로 착수하게 된다.

북한의 첫 목표는 종합대학 건립이었다. 김일성은 학교 건립에 필수적인 교원 문제는 서울에 있는 학자들을 데려와 해결하라고 했다. 김일성의 지시로 광복 이후부터 6·25전쟁 기간까지 많은 지식인들이 북으로 끌려갔다. 이른바 '지식인 월북공작'이었다. 이들은 북한의 초기 교육 기반을 닦는 데 큰 역할을 했다.

김일성의 교육에 대한 관심과 투자는 1946년 10월 1일 김일성종합대학을 시작으로 1949년까지 총 15개의 대학이 설립되는 성과로 나타났다. 산업현장에서 제기되는 기술적인 문제를 해결하기 위해 기술교육기관도 설립했다. 북한 통계에 따르면 1954년까지 기술전문학교 48개와 야간기술전문학교 27개가 설치되었고, 학생 수는 2만 4천 명에 이르렀다. 이 같은 기술인재양성은 한때나마 북한경제가 남측보다 우위에 있을 수 있었던 하나의 요인이 되기도 했다.

북한의 주요 대학

북한의 대표적인 학교가 몇 개 있다. 김일성종합대학은 북한 최초의 종합대학으로 1946년 10월 1일 개교했다. 김정일도 1964년 이 대학 정치경제학부를 졸업했다. 북한 최고의 대학으로 이 대학 출신은 체제의 주요인물로 성장할 수 있다.

공과대학 중에는 김책공업종합대학이 잘 알려져 있다. 이 대학은 1948년 9월 김일성종합대학의 공학부와 철도공학부를 모체로 평양공업대학이라는 이름으로 개교했다. 이후 6·25전쟁 초기 사망한 북한군 전선사령관 김책의 이름을 따서 1951년부터 현재의 이름으로 불리고 있다. 현재는 2,000명의 교수와 1만 명의 학생들이 있으며, 북한에서 최고의 공업대학으로 평가받고 있다.

▶▶▶ 김책공대 모습 _북한선전화보

평양국제관계대학은 외국어중심대학으로 이곳 출신들 상당수는 현재 북한외교관으로 일하고 있다. 2016년 사망한 북한의 전 국제담당 비서 강석주가 이곳 출신의 대표격이다.

만경대혁명학원은 일종의 특수학교라고 볼 수 있다. '항일빨치산대원'의 자녀들을 양육하기 위해 1947년 10월 12일 설립된 학교다. 이후 입학대상은 6·25전쟁 전사자 및 대남침투요원의 유자녀 등으로 확대되었다. 현재 북한 당·정·군의 많은 핵심간부들이 이 학교 출신으로 김정은체제를 지탱하는 '친위대' 역할을 하고 있다.

북한에는 북한 이외의 자본으로 설립된 학교도 있다. 평양과학기술대학이 그렇다. 이 학교는 북한 교육성과 남측의 사단법인인 동북아교육문화협력재단이 합작해 만든 일종의 '남북합작학교'이다.

김일성 독재와 북한 교육의 변질

북한은 광복 이후부터 마르크스-레닌주의 교육이론에 바탕을 두고 소련식 교육제도를 운영했다. 그러나 북한정치에서 1956년 8월 종파사건과 1967년 갑산파 숙청 등을 통해 김일성 유일지도체제가 확립되면서 교육도 그 영향을 받기 시작했다.

북한의 학교교육은 크게 정치사상·과학기술·체육교육 등으로 구분된다. 이전까지 교육이 정치사상보다 과학기술에 무게중심이 있었다면, 김일성 독재가 시작되면서부터는 정치사상이 절대적으로 강조되기 시작했다. 이때부터 김일성 부자 우상화와 혁명전통교육이 별도 정규과목으로 편성되었다. 과학기술분야에서도 주체사상이 강조되면서 외부로부터의 기술도입은 어려워지고, '우리식'이 강조되면서 경제 전반의 침체로 이어졌다. 북한 교육이 '변질'되기 시작한 것이다.

1980년대 김정일이 공식후계자로 등장하면서 교육에 대한 변화를

▶▶▶ 1992년 9월 16일, 제8차 남북고위급회담 참석차 평양을 방문한 정원식 국무총리 일행이 영재학교인 평양 제1고등중학교를 참관하는 모습 _국가기록원

시도했다. 정치사상교육뿐만 아니라 기초과학교육과 외국어교육이 강화되고 영재교육도 시행되었다. 김정일은 과학기술을 통한 강성대국 건설을 발전전략으로 추진했는데, 이 전략을 위한 교육에서의 대책인 셈이었다.

이에 따라 학교교육에서 컴퓨터를 비롯한 정보기술교육이 시행되었고, 남측의 지원을 받아 평양과학기술대학이 건립되기도 했다. 외국의 선진과학기술을 배워야 한다며 외국어교육도 강화되었는데, 영어가 특히 강조되었다. 북한은 이를 위해 미국, 영국, 캐나다, 뉴질랜드 등 영어권 국가에 강사 파견을 요청했고, 북한교사를 직접 현지에 보내 연수를 시키기도 했다.

중등교육과정에서 영재교육도 이때 시작되었다. 교육평등주의를 강조하는 북한에서 영재교육은, 이전까지는 김일성종합대학 등 대학과정에서만 운영되었다. 그러나 1984년 9월 평양 제1고등중학교가 설치되면서 중등교육과정에서도 엘리트교육이 시작된 것이다. 그러나 김정일 시대 교육은 일부 부문을 제외하고는 경제의 붕괴로 기대한 만큼의 성과는 거두지 못했다.

북한 무상교육의 붕괴

북한이 교육부문에서 자랑하는 것이 무상의무교육이다. 북한은 1956년 8월부터 4년제 초등의무교육제를 실시했다. 1958년 11월에는 여기에 6년의 중등교육과정 중 3년을 포함해 7년제 의무교육을 실시했다. 그리고 1973년 4월부터는 나머지 중등교육 3년과 취학 전 1년을 포함해 총 11년제 의무교육제를 시행했다.

북한은 무상의무교육이 사회주의체제하에서만 실행 가능한 것으로 체제의 우월성을 드러내는 것이라고 선전했다. 실제 탈북자들은 이 점을 '좋았던 기억'으로 회고하기도 한다.

그러나 북한의 무상의무교육제도는 1990년을 전후해 일어났던 사회주의권의 붕괴와 북한의 '고난의 행군기'를 거치면서 심각한 위기에 직면했다. 식량배급 정지로 학생뿐만 아니라 교사의 결석과 결근이 빈번해졌고, 홍수 같은 자연재해로 학교시설이 파괴되면서 무상의무교육은 유명무실해지기 시작한 것이다. 경제침체가 그들이 자랑하는 무상교육을 붕괴시킨 것이다.

2000년대 들어서면서 일부 복구되긴 했지만 정상화되진 못했다. 이전까지 정부에서 학생에게 제공하던 교과서, 학습장, 교복 등은 학부모의 부담으로 돌아갔다. 학교운영에 필요한 책상과 의자, 교육기자재, 그리고 심지어 난로 땔감까지도 공급되지 못하면서 대부분의 비용은 학교 자체 조달과 학부모의 몫이 되었다. 그리고 학교교육의 파행은 학생들의 학력저하로 직결되었다.

이런 상황에서도 일부 권력과 재력이 있는 학부모들은 자녀를 영재학교인 제1중학교 입학과, 대학진학을 위해 공공연히 '사교육'을 시키고 있다 한다. 또 영재학교와 일반중학교, 평양과 지방의 학교 간에 서열화도 나타나고 있다. 결국 북한이 자랑했던 무상교육과 평등교육은 철저히 붕괴된 것이다.

김정은 시대 북한 교육

북한은 2012년 9월 25일 12년 의무교육제를 발표했다. 김정은 등장 후 첫 교육정책이었다. 내용은 초등교육 기간을 기존보다 1년 늘려 5년으로 하고, 중등교육은 기존 6년을 초급중학교 3년, 고급중학교 3년

으로 분리한 것이다. 당시 북한 보도매체는 이를 두고 '중대발표'라고
까지 했다.

김정은은 2014년 9월 5일 10년 만에 전국교육일꾼대회를 개최하
고, 북한을 '교육의 나라, 인재강국으로 빛내자'라고 했고, 2015년 신년
사에서도 교육중시정책을 강조했다. 여기에다 새 디자인의 학생교복을
내놓기도 했다. 김정은의 교육에 대한 관심이 매우 높다고 할 수 있다.

전문가들은 김정은의 교육에 대한 관심을 정치적 측면과 교육적
측면에서 해석하고 있다. 정치적으로는 김일성 시대부터 시행된 의무
교육제의 전통을 계승해 주민의 지지를 얻고, 자신이 김일성의 후계자
임을 강조하려는 포석이라는 지적이다. 교육적으로는 교육기간 연장을
통해 저하된 교육의 질을 향상시키고, 소학교부터 영어와 컴퓨터를 교
육해 산업현장에서 요구하는 다양한 인재를 양성하려는 데 목적이 있
다는 것이다.

그렇다면 김정은 시대 북한 교육은 성공할 수 있을까? 김정은은
'새 시대에 걸맞은 창조적 인재양성'을 교육목표로 제시한 바 있다.
그러나 북한 교육이 정치사상교육 중심에서 벗어나지 못하고, 교육여
건 개선을 위한 경제적 지원이 병행되지 않는다면 그 목표를 이루는
것은 쉽지 않아 보인다.

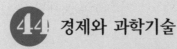

44 경제와 과학기술

당면한 경제 문제 해결 위해
광복 직후부터 과학기술 중시

광복 직후 전개된 북한의 지식인 우대정책에서 특히 과학기술자들에 대한 우대는 눈에 띌만했다. 이것은 새로운 체제건설을 위해서는 지식인 중에서도 과학기술자들의 수요가 가장 컸기 때문이며, 과학기술과 생산력과의 관계를 중시한 사회주의체제 특성에서도 그 이유를 찾을 수 있다.

그러나 과학기술자들은 하루아침에 만들어지는 것이 아니다. 결국 짧은 시간에 많은 인재들을 확보하기 위해서는 타 분야와 마찬가지로 남측에 있는 과학기술자들을 북으로 데려오는 방법이 가장 '효과적'이었다.

따라서 북한은 광복 직후부터 전쟁 기간까지 이른바 '남조선 인테리'들을 데려오기 위한 지식인 월북공작을 전개하는데, 이것은 현재까지도 해결되지 않고 계속 남아 있는 납북자 문제의 한 단면이기도 하다.

사회주의 과학관과 과학기술에 대한 김일성의 관심

마르크스와 레닌은 과학기술이 생산력으로 직결된다는 이른바 사회주의 과학관을 가지고 있었다. 김일성도 이들의 영향을 받아 광복 직후부터 과학기술에 관심을 갖고 정책을 추진하기 시작했다. 김일성은 1946년 10월 17일 과학자·기술자대회에서 행한 연설을 통해 '과학자·기술자들이 인민경제를 계획적으로 부흥 발전시키며, 모든 공장, 기업소들을 계획적으로 관리 운영하는 데 적극 이바지'할 것을 강조했다.

당시 김일성이 과학기술에 관심을 갖게 된 배경에는 경제 문제가 직접적인 이유였다. 일제가 남기고 간 산업시설의 복구와 가동이 당면과제였기 때문이다. 또한 일제강점기 북한지역에 형성된 기형적이고 왜곡된 경제구조 때문이기도 했다. 당시 북한지역의 경제는 일부 산업에 치중되어 있었다. 이런 상황에서 북한이 목표했던 다방면에서 균형 잡힌 자립경제를 구축하기 위해서는 자체 과학기술이 절실했기 때문이다.

과학기술자 충원정책 전개

그러나 김일성의 과학기술에 대한 관심은 현실의 벽에 직면했다. 과학기술자의 숫자가 너무 부족했기 때문이다. 일본인 기술자들은 광복 직후 상당수가 귀국했고, 북한에서 활동했던 과학자들도 대부분 남한으로 내려왔기 때문이다. 이것의 타결책으로 김일성은 과학기술자 충원정책을 다방면에서 전개하게 되는데, 그것은 크게 네 가지로 나누어볼 수 있다.

첫째, 기술교육기관 설립을 통한 자체 인재양성이었다. 북한은 광복 이후부터 1949년까지 모두 15개의 종합대학과 단과대학을 설립하였다. 김일성종합대학도 1946년 10월 1일 설립되는데, 처음에는 이공계 중심의 대학이었다. 또 산업, 농업, 체신, 운수 등 국가경제의 주요 부문별로 간부학교 및 양성소를 설치하여 해당 부문 인재를 양성하였다.

둘째, 북한 현지에 남아 있던 일본기술자들을 활용하는 것이었다. 1946년 8월 북한은 '기술자 확보에 관한 결정서'를 발표한다. 이 결정서에는 '모든 기술자는 조선인, 일본인 기타 국적의 여하를 불문하고 기술이 필요한 기관에 종사할 의무를 지닌다'고 규정하고 있다. 이로 인해 1947년 당시 북한에 남게 된 일본인 기술자는 405명이고, 그 가족은 943명이었다. 북한은 이들에게 신분증을 발급해서 신분을 보장하고, 월 4,500~5,000원을 지급했는데 당시 김일성 월급이 4,000원이었던 것에 비교하면 대우가 대단히 좋은 것이었다.

셋째, 소련 등 사회주의 국가에 유학을 추진했다. 북한은 1946년 1차 유학생 300여 명을 시작으로 매년 수백 명을 소련을 비롯한 사회주의 국가에 유학을 보냈다. 이들 유학생의 대부분은 이공계 계통의 과학기술 인력이었다. 북한의 '조선중앙연감'에 따르면 1955년까지 약 600명의 유학생이 유학 후 귀국하였고, 1957년 말 기준으로 6,147명이 대학과 연구소에 유학 중이었다. 유학생들은 귀국 후 북한의 전문기술 관료로 성장하게 된다.

넷째, 남한 과학자를 북으로 데려가는 것이었다. 이른바 지식인 월북공작이다. 이것은 실력이 입증된 과학자를 가장 빠른 시간 안에 확보할 수 있는 방법이었다. 월북공작은 광복 이후부터 6·25전쟁까지의 기간 중에 집중적으로 이루어졌다. 한 자료에 따르면 월북 과학기술자들의 숫자는 대학출신만도 80명이 넘는다. 이는 남한에 있던 대학출신 과학기술인력의 35~40% 정도에 이르는 것이다. 당시 월북 과학기술자들 대다수는 일본에 유학한 자들로서, 전공도 수학, 물리학, 화학, 생물학, 지질학, 화학공학, 기계공학, 전자공학 등 다양했다.

과학원과 제2자연과학원 설립

북한은 충원된 과학기술자들을 기반으로 6·25전쟁 기간인 1952년 12월 1일 '과학원'이라는 과학기술 연구조직을 설립했다. 당시 과학원 산하에는 총 9개의 연구소와 43개의 연구실이 편성되었다. 한국의 과학기술연구소(KIST)가 1966년 2월 설립되는 것에 비하면 시기적으로 앞선 것이라 할 수 있다. 과학원은 설립 2년도 채 되지 않은 1954년 5월 연구성과 발표회를 갖는다. 그리고 1955년 말부터는 보다 많은 예산을 배분받으면서 급속히 성장해 가게 된다.

북한은 1952년 12월 최초의 국방과학 연구기관인 '정밀연구소'를 설립하기도 했다. 당시 김일성이 군수산업 관련 연구소를 설립한 이유는 전쟁 때 사용한 소련제 장비가 '조선사람'의 신체조건과 잘 맞지 않았다는 점과 소련의 보총 10만 자루 지급 약속이 지켜지지 않아 전쟁에서 결정적으로 물러서야 했다는 경험이 작용했던 것으로 알려져 있다. 이후 북한군의 각 군종, 병종 연구소들을 속속 설립하였으며, 이곳에 많은 유학생들을 집중 배치하였다.

1964년 6월 24일에는 이들 군 관련 연구소들을 통합적으로 관리할 수 있는 제2자연과학원(국방과학원)을 설립했다. 제2자연과학원은 우리의 국방과학연구소(ADD)와 같은 역할을 수행하는 곳이다. 제2경제위원회와 함께 북한 군수산업의 한 축으로써 미사일과 핵과 같은 무기 개발을 주도한 곳이다. 북한 과학기술통보사 기자였던 김길선은 김정일이 이곳을 "꽃방석 위에 앉혀도 아까울 것이 없는 기관"이라며 높이 평가했다고 증언한다.

북한은 과학원과 제2자연과학원의 설립으로 민간과 군사부문 연구 기지를 구비하게 되었다. 이것은 1960년대 북한이 추진한 경제와 국방의 병진정책을 기술적으로 뒷받침하는 역할을 하게 된다.

이 밖에도 북한은 내각의 각 성(省) 산하에 연구기관을 두었다. 1946년 중공업성 산하에 중앙광업연구소를 시작으로 1950년대에는 10개의 연구기관을 두었다. 각 성 산하 과학기술 연구기관들은 과학보다는 기술에 가까운 역할을 수행하면서 생산현장에서 생산량 증진에 직접적으로 영향을 미쳤다.

그렇다면 북한이 과학기술분야에서 이룩한 성과는 무엇이 있을까? 또한 한때 한국보다 앞섰다고 평가되었던 북한 과학기술의 현재 수준과 문제점은 무엇인가? 이 점에 대해서는 다음 회에서 계속 살펴보자.

▶▶▶ 국가과학원 잔디과학연구분원의 모습 _노동신문

45 과학기술 성과와 한계

체제생존과 경제복구 절박함에 과학기술자 사기 진작에 주력

　　　　　　북한 과학기술의 주요 성과는 대부분이 월북 과학자들에 의해 이룩된 것이다. 앞에서 살펴본 바와 같이 북한은 실력 있는 과학자를 충원하기 위해 남한에 있던 과학자들을 대상으로 월북 공작을 전개했었다. 이들이 본격적으로 연구성과를 내놓는 1960년대가 북한 과학의 황금기가 된다.

　　그렇다면 북한 과학의 주요한 성과는 무엇이 있을까? 여기서는 북한 과학의 대표적인 성과와 북한 과학의 특징과 문제점, 그리고 김정은의 과학기술 중시정책에 대해 살펴보자.

북한의 대표 과학자와 그 성과

북한의 대표 과학자와 그 성과를 살펴볼 때 가장 먼저 들 수 있는 것이 이승기와 비날론(Vinalon)이다. 이승기는 전남 담양 출신으로 1939년 일본 교토대학교에서 공학박사학위를 받은 '실력자'였다. 광복

제5장 교육·과학·문화·체육 편　　　　　　　　　　　　　　　329

▶▶▶ 1968년 3월 1일 판문점 팔각정에서 북한기자들과
인터뷰 중인 이승기 박사 _국가기록원

후 서울대학교 공대학장을 역임하고, 6·25전쟁 중 월북했다. 월북 후
에는 김일성의 후원하에 일본 유학시절부터 연구해오던 비날론 연구를
추진해 공업화에 성공한다. 비날론은 석회석과 무연탄을 원료로 하는
합성섬유로, 김일성은 북한에 풍부한 원료를 이용해 '조선사람'이 발명
하고, '조선사람'이 생산공장도 설계했다며 비날론을 '주체섬유'라고 선
전했다.

비날론은 광복 당시 섬유산업의 대부분이 남한지역에 분포되어 있
는 상황에서 '입는 문제'를 해결해준 중요한 성과였다. 1962년 북한은
외국어로 된 비날론 관련 책자를 여러 나라에 보내 체제 선전에 이용하
기도 했다.

핵 물리학자 도상록도 주목해볼 필요가 있다. 도상록은 흥남 출신
으로 1932년 동경제국대학 이학부를 졸업했다. 서울대학교 교수로 재
직하다 1946년 월북해 김일성종합대학 교수가 되었다. 도상록은 핵
가속장치 개발과 핵 모형 수립에서 큰 연구성과를 내며, 핵무기 개발을

한 권으로 읽는 북한사

주도해 북한 '핵개발의 아버지'로도 불린다.

생물학자 계응상도 있다. 일본 규슈제국대학 농학부를 졸업한 그는 수원 농업시험장에서 일하다 광복 후 월북하였다. 1948년 북한이 수여하는 최초의 박사학위 수여자가 된 그는 양잠(養蠶) 연구를 통해 유전학 발전에 크게 기여하였다. 북한은 그를 기리기 위해 사리원 농업대학의 이름을 계응상대학으로 명명하였고, 과학자로서는 처음으로 '계응상선집'을 만들어 주기도 하였다.

북한 과학기술의 특징과 문제점

학자들은 북한의 과학기술 수준을 1970년 이전까지는 남한보다 우위에 있었지만, 현재는 10여 년 이상 남한에 뒤졌다고 보고 있다. 과학기술의 후퇴는 북한 과학기술의 특징과 그에 따른 문제점에 기인한 결과이다.

북한 과학기술의 특징과 문제점은 크게 세 가지로 살펴볼 수 있다.

첫째, 해외 선진과학기술에 대한 수용보다 자체 기술 개발을 강조한다는 점이다. 자체 기술 개발은 북한이 '주체과학'이라고 부르며 선전하는 분야이다. 그러나 선진과학기술의 수용을 거부하고, 고립된 상태에서 추진된 독자적 시도는 곧 한계에 직면할 수밖에 없다. 과학에서 '외톨이'가 되는 것이다. 북한이 자랑하는 비날론도 섬유의 낮은 품질뿐만 아니라 비싼 생산원가와 석유화학이라는 세계적 조류에 부응하지 못해 경제성과 효율성에서 비판이 제기되고 있다.

청와대 제2경제수석을 역임했던 오원철은 북한의 자력갱생적 과학기술의 배경을 일제시대 경험에서 찾는다. 제2차 대전 말 고립된 일본은 외국산 원료를 수입할 길이 막히자 당시 북한지역의 원료를 이용해

대용품을 만들어 사용했다고 한다. 당시 일본은 500쪽 분량의 『기술총동원요강』이라는 책을 발간해 배포하기도 했는데, 여기에는 아오지탄광의 갈탄을 이용해 석유를 만드는 법, 소나무 뿌리로 윤활유를 만드는 법 등 수백 가지의 방법이 적혀 있었다. 북한은 일제의 당시 경험을 그대로 물려받은 것이다.

둘째, 군사부문에 치중되었다는 점이다. 북한은 1964년 국방과학원이라는 이름으로 군수산업연구소를 설립했다. 후에 제2자연과학원으로 이름을 바꾼 이 연구소는 핵과 미사일 개발에 전 역량을 투입하였고, 결과적으로 민간부문의 과학기술은 소홀해질 수밖에 없었다. 과학기술과 생산력의 관계를 강조한 사회주의 과학관(觀) 측면에서 볼 때 과학기술이 경제발전에 제 역할을 못한 것이다.

셋째, 과학기술의 현장성을 강조한다는 점이다. 김일성은 1958년 1월 3일 교시를 통해 과학자들에게 "현지에 나가서 연구하라"고 지시했다. 경제현장에서의 기술적 문제를 해결하기 위해 과학기술자들을 '과학자돌격대'라는 이름으로 조직하기도 했다. 그러나 이것은 현장의 간단한 기술적 문제는 해결할 수 있었지만, 기초이론 연구개발을 취약하게 하고 안정적 연구 분위기를 저해하면서 결과적으로는 과학기술의 성장과 후속세대 양성까지 가로막게 하였다.

김정은의 과학기술 중시정책

김정은 등장 이후 북한의 과학기술에 대한 중시정책이 눈에 띄게 늘고 있다. 2014년 10월 14일 김정은이 위성과학자 주택지구와 국가과학원 자연에너지 연구소, 김책공대 교육자 아파트 등 과학 관련 시설을 시찰했다는 보도가 있었다. 이전까지 40일간의 '잠행' 후 첫

▶▶▶ 김정은 등장 이후 과학기술에 대한 관심이 증가되고, 과학기술자에 대한 우대정책이 전개되고 있다. 사진은 2016년 1월 새롭게 건설된 '과학기술전당'의 모습 _북한선전화보

행보로 과학기술분야를 택한 것이었다. 특히 새로 만든 '연풍 과학자 휴양소'를 시찰하면서는 그곳을 "당에서 과학자들을 위해 마련한 금방석"이라고 강조했다.

김정은은 2012년 12월에도 광명성 3호 2호기를 '성공'적으로 발사시킨 과학기술자들을 무려 3주 동안이나 평양으로 초청해 '공화국 영웅' 칭호를 수여하며 환대했고, 2013년 2월에는 3차 핵실험에 기여한 과학기술자들을 초청해 10만 명이 참여한 대규모 환영대회를 열어 주기도 하였다. 당시 조선중앙통신은 이것을 "사상 최대의 특전"이라고 보도했다.

2013년 11월 열린 '과학자 · 기술자대회'에서는 과학기술을 '최대의 국사, 국가발전의 천하지대본으로 중시한다'고 강조했다. 이런 분위기 탓일까? 2013년 KBS는 최근 북한 청소년들이 가장 선망하는 직업이 당 간부, 군인, 교사였던 예전과 달리 과학자를 최우선으로 꼽는다고 했다. 이런 변화에는 김정은의 과학자 우대정책이 한 요인이 되었을 것이다.

　그렇다면 김정은이 왜 이토록 과학기술자들을 우대하는 것일까? 그 이유는 체제생존과 직결되는 핵과 미사일 개발을 독려하고, 과학기술을 통해 피폐화된 경제발전을 꾀하려는 절박함에 있다고 할 것이다. 체제생존과 경제발전이라는 두 마리 토끼를 잡을 수 있는 열쇠가 과학기술에 있다고 본 것이다.

　과연 김정은의 과학기술 중시정책은 성공할 수 있을까? 물론 현재로서는 예단하기 어렵다. 경제 문제는 과학기술만의 문제가 아닌 경제제도와도 관련되는 만큼 제도개혁의 동반 없이는 큰 성과를 거두기 어려워 보인다. 그러나 핵과 미사일 개발은 이미 축적된 기술이 있고, 막대한 역량을 투입하는 만큼 일정한 성과가 있을 것으로 예상된다. 특히 핵과 미사일 개발은 대한민국 안보를 심각하게 위협하는 중요한 사안인 만큼 우리는 북한 과학기술의 변화를 예의주시해야 할 것이다.

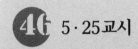

46 5·25교시

지식인 숙청하고 도서 불살라…
북한판 '분서갱유'

광복 이후 북한은 새로운 인재양성에 매진해
야 할 만큼 지식인 부족현실에 직면했다. 이 때문에 초기 지식인들은
우대를 받을 수밖에 없었다. 이런 현실을 반영하듯 북한의 조선노동당
당기(黨旗)에는 중국이나 소련 등 다른 공산당의 깃발과는 다른 것이
하나 더 추가되어 있다. 바로 붓이다. 중국이나 소련처럼 당기에는 노
동자와 농민을 상징하는 망치와 낫이 그려져 있지만, 북한은 여기에
붓을 추가한 것이다. 북한은 붓이 지식인을 상징한다고 선전하고 있다.

그러나 초기 지식인 우대정책은 1967년 김일성의 이른바 '5·25
교시'를 통해 확연한 변화를 겪게 된다. 이때부터 북한의 지식인은 '전
문가형 지식인'에서 '이념형 지식인'으로 전환되게 된다.

초기 북한의 지식인 우대정책

북한은 왜 다른 공산당들과 달리 붓을 추가했을까? 이것은 북한이

노동당 창건 당시부터 노동자·농민과 함께 지식인을 '혁명의 주체'로 인정하고, 지식인을 당의 '구성성분'으로 공식화했기 때문이다. 그리고 그 배경에는 노동자·농민만으로는 사회주의 건설의 복잡하고 어려운 과업을 성공적으로 수행할 수 없다는 현실적 문제 때문이기도 했다.

북한에서는 지식인을 '인테리'라고도 부르는데, 북한이 말하는 인테리는 '일정한 지식이나 기술을 가지고 정신노동에 종사하는 사회계층'을 말한다.[68] 김정일도 '인테리'를 '정신노동으로 사회적 부를 창조하는 근로자'라고 말한 바 있다.

그러나 광복 직후 북한에는 그들이 생각하는 지식인이 충분하지 못했다. 일제강점기 교육

▶▶▶ 조선노동당 당기. 망치와 낫 사이에 지식인을 상징하는 붓이 그려져 있다

의 기회도 제한되었을 뿐더러 그나마 있던 인재들도 공산주의를 피해 남쪽으로 내려왔기 때문이다. 결국 북한은 부족한 지식인을 충원하기 위해 광복 이후부터 전쟁기간까지 남측 지식인들을 계획적으로 북으로 데려갔다. 이에 따라 과학자, 기술자, 정치인, 법조인, 공무원, 예술인, 문학가, 언론인, 종교인 등 수많은 지식인들이 강제로 납북되었다.

1967년 김일성의 5·25교시 발표
납북된 지식인들은 북한체제의 형성과 발전에 크게 기여했다. 그러나 북한은 1950년대 중반 이후 이들을 서서히 탄압하기 시작했고,

1960년대 들어서면서부터는 탄압이 더욱 본격화되었다.

1967년은 그 탄압이 절정으로 치닫는 해였다. 잘 알려진 바와 같이 북한에서 1967년은 매우 중요한 시기였다. 1956년 8월 종파사건 이후 살아남았던 갑산파마저 숙청되면서 김일성 독재체제가 본격화되는 해였다. 이런 기조 속에서 지식인들에 대한 탄압 또한 극에 달했던 것이다.

지식인 탄압의 '근거'이자 기폭제가 된 것이 바로 5·25교시이다. 5·25교시는 1967년 5월 25일 김일성이 발표한 교시를 말하는데, 그것의 구체적인 내용은 현재까지도 알려지지 않고 있다.

일부 고위 탈북자들의 증언에 의해 일부 내용이 알려지긴 했지만, 그 내용은 각기 다르다. 황장엽은 5·25교시를 김일성이 당 사상사업 부문 일꾼들 앞에서 한 "자본주의로부터 사회주의에로의 과도기와 프로레타리아 독재 문제에 대하여"라는 연설이라고 한다. 이에 반해 김남식은 유일사상체계 확립 10대 원칙의 초본이라고 하고, 성혜랑은 반수정주의 투쟁, 좌경극단주의에 의한 반문화혁명이라 한다. 이에 대해 2007년 5월 노동신문은 5·25교시 40주년 기념사설을 실으며 5·25교시를 '당면한 당선전사업 방향에 대하여'라는 김일성 '노작'이라고 밝혔다.[69] 그러나 구체적인 내용은 밝히지 않았다.

이처럼 5·25교시의 내용에 대해서는 이견들이 있다. 그러나 이 교시가 김일성의 유일독재체제가 본격화되는 출발점이자 북한사회, 특히 지식인 탄압의 중요한 분기점이 되었다는 데 대해서는 이견이 없다. 특히 황장엽은 5·25교시가 '북한사회를 특이한 형태의 극좌(極左)로 몰아가는 하나의 전환점이 되었다'고 평가했다.[70]

북한판 '분서갱유'

5·25교시는 북한사회에 많은 영향을 미쳤다. 김일성 우상숭배가 강화되면서 주민들은 이후부터 김일성 휘장을 패용해야만 했고, 김일성의 유일지도체제 속에서 구속받게 되었다.

그러나 5·25교시로 인한 변화에서 주목할 만한 또 다른 점은 북한판 '분서갱유(焚書坑儒)'가 벌어졌다는 점이다. 분서갱유란 중국 진시황제 때 서적을 불사르고 수많은 유생을 구덩이에 산채로 묻어 죽인 사건을 말한다. 5·25교시 이후 북한에서도 지식인들을 탄압하고, 수많은 도서를 불태우는 등 '비문명적 사건'이 벌어진 것이다.

북한에서는 지식인을 '낡은(舊) 인테리'와 '새(新) 인테리'로 구분한다. 구인테리는 일제시기 교육을 받은 자로 실력은 있지만 사상성이 낮은 자이고, 신인테리는 사회주의하에서 교육받은 자들로 이른바 사회주의적 인테리이다. 신인테리는 전문성 면에서는 구인테리보다 못하지만 김일성에 대한 충성심에서는 절대 우위에 있는 자들이다.

5·25교시 이후 북한은 '인테리의 혁명화'라는 구호 아래 구인테리들을 신인테리로 교체했다. 광복 이후 구인테리에 대한 쓰임새가 다했던 것도 한 이유였다. 결국 이때부터는 사상으로 무장된 신인테리가 전면에 부상하기 시작했다.

전국적 규모의 '도서정리사업'도 시행되었다. 1970년대 중반까지 진행된 이 사업으로 전국의 모든 가정과 직장에서 보유하고 있는 책에 대해 페이지 하나, 글자 하나까지 검열이 이루어졌다. 검열기준은 수령 우상화, 항일무장투쟁의 절대화, 계급투쟁 등 이른바 반수정주의, 반부르주아 문화에 저촉되는지 여부였다. 그 결과 수많은 도서가 불태워졌고, 오직 김일성 저작과 김일성 찬양의 정치서적만 남게 되었다.

음악, 미술, 과학부문에서도 비슷한 현상이 일어났다. 외국음악은 소련노래까지도 금지되었고 서양화는 찢겨졌으며, 서양화가들은 지방으로 좌천되었다. 이때부터 북한에서는 유화가 자취를 감추었다. 베토벤 같은 고전악보도 모두 불살라졌다.

과학기술분야에서도 실력보다는 사상으로 무장된 과학자들이 중용되기 시작했다. 자력갱생이라는 미명하에 외국기술 도입이 금지되면서 북한의 과학기술은 세계적 흐름과는 동떨어지기 시작했다. 또 각 분야에서 발행되던 학술지들도 이때부터 1970년대 중반까지 정간(停刊) 조치 당했다.

이에 대해 김정일의 처형(妻兄)이었던 성혜랑은 당시를 '사회 전반에 극좌적인 바람이 불어 닥쳤다'고 회상했다. 그리고 그 결과 지식인들은 숙청되고, 평양에는 '촌뜨기'만 남아 북한은 '무지의 왕국'이 되었다고 했다.71)

지식인정책에 대한 이중성

이처럼 북한은 광복 직후에는 자신들의 필요에 따라 지식인을 대우했지만, 그 필요가 다하는 순간 이들을 숙청했다. 그 결과 북한은 체제에 순응하는 '죽은 지식인 사회'가 되어버렸다.

북한의 지식인 통제와 활용은 이후에도 계속되었다. 북한은 1992년 12월 정권수립 이후 처음으로 '전국 지식인대회'를 개최했다. 소련 등 사회주의권이 붕괴하자 '일부 나라들에서 지식인들이 자본주의를 끌어들이는 반당·반국가 활동을 앞장서 벌였다'며 지식인들에 대한 사상교양 사업을 한층 강화한 것이었다.

2007년 11월에도 '전국 지식인대회'를 개최했다. 1차 대회 이후 15년 만이었다. 그러나 이 대회에서는 강성대국 건설을 위해 전국 모든 지식인들이 노력할 것을 강조했다. 필요에 따라 지식인들을 통제하고, 때론 '역사적 임무'를 부여하며 이들을 활용하는 이중적인 정책을 쓰는 것이었다.

일반적으로 지식인들은 자유로운 논쟁과 연구를 통해 사회발전에 이바지하는 계층이다. 그러나 북한처럼 지식인들을 억압하고, 북한의 선전처럼 지식인을 '당의 열렬한 옹호자, 방조자'로만 생각한다면 북한의 변화와 발전은 앞으로도 요원해 보인다.

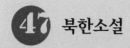

북한소설

정치체제 부산물이지만
북한 내부 엿볼 수 있는 유용한 도구

　　　　　　일반적으로 소설은 작가의 상상력에 의해 만들어진 허구(fiction)의 이야기를 말한다. 그러나 북한에서 소설은 당의 공식입장이 담긴 선전선동의 도구이자 주민들에 대한 계몽수단으로 활용된다. 창작과정도 당의 '치밀한' 기획 아래 전문작가들의 문학적 필력을 가미하고, 창작 후에는 까다로운 검열과정을 거쳐야만 '독자'들에게 읽혀지게 되는 등 복잡한 절차를 거치게 된다.

　　이러한 북한소설의 목적성과 창작과정으로 인해 북한소설은 단순한 허구가 아닌 정치체제의 부산물이자 북한 내부를 엿볼 수 있는 유용한 도구가 되기도 한다.

당의 기획하에 창작되는 북한소설

　북한에서 소설을 포함한 문학예술은 '군중예술론'에 의해 창작된다. 이는 예술창작에서 작가 개인의 창조성보다는 집단성을 강조하

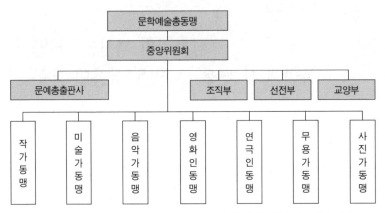

북한 문학예술총동맹 조직도

문학예술총동맹

중앙위원회

문예총출판사 / 조직부 / 선전부 / 교양부

작가동맹 / 미술가동맹 / 음악가동맹 / 영화인동맹 / 연극인동맹 / 무용가동맹 / 사진가동맹

* 북한의 소설가들은 창작의 집단화를 위해 문예총 산하 작가동맹에 가입되어 있다

는 것이다. 소위 '3위 1체'라 일컬어지는 당·행정기관·작가의 공동 창작이 이루어지는 것이다. 여기서 당은 '치밀하게 기획'하고, 문화성(省)과 문학예술총동맹과 같은 행정기관은 창작과정을 관리하며, 소설가는 당에서 제시한 주제에 맞게 자신의 문학적 재능을 발휘하는 시스템이다.

북한에서 창작의 원칙은 이른바 '주체사실주의'에 따른다. '주체 사실주의'란 사회주의 국가에서 통용되던 '사회주의적 사실주의' 창작 기법을 1970년대 이르러 주체사상을 토대로 '북한식'으로 변형시킨 것이다. 북한은 이것을 사실에 중점을 두고, 사람 중심의 세계관, 민족적 형식, 자주성 등을 강조하는 창작방식이라고 선전한다. 김정일은 이에 대해 '주체문학론'이라는 책도 내놓은 바 있다.

결국 북한에서 소설은 작가 개인의 창작이기보다 정치체제의 부산물이며, 이렇게 탄생한 소설은 영화와 더불어 주민 계몽수단으로 적극 활용되고 있다.

그러나 북한소설은 당의 주도하에 사실에 중점을 두고 창작되기 때문에 단순히 허구의 이야기로 치부해버릴 수만은 없다. 특히 북한소설 속에는 노동신문과 같은 공식문헌에서는 볼 수 없는 북한의 '속사정'이 곳곳에 나타나기도 한다. 비록 결말은 언제나 북한이 요구하는 '훈훈한' 내용이지만, 북한사회의 사건과 갈등, 정책오류 등이 소설 속에는 담겨 있다. 이러한 점에서 소설은 북한 내부를 간접적으로 엿볼 수 있는 유용한 수단이라 할 수 있다.

소설 속에 나타난 북한의 대미 전쟁관

북한소설 중 역사성과 사실성을 담고 있는 대표적인 것이 김일성과 김정일을 형성화하여 만든 이른바 '총서 시리즈'이다. 이는 김일성의 일대기를 다룬 총 33권의 '불멸의 역사'와 김정일을 소재로 한 '불멸의 향도' 시리즈를 일컫는다. 이것은 북한 당국이 심혈을 기울여 창작한 것으로, 역사성과 예술성을 함께 갖추고 있어 최고의 '수령형상문학'으로 불리기도 한다.

이 두 시리즈 중 공통적으로 1993년 1차 북핵 위기를 소재로 한 작품이 『영생』과 『력사의 대하』이다. 이들 소설에는 미국의 영변 폭격설까지 나오는 위기상황과 이에 대한 북한 지도부의 대응과정이 상세하게 묘사되어 있다.

특히 이들 소설 속에서 흥미를 끄는 것은 북한이 미국의 전쟁발발 가능성에

▶▶▶ 1차 북핵 위기를 소재로 한 북한소설 『력사의 대하』 표지

대해 평가하는 부분이다. 소설 속에서 북한은 미국이 자신들을 쳐들어 오지 못할 것이라고 분석한다. 그 이유는 한반도에서의 전쟁이 미국 정치인들 입장에서 전혀 이롭지 못하다는 것이다. 백악관의 전쟁모의 실험 결과도 인용하면서, 2주 만에 미군 40여만 명의 인명손실과 800억 달러의 군사비가 들 것이라는 근거도 제시하고 있다.

또 소설 속에는 김정일이 미국이 전쟁을 개시하는 상황을 다섯 가지로 설명하는 부분도 있다. 그 다섯 가지는 정치 외교적 수단으로 효과가 없을 때, 작은 것을 잃고 큰 것을 얻을 때, 미국 국민의 지지를 받을 때, 국제적 협조를 최대한 모색 가능할 때, 군사적으로 목표를 달성할 가능성이 있을 때이다. 그러나 미국이 사상자 수가 예상보다 많을 때는 즉시 군사적 개입을 중지하고 철수한다는 자체분석도 나온다. 물론 이 두 소설은 1차 북핵 위기 이후에 출간되었음을 염두에 두어야 하겠지만, 북한의 분석은 참고할 만하다.

소설 속에서 북한은 전쟁보다는 북미대화를 원하는 메시지도 담고 있다. 그러면서 '문선규'라는 인물을 매번 내세우고 있다. 그는 위기 때마다 김일성 부자에게 외교적 자문을 하는 인물로 그려진다. 그는 노동당 국제담당 비서를 역임하고, 2016년 사망한 강석주로 알려져 있다. 강석주는 북한외교의 제갈공명으로 불리던 인물이다. 임동원 전 통일부장관은 강석주를 김정일이 가장 신뢰하는 인물이라고도 평가한 바 있는데, 그의 위상이 소설에서도 확인되는 것이다.

북한소설 몇 가지

북한소설의 소재로는 김일성 일가에 대한 우상화가 단연 많지만, 6·25전쟁을 다룬 것도 있고, 남녀 간의 사랑, 이혼, 간부들에 대한 비판, 경제, 통일, 숨은 영웅 찾기, 청년들의 국가발전에 대한 열망 등 다양하다. 이 중 몇 가지만 소개해 본다.

6·25전쟁을 배경으로 한 소설 중에 『화식병』은 용감하게 종횡무진 하면서 직무를 수행하는 취사병을 그리고 있는데, 사회주의 소설의 전형적인 '인물 영웅화'를 느낄 수 있다. 『불타는 섬』은 인천상륙작전이 진행되던 1950년 9월 월미도에 배속된 여성 무전수 3명의 김일성에 대한 충성을 소재로 한 작품이다. 이것은 영화로도 만들어졌다.

『첫 전투에서』는 6·25전쟁 때 전투기 조종사로 처음 참전하는 주인공의 출격준비과정부터 공중교전까지의 모습을 세밀하게 묘사하고 있다. 『력사의 기록』은 남일의 전쟁 이전 행적부터 인민군 총참모장으로 전쟁을 겪고, 마지막으로 정전협상에 조중 측 대표로 나가는 과정을 담고 있다. 그러나 남일보다는 김일성의 지시에 따른 승리임을 강조하고 있다.

『함장의 웃음』은 6·25전쟁 때 미군에게 부모를 잃은 고아가 자라서 북한이 나포한 푸에블로호의 함장이 되었다는 내용을 그리며 대미 '승리'를 주장하고 있다.

북한 내부의 갈등을 그린 소설로는 1999년 김문창의 『열망』이

▶▶▶ 푸에블로호 사건을 소재로 한 『함장의 웃음』 표지

대표적이다. 1990년대 탄광기계공장
을 배경으로 그 속에 만연한 간부들
의 무사안일, 태만, 패배주의와 그 극
복과정을 그리고 있다. 이 소설은 그
동안 북한소설에서는 좀처럼 볼 수
없었던 간부들 간의 대립, 정책적 갈
등 등 이른바 '공적갈등'을 보여주었
다는 점에서 인상적이다.

이혼과 결혼을 소재로 한 소설도
있다. 백남룡의 『벗』은 이혼을 소재
로 했지만, 모든 부부가 벗처럼, 평생
을 함께 가는 동료라는 생각을 갖고
생활하라는 메시지를 주고 있다. 임

▶▶▶ 이혼 문제를 다룬 북한소설
『벗』의 표지

순득의 『딸과 어머니와』는 여자의 재혼 문제에 대한 글이고, 김문창의
『탄부』는 사회주의 평등을 지향하는 북한에서 집안 간의 격차로 인해
결혼 문제에서 갈등하는 모습을 담고 있다.

1987년 남대현의 『청춘송가』는 남녀 간의 사랑은 뜨거운 심장과
욕망에 충실하게 행해야 된다는 변화된 사랑관을 담은 소설로서, 북한
에서 인기가 최고 높았던 것으로 알려져 있다.

북한의 변화를 감지할 수 있는 지표

북한의 노동신문에는 사건사고 기사가 없다. 한국이나 미국의 사
건사고는 보도되지만 북한 내 사건사고, 갈등은 없다. 북한이 선전하
는 '사회주의 이상국가'의 모습인 것이다. 2014년 평양의 아파트 건설

현장 붕괴사고가 노동신문에 보도된 적이 있는데, 이것은 김정은체제 들어 대단히 이례적인 것이었다.

그러나 소설 속에는 사건, 사고와 갈등이 나타난다. 또 북한이 지난 시기를 어떤 시각으로 정리하는지도 확인할 수 있다. 이를테면 1990년대 초반 이른바 북한의 고난의 행군시기가 소설 속에 어떻게 그려지는지, 그 원인을 무엇으로 생각하는지를 소설에서는 찾아볼 수 있다.

북한은 소설 속에 자신들이 앞으로 전개할 정책을 암시하기도 한다. 소설이 주민들에 대한 계몽수단인 만큼 소설 속에 새로운 인물과 사건을 보여주고 주민들의 반응을 본 뒤, 정책을 시행하는 단계로 나가는 것이다. 텍스트(text)는 그것이 나온 상황(context)과 분리될 수 없다는 말처럼, 북한에서 소설은 북한당국의 상황인식과 대응을 엿볼 수 있는 유용한 수단인 것이다.

이런 점에서 우리는 자주 '북한은 변하고 있는가?'라는 질문을 하는데, 소설은 이를 가장 먼저 보여주고, 가장 먼저 읽을 수 있는 수단인 셈이다. 우리가 북한의 변화를 얘기할 때 근거로 삼는 정책변화라든가 아니면 휴대폰 사용률 증가 같은 지표보다 더 근본적인 북한의 고민과 나아갈 방향을 소설이 보여주는 것이다.

이 점에서 최근 김정은 등장 이후 발간된 한 편의 소설이 눈에 띈다. 2014년 5월 북한문예지인 『조선문학』에 실린 단편소설 '화창한 봄날의 이야기'가 그것이다. 소설은 김일성 교시가 새겨진 사과나무를 베고, 새 품종의 나무를 심는 주인공이 혁신을 했다는 공로로 칭찬을 받는다는 줄거리다. 공개적으로 김정은의 지시가 있었는지는 확인되지 않지만, 앞으로 김정은의 정책 또한 이런 '혁신'이 나올 가능성이 있음을 예상해볼 수 있는 것이다.

최근에는 북한 작가의 작품이 국내에서 출간되기도 한다. 2004년 북한소설 『황진이』가 국내에서 출간되었고, 2014년 5월에는 북한체제를 비판하는 북한작가의 소설 원고가 국내로 반입되어 출간되기도 했다. 이 또한 북한문학의 새로운 변화로 볼 수 있을 것이다.

끝으로, 현재 국내에서 북한소설을 보려면 통일부 북한자료센터를 이용하면 된다. 누구나 이용할 수 있지만, 북한자료는 '특수자료'로 관리되고 있으니, 참고하면 좋겠다.

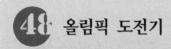

48 올림픽 도전기

IOC 원칙 때문에
1972년에야 첫 올림픽 참가

올림픽은 전 세계인의 축제인가? 지금은 이 말이 맞겠지만, 한때 북한에게는 올림픽이 남의 나라 이야기였던 적이 있었다. 북한이 참가하고 싶어도 참가할 수 없었기 때문이다.

북한이 처음으로 참가한 올림픽은 1972년 뮌헨올림픽이었다. 한국이 1948년 7월 개최된 런던올림픽에 처음 출전해 대한민국의 탄생을 전 세계에 알렸던 것과 비교하면 24년이나 뒤진 '지각 출전'이었다. 그 이유는 무엇이었을까? 그것은 북한체제의 정통성 결여와 국제사회에서 전개되었던 남북한의 체제 대결과 관련되어 있었다.

IOC의 원칙에 막힌 북한의 올림픽 참가

북한의 올림픽 참가가 늦은 것은 국제올림픽위원회(IOC)의 '1국가 1국가올림픽위원회' 원칙 때문이었다. 한국이 1947년 6월 스톡홀름에서 열린 총회에서 한반도의 유일한 IOC 회원국 자격을 취득한

▶▶▶ 1972년 9월 14일, 평양에 도착한 북한 올림픽선수단 모습 _노동신문

이후 IOC는 한반도에서 대한올림픽위원회(KOC)만을 인정했다. 이
것은 1948년 12월 12일, 제3차 유엔총회에서 한반도의 유일한 합법정
부로 승인받은 대한민국이 스포츠에서도 그대로 적용된 것이었다.
이러한 IOC의 원칙 때문에 북한은 회원국 가입뿐만 아니라 올림픽
참가도 불가능했다.

6·25전쟁 이후 북한의 올림픽 참가시도는 본격화되었다. 그러나
그 과정은 순탄치 않았다. 북한은 1956년 호주올림픽을 앞두고 IOC
가입을 추진했지만 총회에서 부결되었다. 이후에도 가입추진은 계속
되었지만, 성공하지 못했다. 그러던 중 1957년 제54차 IOC 총회는
북한에게 조건부 승인 결정을 내렸다. 북한올림픽위원회의 활동범위를
북한지역으로 한정하고, 올림픽 참가는 KOC의 일원으로서만 참가할
수 있다는 것이었다. 이것은 북한의 시도가 부분적으로 성공을 거둔
측면도 있지만, 동서독이 단일팀 구성을 조건으로 동독의 IOC 가입을
승인한 선례가 주요 요인으로 작용하였다. 북한은 이 결정에 따라 한국
에게 1960년 로마올림픽대회에서의 단일팀 참가를 제의하였다. 그러
나 한국은 회답하지 않았다. 북한의 올림픽 참가는 또다시 이루어지지
못했다.

1964년 도쿄올림픽을 앞두고 1962년에 열린 제59차 IOC 총회는 북한의 올림픽 참가에 새로운 전환점이 되었다. 소련에서 개최된 총회에서 북한은 공산권 국가들의 적극적인 협조로 새로운 승인을 얻어냈다. 그것은 도쿄올림픽에 남북한 단일팀으로 참가하되, 이것이 불가할 경우 북한 단독으로도 참가할 수 있다는 내용이었다. IOC의 결정으로 남북은 스위스 로잔과 홍콩에서 총 3차례에 걸쳐 사상 첫 남북체육회담을 가졌지만, 합의에 이르지는 못했다. 그렇지만, 북한은 IOC의 조건부 승인대로 1963년 10월 19일 열린 제60차 총회에서 IOC 회원국이 되었고, 이후 올림픽에 참가할 수 있게 되었다.

도쿄올림픽 개막식 하루 전에 선수단 철수

북한은 IOC 회원국이 된 이후 최초로 도쿄올림픽에 선수단을 파견했다. 개막 닷새 전인 1964년 10월 5일 선수단 1진이 일본 니가타항에 도착했다. 북한의 올림픽 참가라는 '꿈'이 이루어지는 듯했다. 그러나 도착 사흘 만인 10월 8일 북한은 돌연 선수단 철수를 발표하였다. 북한이 내세운 이유는 국호 문제였다. 즉, '조선민주주의인민공화국(DPRK)' 대신 북한(North Korea)으로는 참가할 수 없다는 것이었다. 그러나 속내는 따로 있었다. 당시 북한은 인도네시아가 올림픽에 반대하여 1963년 11월 처음 개최한 '신생국 경기대회(Ganefo)'에 참가했었다. IOC는 이 대회에 참가했던 선수들에게 12개월 동안 올림픽 참가를 불허했다. 북한은 당시 여자육상 400m와 800m에서 세계신기록 보유자인 신금단 등 6명이 이 대회에 참가했었다. 북한은 명분상으로는 '국호' 문제를 내걸었지만 속셈은 이들이 참가하지 못하면 메달을 딸 수 없고, 그럴 경우 올림픽 출전에 따른 체제선전효과를 거둘 수 없을 것으로 판단했던 것이다. 결국 북한은 첫 출전한 올림픽 개막식을 하루 앞둔 10월 9일 귀국길에 올랐다.

▌남북 부녀(父女)의 '7분 상봉'

1964년 10월 9일, 북한대표단이 도쿄에서 철수하기 1시간 전 남한의 아버지와 북한의 딸이 만나는 사건이 일어났다. 1·4후퇴 때 헤어졌던 아버지 신문준과 딸 신금단이 13년 만에 다시 만난 것이다. 전쟁 이후 첫 남북이산가족 상봉이었지만, 두 사람이 만난 시간은 고작 7분이었다. 북한대표단이 니가타행 열차를 타고 곧 철수해야 했기 때문이다. 당시 이 사연을 담은 '눈물의 신금단'이라는 노래가 만들어지기도 했다. 아버지는 1983년 사망했고, 신금단은 2014년 현재 압록강 체육단 연구사로 재직하고 있는 것으로 알려졌다.

▶▶▶ 1964년 도쿄에서 만난 신금단(가운데)과
아버지 신문준(오른쪽) _국가기록원

1972년 뮌헨올림픽에 첫 출전

1968년에는 멕시코에서 올림픽이 개최되었다. 북한은 이번에도 참가를 희망했지만 또다시 국호 문제가 불거졌다. IOC는 국호를 예전과 같이 'North Korea'로 호칭했다. 북한은 IOC의 이러한 결정을 비난하며 대회 참가를 거부했다. 그러나 이때는 북한이 미국의 정보 수집함 푸에블로호를 나포한 상태였기 때문에 사실상 참가하기가 어려웠다.

북한은 1969년 6월 제68차 IOC 총회에서 '조선민주주의인민공화국(DPRK)'이란 호칭을 정식으로 승인받은 뒤, 1972년 뮌헨올림픽에 참가하게 된다. 북한의 올림픽 참가라는 오랜 '꿈'이 이루어진 것이다. 이 대회에서 북한은 첫 출전임에도 사격에서 금메달을 비롯해 모두 다섯 개의 메달(금1, 은1, 동3)을 획득했다.

북한의 올림픽 참가를 시작으로 올림픽에서 남북한의 메달 경쟁도 시작되었다. 북한은 LA올림픽과 서울올림픽을 제외하고 2012년까지 아홉 차례 출전하며 금메달 14개를 획득했다. 동계올림픽에도 1964년과 1992년 두 차례 참가했다. 반면 한국은 1948년을 시작으로 모스크바대회를 제외하고 총 16차례 참가하여 81개의 금메달을 획득했다. 특히 1988년에는 올림픽 개최국으로서 종합 4위라는 역대 최고의 성적을 거두었다. 2012년 런던올림픽에서도 종합 5위를 기록하며, 스포츠 강국으로서 위상을 이어나가고 있다.

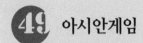

49 아시안게임

국제적 고립 탈피와
대외 이미지 개선의 기회로 활용

올림픽 못지않게 아시아인들의 체육대회인 아
시안게임 참가도 북한에겐 넘어야 할 장벽이었다. 북한은 1974년 9월
1일 이란의 수도 테헤란에서 개최된 제7회 아시안게임에 첫 출전하였
다. 대한민국이 6·25전쟁으로 제1회 대회에는 참가하지 못했지만, 1954
년 제2회 대회부터 참가한 것에 비하면 20년이나 늦은 것이었다.

북한의 아시안게임 참가 역사

북한은 1966년 런던월드컵에서 8강까지 진출하고, 1972년 첫
출전한 뮌헨올림픽에서 금메달을 획득하면서 스포츠를 통한 홍보 효과
를 경험하게 되었다. 그리고 이를 계기로 아시안게임에도 적극적으로
참가하게 되었다. 당시 북한이 아시안게임에 참가하기 위해서는 아시
아경기연맹(AGF)에 가입해야 했는데, 북한은 이를 위해 1974년 개최
국인 이란과 접촉을 강화하기 시작했다. 1972년 9월에는 이란 탁구팀

을 평양으로 초청했고, 1973년 9월에는 이란 국제레슬링대회에 선수단을 파견하는 등 스포츠 교류를 강화했다. 그 결과 1974년 3월 테헤란에서 개최된 AGF대표자회의에서 정식으로 회원가입을 승인받고, 1974년 9월 첫 출전하였다. 테헤란대회에서는 남북한 대결이 처음 이루어졌는데, 결과는 한국이 4위였고, 북한은 5위를 차지했다.

북한은 1974년 대회 이후 두 대회를 제외하고는 모두 참가하였다. 1986년 서울대회는 정치적 이유로, 1994년 히로시마대회는 김일성 사망 직후라 불참했다. 대한민국에서 개최된 아시안게임에는 2002년 부산대회에 이어 2014년 인천대회가 두 번째 참가다. 북한은 인천아시안게임에 273명의 대규모 대표단을 보냈다.

▌북한지도자의 스포츠에 대한 관심

북한 헌법 제55조에는 '국가는 체육을 대중화, 생활화하여 전체 인민을 노동과 국방에 튼튼히 준비'시키라고 되어 있다. 헌법에까지 체육을 장려하는 만큼 북한의 역대 지도자들은 스포츠에 관심이 많았다.

먼저, 김일성은 스포츠를 다른 나라들과 친선관계를 강화하는 수단 중 하나라고 강조했다. 김일성은 1972년 뮌헨올림픽에서 북한선수가 금메달을 따자 모든 종목을 이 정도 수준으로 만들어야 한다고 강조하기도 했다. 김일성은 스포츠 종목 중 사격과 권투를 좋아했는데, 이 종목이 혁명적인 투쟁정신과 한민족의 기개를 보여준다고 보았기 때문이란다.

김정일도 스포츠를 강조했다. 김정일은 주민이 건강해야 노동과 국방을 튼튼히 준비할 수 있고, 대외적으로 국가의 명예를 떨칠 수 있다며, 북한을 "체육의 왕국"으로 만들도록 당에 지시하기도 했다.

김정일은 특히 축구에 관심이 많았다. 1989년 당 일꾼들에게 체육의 기본은 축구이며, 축구는 우리나라 사람들의 체질에도 맞는다면서 국제경기에서 승리할 것을 강조했다. 1972년 6월에는 월드컵 지역예선에서 북한팀이 패배하자 북한군 소속의 '4·25체육선수단'에게 월드컵에서 우승할 것을 지시하기도 했다고 한다.

김정은도 '체육강국'을 내세우는 만큼 스포츠에 관심이 많다. 특히 2014년 인천아시안게임 당시에는 축구와 역도에 거는 기대가 매우 컸다. 대회에 참가하기 전인 2014년 7월에는 남자, 8월에는 여자축구 대표팀을 현지지도하기까지 했다. 이후에도 축구에 대한 관심이 여러 곳에서 나타났다.

이미 잘 알려진 바와 같이 북한 여자축구팀은 국제적으로도 그 실력을 인정받고 있다. FIFA랭킹 11위로 이미 2002년과 2006년 아시안게임에서 우승을 했었고, 2014년 인천아시안게임에서도 우승을 차지했다.

스포츠대회를 정치적 목적으로 악용하기도

북한은 스포츠대회를 정치적 목적으로 악용하는 경우가 많았다. 대표적 사례가 1979년 4월 평양에서 개최된 제35차 세계 탁구선수권 대회였다. 김일성은 참가를 희망하는 나라는 모두 오라고 했지만 정작 대한민국과 이스라엘의 참가는 봉쇄하였다. 그러나 미국에 대해서는 세 차례나 초청장을 보내면서 공을 들였고, 결국 미국은 42명의 대표단을 보냈다. 6·25전쟁 이후 북한을 방문한 최초의 미국 대표단이었다. 이것은 스포츠에서 북한의 통미봉남(通美封南) 전략이 처음 성공한 사례였다.

북한은 1986년 서울아시안게임과 1988년 서울올림픽 때는 잘못된 개최지 선정이라느니, 민족분열을 영구화하는 것이라니 하며 원색적 비난을 일삼았다. 서울올림픽 개최 무산을 소련에 요청하기까지 했다. 그러나 IOC의 중재로 남북회담이 개최되었을 때에는 올림픽 공동 개최를 주장하기도 했지만, 결국은 불참했다.

2014년 인천아시안게임을 앞두고 주목을 끈 것은 단연코 북한의 이른바 '미녀응원단' 파견이었다. 북한은 최고 수준의 입장표명인 '공화국 정부성명'을 통해 선수단과 응원단을 파견하기로 했으면서도 응원단은 보내지 않고, 그 책임을 남측에 돌리는 전형적인 태도를 보여주었다. 결과적으로 응원단은 오지 않지만, 북한은 이 문제를 통해 북한대표단의 참가는 부각시키고, 한국 내에 작지만 남남갈등을 불러오는 '경기외적' 성과에는 '성공'한 것 같아 보인다.

북한의 스포츠 외교 활동에 주목

북한은 인천아시안게임에서 종합 10위 진입과 역대 통산 100번째 금메달을 목표로 하고 있다고 알려졌었다. 이전 대회까지 누적 금메달이 87개이니, 13개의 금메달이 필요한 것이다. 대회 결과 북한은 종합 7위를 기록해 10위권 진입의 목표는 달성했다. 그러나 금메달은 11개를 획득해 통산 100번째 금메달 목표는 다음 대회로 미뤄야 했다.

인천아시안게임에서 북한대표팀은 북한올림픽위원장이자 우리의 장관격인 김영훈 체육상을 비롯해 세 명의 체육성 부상 등 체육계 고위 인사들을 대거 보냈었다. 대회 당시 이들이 IOC 위원장, OCA(아시아올림픽평의회) 의장 등 스포츠 거물들과 접촉하고 있다는 보도가 나오기도 했다.

또한 2014년 10월 4일 열린 인천아시안게임 폐막식에는 이른바 북한 '실세 3인방'으로 불리던 황병서 총정치국장, 최룡해 당비서, 김양건 통일전선부장이 방문해 12시간의 짧은 체류시간 동안 우리 측 당국자와 회담을 가지고 폐막식에 참석하는 등 '깜짝쇼'를 보여주기도 했다.

전문가들은 북한의 이 같은 적극적인 행보가 스포츠를 통해 국제적 고립을 탈피하고, 대외 이미지를 개선하고자 한다는 데 의견을 모으고 있다. 과연 북한의 목표가 어느 정도나 달성될지 관심을 갖고 지켜보자.

북한의 아시안게임 참가 현황

대회	개최지	종합순위	금메달	은메달	동메달
1974년	테헤란	5	15	14	17
1978년	방콕	4	15	13	15
1982년	뉴델리	4	17	19	20
1990년	베이징	4	12	31	39
1998년	방콕	8	7	14	12
2002년	부산	9	9	11	13
2006년	도하	16	6	9	16
2010년	광저우	12	6	10	20
2014년	인천	7	11	11	14

* 1986년 서울, 1994년 히로시마대회는 불참

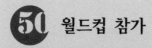

월드컵 참가

아시아 최초로 8강에 진출했지만,
귀국 후 숙청 당해

세계 3대 스포츠대회 중 하나로 불리는 월드컵은 올림픽이나 아시안게임에 비하면 북한에게 '관대한' 편이었다. 그것은 월드컵이 국가 간 대항전이라기보다는 각국 축구협회 간의 대항전이라는 해석이 있을 정도로 월드컵은 올림픽이나 아시안게임에 비해 정치적인 제약이 덜했기 때문이다. 사실 이를 반영하듯 영국의 경우 올림픽에는 하나의 국가로 참가하지만, 월드컵에는 잉글랜드, 아일랜드, 스코틀랜드 등 영연방 소속 국가들이 각각 출전하고 있다.

이런 점에서 북한의 월드컵 출전은 시기적으로 올림픽이나 아시안게임보다 먼저 시작되었다. 그리고 이런 북한에게 처음부터 운도 따랐다. 처음 출전한 대회에서 아시아 국가로는 처음으로 8강에 올랐으니 말이다. 그러나 그 이면에는 여러 '역경'이 있었으니 그것은 당시 북한이 감내해야만 했던 장애물이기도 했다.

국제스포츠대회와 북한

스포츠는 국가의 이미지 제고 수단 중의 하나로 널리 활용되고 있다. 특히 남북한체제 경쟁시대에 스포츠는 북한이 국제사회에서 위상 제고를 위해 택할 수 있는 비교적 손쉬운 수단 중의 하나였다.

그러나 북한이 사회주의 국가들이 개최하는 스포츠대회를 뛰어넘어 올림픽처럼 전 세계국가들이 참가하는 스포츠대회에 참가하는 것은 결코 쉬운 문제는 아니었다. 국제올림픽위원회(IOC)는 1962년까지 1국가 1국가올림픽위원회 원칙을 내세워 북한의 IOC 가입을 불허하고, 오직 대한올림픽위원회(KOC)의 일원으로서만 참가를 허용했기 때문이다.

이 점에서 올림픽 이외에 월드컵은 북한에게 매우 중요한 기회였다. 월드컵은 올림픽처럼 전 세계 국가들이 참가하는 대회일 뿐만 아니라 축구는 전 세계적으로 가장 인기 있는 스포츠 중 하나였기 때문이다. 여기에다 올림픽보다는 상대적으로 정치적 규제가 덜했기 때문이다. 그 결과 북한은 IOC보다 먼저 1957년 FIFA 회원국으로 가입하게 된다.

북한의 첫 월드컵 참가과정

북한은 1964년 도쿄올림픽에 첫 출전했다. 그러나 북한은 사회주의권 국가들의 체육대회였던 '가네포(Ganefo)'에 참가했다는 이유로 한 경기도 치르지 못한 채 선수단을 철수시켜야 했었다. 물론 표면상의 이유는 국호 문제였다. 당시 북한올림픽대표팀에는 축구팀도 출전자격을 얻고 참가했었다.

이후 북한이 눈을 돌린 것이 월드컵이었다. 도쿄올림픽 2년 뒤인

1966년 런던월드컵이 그것이었다. 당시 FIFA는 대회를 앞두고 아시아, 아프리카, 오세아니아 3개 대륙에 1개국만을 본선대회에 참가시킨다는 결정을 내린 상태였다. 대부분의 국가들이 FIFA의 결정에 항의해 불참을 표명한 방면, 북한은 적극적으로 참가하고자 했다. 그 결과 2개 나라, 즉 호주와 북한만이 참가신청을 했다. 어느 쪽이건 한 팀만 이기면 본선에 나가게 되는 것이었다. 그러나 북한의 월드컵 참가는 처음부터 쉽지 않았다. 그것은 6·25전쟁 '후유증'을 극복해 나가는 과정이었다.

먼저 지역예선에서 극복해야 할 과정은 이랬다. 상대팀이었던 호주는 대한민국을 지원하기 위해 6·25전쟁에 참전했던 나라였다. 다시 말하면 전쟁기간 중 북한과 호주는 서로 교전국이었다. 이런 미묘한 상황으로 인해 통상 상대국에서 교대로 치르던 경기는 제3국인 캄보디아 프놈펜에서 치르게 되었다. 1965년 11월 21일부터 24일까지 두 경기 모두 캄보디아에서 치렀고, 결과는 북한이 모두 승리해 런던월드컵 본선 출전권을 따냈다.

그러나 북한의 월드컵 본선 출전에는 장애물이 또 하나 더 있었다. 개최국 영국도 6·25전쟁 참전국이자 한국과 수교한 상태였기 때문이었다. 당시 영국 외무부는 북한의 참가를 막으려 했고, 이것은 FIFA 입장과는 상충되는 것이었다. 최근에 밝혀진 자료에 따르면 그 과정이 잘 확인된다.

북한의 참가를 막으려는 영국의 입장에 대해 FIFA는 강경자세로 나갔다. 만약 북한의 참가를 반대하거나 막는다면 월드컵 개최지를 변경하겠다는 것이었다. 이에 대해 영국 외무부의 고민은 깊어갔다. 당시 영국은 북한을 국가로 인정하지 않았던 상황이었다. 북한이 참가한다면 이들에 대한 비자 발급과 참가국의 국기 게양 문제, 그리고 국가 호칭과 국가 연주 등 고려해야 할 것이 많았다.

결국 개최국 영국은 북한의 국호를 이전까지의 북한(North Korea)에서 조선민주주의인민공화국(DPRK)으로 부르는 것과 함께 국기 게양에 대해서는 문제가 없다고 결정했다. 다만 국가연주는 대회 규칙을 바꿔 개막전과 결승전에서만 연주하기로 하였다. 개막전은 이전 대회 우승국이 하는 경기이고, 북한이 결승전에 오를 가능성은 낮았기 때문에 고육지책으로 나온 결정이었다. 영국 외무부는 이런 문제를 한국 정부에 사전에 알려 양해도 구했다.

▌'대이변'을 낳은 북한축구

다니엘 고든(Daniel Gordon)이 북한의 지원을 받아 2005년에 제작한 '천리마 축구단(The Game of Their Lives)'이라는 다큐멘터리에는 당시 북한의 참가과정이 잘 나타나 있다. 다큐멘터리에는 북한이 월드컵 본선을 앞두고 동유럽으로 10개월가량 전지훈련을 다녀온 것으로 나온다.[72] 그만큼 북한이 월드컵 참가에 공을 들인 것이라 하겠다.

1966년 6월 10일 선수단이 북한을 출발할 때는 김일성이 직접 선수단을 불러 '아시아, 아프리카, 대양주를 대표해서 참가하는 것이 대단히 영광스럽다. 가서 한두 팀이라도 이기고 돌아오라'고 교시도 내렸다. 당시 북한대표단은 선수, 코칭스태프, 의료진, 요리사, 촬영팀 등 모두 74명으로 꾸려졌다.

런던월드컵에서 북한은 소련, 칠레, 이탈리아와 같은 조에 편성되었다. 소련과의 1차전에서는 패했지만, 이어진 칠레와의 경기는 무승부를 기록했고, 마지막 3차전인 강호 이탈리아와의 경기에서는 1:0

으로 승리하면서 1승 1무 1패의 성적으로 8강에 진출하는 대이변을 낳았다. 당시 월드컵은 16개국만 참가하던 때라 현재와 비교하자면, 당시의 8강은 현재의 16강이었던 셈이었다. 8강에서 북한은 포르투갈을 만나 전반에 3점을 먼저 내며 선전했지만, 후반에 연달아 5골을 실점하며 5:3으로 역전패하고 말았다.

당시 북한은 자신들의 전 경기를 라디오로 북한 전역에 중계했다. 시차로 인해 주로 새벽에 중계되었는데 주민들 상당수가 이를 청취하는 등 관심이 매우 높았다.

북한의 월드컵 참가는 비록 여러 우여곡절은 있었지만 아시아국가로는 처음으로 8강까지 진출하면서 대단한 성공을 거두었다. 당시 전 세계 언론들도 북한이 이탈리아를 이긴 것을 '월드컵 사상 최대의 이변'이라고 보도했다.

북한에서 간행된 『축구역사』에서는 북한축구를 1950년대는 "아시아의 희망," 1960년대는 "세계 축구계를 뒤흔들었다," 1990년대는 "축구계의 확고한 지위를 고수했다"고 평가하고 있다.

그러나 무엇보다 주목할 만한 성과는 전 세계에 북한의 존재를 알렸다는 점이다. 특히 그 대회가 6·25전쟁 이후 서방 국가가 주최한 스포츠대회이자 한때 전

▶▶▶ 이탈리아를 이기고 기뻐하는 북한 축구선수들 모습
_노동신문

쟁 교전국이었던 영국이었다는 점에서 주목할 만했다.

당시 영국인들에게 심어준 북한 선수들의 모습은 매우 인상적이었다고 한다. 북한이 치른 첫 세 경기는 영국의 소도시 미들즈브러(Middlesbrough)에서 개최되었다. 이곳에서 북한은 당시 세계 최강이라고 하는 칠레와는 극적으로 비겼고, 이탈리아에게는 승리했다. 축구경기에서 자국팀이 없는 경우 흔히 관중들은 약체팀의 선전에 응원을 보낼 때가 많다. 당시 약체로 평가받던 북한이 강팀들을 상대로 선전을 펼치자 '미들즈브러' 사람들은 북한을 '일방적'으로 응원했다. 그리고 그 열기는 북한팀이 8강 경기를 치룬 리버풀(Liverpool)까지 3,000여 명의 미들즈브러 시민들이 원정응원을 갈 정도로 대단한 것이었다. 이러한 '인연'으로 2002년에는 생존한 북한 축구선수 7명이 미들즈브러를 다시 방문하기도 했다.

갑산파 숙청과 북한축구의 침체기

월드컵에서 큰 성과를 거둔 북한대표팀은 '조선민항'을 타고 평양에 도착했다. 당시 기록화면에는 당·정·청의 고위간부들이 공항에서 선수단을 직접 맞았고, 평양시민의 성대한 환영행사도 개최했다. 선수단 전체가 함경북도 주을의 휴양소에 가서 휴식을 갖기도 했다.

그러나 이들의 이후 행적은 더 이상 환영받지 못했다. 시간이 지나면서 이들이 숙청당해 탄광에 끌려갔다는 소문이 한동안 떠돌았다. 그 이유에 대해서는 이탈리아와의 경기에서 이긴 후 승리감에 도취돼 난잡한 파티를 벌였고, 그 결과 포르투갈에 역전패당했다는 것이었다.

그러나 이들의 숙청에 대해서는 1967년 북한에서 있었던 갑산파 숙청이 그 배경에 있었다는 주장이 설득력이 있다. 갑산파는 1956년 8월 종파사건으로 김일성파 이외의 정치파벌이 숙청될 때 살아남았던 파벌이었다. 박금철 내각 부수상, 김도만 선전담당비서, 이효순 대남비서 등이 대표적인 인물들이었다. 그러나 김일성은 1967년 이들마저 숙청하면서 김일성 유일독재체제를 구축하게 된다. 그런데 문제는 이들 갑산파의 상당수가 월드컵 축구의 선전에 참여했던 인물들이었다는 점이다. 선전선동부 산하에서 축구선수들을 특별히 우대해주었고, 선전용으로 써먹었는데 이들 주도세력이 갑산파였던 것이다.[73]

결국 갑산파를 숙청하면서 그들의 공로라 할 수 있는 월드컵에서의 선전 또한 억지누명을 씌워 폄하될 수밖에 없었던 것이다. 이로 인해 북한축구는 정치파벌 싸움의 희생양이 된 것이었다.

북한과 북한축구의 현실

한때 북한축구의 선전에 자극을 받은 한국은 '양지'라는 이름의 축구팀을 만들어 국제대회에 대비한 적도 있었다. 국가 차원에서 축구엘리트들을 선발해 유럽 전지훈련도 보내주는 등 국제대회에서 좋은 성적을 내겠다는 의도였다. 양지축구단은 그리 오래 유지되지는 못했지만, 그 시절의 전형적인 남북체제 대결의 산물이었다고 할 수 있다.

그러나 이후 북한축구가 정치적 숙청 등 고난을 겪으며 날로 퇴보한 반면, 한국축구는 지속적으로 성장했다. 그 결과 한국은 2002년 월드컵을 일본과 공동으로 개최했고, 아시아국가로는 처음으로 4강에 오르는 최고의 성적도 거두었다. 이에 반해 2014년 현재 북한축구는 FIFA 회원국 중 146위에 머물고 있다. 지금까지 월드컵 진출도 총

▶▶▶ 북한 축구선수들의 훈련 모습 _북한선전화보

2회(1966년, 2010년)에 불과하다.

　한편, 북한 남자축구가 침체된 반면, 최근 북한 여자축구의 선전은 매우 인상적이다. 북한 여자축구는 2014년 인천아시안게임과 2015년 동아시안컵에서 우승하는 등 국제적으로 그 실력을 인정받고 있다. 김정은 또한 축구에 대한 관심이 매우 높은 것으로 알려져 있다.

　2014년 6월 27일 한국은행 보고서에 따르면 남북 간 경제력의 격차가 43배가 난다고 한다. 1966년 아시아 국가로는 처음으로 8강에 올랐지만 현재는 쇠락한 북한축구를 지켜보면, 마치 오늘 북한이 처한 현실을 보는 것 같다는 생각이 든다. 이제 더 이상의 남북한 체제경쟁은 무의미한 듯하다. 그것이 스포츠에서도 나타나는 것은 아닌가 생각해 보게 된다.

〈만수대 창작사〉, 북한미술의 집단 창작단체이자 미술품 수출기지

■ 〈만수대 창작사〉

　개인보다는 집단창작을 중시하는 북한에서 〈만수대 창작사(萬壽臺 創作社)〉는 그 이름 자체가 북한미술을 대표하는 기관이다. 이곳은 1958년 이른바 '천리마 동상'의 집단제작을 목적으로 만들어진 이후 그 규모를 확장해 나갔다. 현재는 산하기관만도 조선화창작단, 공예창작단, 산업미술창작단, 조각미술창작단, 영화미술 창작단, 동상 및 석고상 창작단, 벽화창작단 등 10여 개이고, 이곳에 소속된 예술가만 1,000여 명에 달하며, 예술가들 이외에도 2,000~3,000명의 종사원이 일하고 있는 것으로 알려져 있다.

■ 중국 798예술거리의 〈만수대 창작사〉

　〈만수대 창작사〉는 미술품 수출을 통한 외화벌이에도 큰 역할을 하고 있다. 주로 아프리카의 북한 우방국 지도자들에 대한 동상이나 조각상, 자수 또는 유화 등을 제작해 수출해왔다. 특히, 2015년 12월에는 캄보디아 앙코르 사원 옆에 현지 관광객들을 대상으로 한 '앙코르 파노라마 박물관'을 건립하기도 했다.

　이런 가운데 만수대 창작사는 중국 북경 외곽에 위치한 이른바 '798예

▶▶▶ 798예술거리의 〈조선 만수대 창작사 미술관〉 건물 전경 _2011년

◀◀◀ 미술관 옆에는
천리마 동상이
설치되어 있다

▶▶▶ 입구에는 '조선
만수대창작사미
술관'이라는 간
판이 걸려 있다

술거리'에 미술관을 건립해 운영하고 있다. 이곳은 과거 군수공장들이 있던 곳이었지만, 현재는 중국 현대미술의 메카로 자리 잡으면서 수많은 관광객이 찾는 곳이 되었다.

이곳에 위치한 〈만수대 창작사〉는 다른 예술가들의 창작 및 전시공간이 과거 군수공장 건물을 그대로 사용하고 있는 데 반해 북한은 이곳에서 가장 '눈에 띄는' 현대식 건물을 지어서 운영하고 있다는 특징이 있다. 2층으로 된 이곳의 운영은 중국인 사장이 대리하고 있고, 직원 중에는 조선족들도

있다. 그림 전시 및 판매뿐만 아니라 김일성·김정일 및 북한 관련 책자 등도 판매하고 있다.

798거리에는 북한미술을 취급하는 별도의 사설 미술판매점도 있다. 그러나 규모는 〈만수대 창작사〉와 비교할 수 없을 만큼 작다.

▶▶▶ 798거리에 있는 사설 북한미술 판매점
모습

글을 마치며

　　지금까지 북한의 정치, 외교, 군사, 과학, 문화, 스포츠, 남북관계, 대남도발 등 다양한 소재를 통해 북한이 지나온 과거의 길을 살펴보았다.

　　역사를 '과거와 현재의 끊임없는 대화'라 했던 역사학자 에드워드 카(E. H. Carr)의 말을 굳이 인용하지 않더라도 과거와 현재는 결코 분리될 수 없는 것이다. 이 책이 북한의 지난 역사를 다루었지만, 사실 의도하든, 의도하지 않든 현재의 북한과 연결될 수밖에 없다. 이 점에서 결국 현재 북한의 모습을 제대로 이해하기 위한 과정이었던 셈이다.

　　물론 70여 년의 역사를 한 권으로 묶는다는 것 자체가 처음부터 무리였을 수 있다. 제한된 지면에 다양한 주제를 다룬다는 것이 오히려 얕은 지식을 양산하는 원인이 될 수도 있다. 일부 주제는 지면관계상 수록하지 못한 한계도 있었다. 그러나 이 책이 북한의 다양한 분야에 대한 이야기를 풀어놓음으로써 독자들께 '북한 공부'의 동기를 제공하고, 본격적으로 북한을 알기 위한 입문서로서의 역할을 할 수 있다면, 그것으로 이 책의 목적은 이루어졌다고 생각한다.

책을 마치는 시점에 들려오는 북한소식들은 우울하기만 하다. 신문과 방송은 북한의 핵실험 강행, 미국본토까지 날려버리겠다는 북한의 미사일 시험발사, 김정은의 '셀프 대관식'이 된 36년 만의 당대회, 해외에 있는 북한식당 종업원들의 집단 입국, 그리고 우리 정부의 개성공단 전면 폐쇄 조치 등으로 채워지고 있다. 시시각각 전달되는 북한뉴스는 우리들이 현기증을 느낄 정도로 빠르게 변해가고 있다.

이를 바라보면서, 오늘날 국제적 냉전은 해체되었지만, 한반도는 탈냉전 속의 냉전이라는 지적처럼, 이 땅 위에서는 여전히 대결과 대립이 지속되고 있고, 우리의 안보는 심각한 위협에 직면해 있음을 새삼 깨닫게 된다. 그리고 이럴 때일수록 이념과 세대를 넘어 객관적 현실에 기초해서 북한에 대한 균형된 시각을 갖고, 북한의 이중성·양면성을 제대로 알고자 하는 노력이 시급함을 느끼게 된다.

이쯤에서 한 가지 물음을 던지며 글을 맺고자 한다. 과연 북한은 어디로 가고 있는가? 북한에 긍정의 변화는 일어날까? 언제쯤 우리가 기다리던 소식들로 뉴스는 채워지게 될까? 아마도 이것은 오늘날 이 땅 위에 살고 있는 우리 모두가 관심을 갖고 함께 해답을 찾아가야 할 '시대적 과제'가 아닐까 생각해본다. 부디 한반도에 항구적인 평화가 깃들기를 소망해 본다. 함께 노력해 가자.

1) 박재규 편, 『새로운 북한읽기를 위하여』(서울: 법문사, 2005), 154쪽.

2) "북, 김일성-김정일 우상화 기금 확보 안간힘," 『동아일보』, 2014년 2월 14일.

3) 이종석, 『북한-중국관계 1945-2000』(서울: 중심, 2001), 162쪽.

4) 김일성, "조선로동당은 조국해방전쟁승리의 조직자이다(조선로동당 중앙당학교 교직원, 학생들 앞에서 한 연설(1952.6.18)," 『김일성 전집 15』(평양: 조선로동당 출판사, 1996), 27쪽.

5) 김일성, "인민군대내에 조선로동당 단체를 조직할 데 대하여(조선로동당 중앙위원회 정치위원회에서 한 결론(1950.10.21)," 『김일성 저작집 6』(평양: 조선로동당 출판사, 1980), 354쪽.

6) 이신재, "조선인민군 총정치국 설치 배경에 대한 연구: 한국전쟁 시기 북중갈등을 중심으로," 『군사』 제83호(2012), 48-49쪽.

7) 미 CIA 공개 문서에 따르면 6·25전쟁 당시 중국은 김일성을 북한 내 친 중국파의 리더격인 김두봉으로 교체하려고 시도했었음이 확인되고 있다. "Chinese Communist Attempt to Gain Control of North Korea," CIA in Information Report (9 October 1952).

8) 김일성, "전선군단들에 민간사업부를 조직할데 대하여(조선인민군 총정치국장에게 준 지시(1951.1.9)," 『김일성 전집 13』(평양: 조선로동당출판사, 1995), 30-32쪽.

9) 강명도, 『평양은 망명을 꿈꾼다』(서울: 중앙일보사, 1993), 255-261쪽.

10) 『연합뉴스』, 1999년 5월 21일; 주성하, 『서울에서 쓰는 평양이야기』(서울: 기파랑, 2010), 174-179쪽; "북 6군단 쿠데타 모의사건 아시나요?" 『Daily NK』, 2005년 1월 21일.

11) 정재호, "체제붕괴기 동독군의 무력 불개입 요인 연구"(북한대학원대학교 박사학위 논문, 2013).

12) 『경향신문』, 2005년 1월 5일.

13) 이문항, 『JSA ― 판문점(1953~1994)』(서울: 소화, 2001), 376-380쪽.

14) 『세계일보』, 2010년 4월 10일.

15) 북한연구소, 『북한 신년사 분석: 1945-1995』(서울: 북한연구소, 1996).

16) 장진성, "김정은 신년사 읽는 법," 『뉴데일리』, 2015년 1월 2일.

17) 황장엽, 『황장엽 회고록』(서울: 시대정신, 2010), 272쪽.

18) 고영환, 『평양 25시』(서울: 고려원, 1993), 222-223쪽.

19) 통일부, 『2016 통일백서』(서울: 통일부, 2016), 296쪽.

20) 통일부, 『2016 통일백서』, 296쪽.

21) 이에 관한 대표적 연구성과로는 신종대, "5·16쿠데타에 대한 북한의 인식과 대응: 남한의 정치변동과 북한의 국내정치," 『정신문화연구』 제33권 제1호(2010); 학군환, "5·16군사정변 당시 북한의 인식 및 중국과의 의사소통 과정 연구: 중국 외교부 기밀해제문서를 중심으로," 『북한학연구』 제7권 제2호(2011) 등이 있다.

22) "서동권(안기부장), 김일성·김정일 비밀회담," 『월간조선』 1994년 8월호, 198-205쪽.

23) 노태우, 『노태우 회고록 (하): 전환기의 대전략』(서울: 조선뉴스프레스, 2011), 355쪽.

24) 김대중, 『김대중 자서전』(서울: 삼인, 2010), 244-248쪽.

25) 김대중, 『김대중 자서전』, 263쪽.

26) 이명박, 『대통령의 시간』(서울: 랜덤하우스, 2015), 357-359쪽.

27) "김대중이 백기 투항하러 왔다고 선전," 『월간조선』 2014년 2월호, 157쪽.

28) 주유엔대사, "외무부장관·중앙정보부장 보고 전문(1968.9.4)," 외무부, 『공개외교문서(제6차)』 v.10.(마이크로필름), 2005.

29) 『로동신문』, 1969년 8월 21일.

30) 김남식, 『해외교포 북한 방문 실태』(서울: 국제문제조사연구소, 1982), 20쪽.

31) 2016년 2월 21일 미국 월스트리트저널은 북한이 1월 6일 4차 핵실험을 강행하기 며칠 전 북미 간에 평화협정 논의에 대한 합의가 있었다고 보도했다. 그러나 미국이 비핵화 문제를 평화협정 논의에 포함시킬 것을 요구하자 북한은 이를 거부하고 핵실험을 감행했다고 했다. 『연합뉴스』, 2016년 2월 22일.

32) 진희관, "재일동포 사회의 문제와 북일관계," 『한국사연구』 131권(2005년 12월), 147쪽; 북송인원을 연도별로 살펴보면, 1959년 2,942명, 1960년 48,957명, 1961년 22,810명이며, 이후부터는 급격히 감소해 1962년 북송인원은 3,522명이다. 『연합뉴스』, 2006년 2월 5일.

33) "북, 재일동포 방북전담 재일동포사업국 발족," 『연합뉴스』, 2009년 11월 27일.

34) 진희관, 위의 논문, 149-150쪽.

35) "발굴비화, 1959년 '북송저지대'의 진실," 『신동아』 2010년 1월호.

36) 신윤석, "조선로동당과 일본공산당의 관계변화 연구: 1950~1970년대를 중심으로"(경남대 북한대학원 석사학위 논문, 2000).

37) 광복 직전 일본에는 약 240만 명의 재일동포가 있었던 것으로 추정된다. 그중 약 180만 명은 6·25전쟁 전까지 귀국했고, 약 60만 명이 일본에 잔류해 있었다. 진희관, 위의 논문, 135쪽. 이들은 각기 민단(1946년 대한민국거류민단으로 설립)과 조총련을 결성하고 남북한 정부와 관련지어 활동하기 시작했다.

38) 진희관, 위의 논문, 145-146쪽.

39) 고영환, 앞의 책, 274쪽.

40) 정규섭, 『북한외교의 어제와 오늘』(서울: 일신사, 1999), 249쪽.

41) 정규섭, 위의 책, 249쪽.

42) 고영환, 앞의 책, 277-278쪽.

43) 고영환, 앞의 책, 210쪽.

44) 고영환, 앞의 책, 177쪽.

45) "북, 월남전 조종사 8백 명 파견," 『조선일보』, 1998년 9월 13일.

46) 이신재, "주월한국군방송국(KFVN)의 설치와 운영," 『군사』 제92호(2014).

47) 윤대영, "1950년대 북한과 북베트남의 관계와 문화교류," 『역사와 경계』 제87호(2013.6), 193쪽 재인용.

48) 『로동신문』, 1975년 5월 3일.

49) 『로동신문』, 1975년 4월 18일.

50) 김부성, 『내가 판 땅굴: 남침음모를 증언한다』(서울: 갑자문화사, 1980).

51) 이대용, 『사이공 억류기』(서울: 한진출판사, 1981), 15쪽.

52) 공로명, 『나의 외교노트』(서울: 기파랑, 2014), 279-296쪽.

53) 이대용, 『6·25와 베트남전 두 사선을 넘다』(서울: 기파랑, 2013), 76-79쪽.

54) 통일부, 『2011 북한이해』(서울: 통일교육원, 2011), 64쪽.

55) 그러나 실제 무장공비의 숫자에 대해서는 논란이 있는 것도 사실이다. 이러한 혼란은 공비의 시체 3구가 확인되지 않았기 때문이다. 중앙일보는 북한 상좌출신 탈북자의 증언을 토대로 "68년 김신조 침투조는 31명 아닌 33명이며 2명을 전향시켜 북파, 98년 발각돼 처형"되었다고 보도한 바 있다. 『중앙일보』, 2012년 2월 5일. 또한 북한 전직 고위관리 황일호는 생환한 공비가 3명이었다고 증언한다. 또 31명의 공비 외에 서울시내 삐라 살포 등의 임무를 띤 선전공작조 15명이 124부대와는 다른 침투로(철원 → 도봉산 → 북한산)로 잠입했으며, 이들은 김신조의 무장습격조가 노출되자 임무가 실패한 것으로 간주하고 임무수행을 중단하고 월북했다고 한다. 황일호, "비화, 25년 만에 밝혀진 1·21 청와대 기습사건

전모," 『월간중앙』 2월호(1993), 604-606쪽. 한편 생포된 김신조는 살아서 복귀한 자가 2000년 9월 김정일의 송이 선물을 김대중 대통령에게 전달하기 위해 김용순 대남담당비서와 함께 서울에 왔던 총정치국 선전부국장 박재경 대장이라고 증언한 바 있다.

56) 국방부 군사편찬연구소, 『국방사건사 제1집』(서울: 군사편찬연구소, 2012), 119-120쪽.

57) 2016년 현재 탈북자 동지회장으로 있는 최주활 전 북한군 상좌는 당시 본인이 푸에블로호 승무원들이 있었던 두 번째 수용소의 경비를 맡고 있었다고 했다.

58) 『위인 김정일』(평양: 외국문출판사, 2012), 13쪽.

59) 2014년 9월 23일 국방부 군사편찬연구소에서 개최된 한·러 군사학술세미나에서 러시아 군사학술연구소 관계자는 이 사실을 확인해주었다.

60) "미 69년 북에 전술 핵사용 비상계획 검토," 『연합뉴스』, 2010년 6월 24일.

61) The National Military Command Center, "Loss of USN EC-121 Aircraft(1969. 4.17, 1210 EST)," *Research Project No.964*(October 1969).

62) 소련의 함정 규모는 크루프니급(Krupny Class), 코틀린급(Kotlin Class), 카쉰급(Kashin Class) 등이며, 코틀린급은 3,600톤 정도이고, 카쉰급은 5,000톤 정도이다.

63) "소련군 총참모부 작전총국장의 보고서(1953.8.25)," 국사편찬위원회 편, 『6·25 전쟁, 문서와 자료, 1950-1953년』(과천: 국사편찬위원회, 2006), 643-644쪽.

64) 국방부 군사편찬연구소, 『국방사건사 제1집』, 306-307쪽.

65) 곽인수, "북한의 대남혁명전략 전개와 변화에 관한 연구"(북한대학원대학교 박사학위 논문, 2013), 199쪽.

66) 강명도, 앞의 책, 237-246쪽.

67) 이웅평, 『기수를 삶으로 돌려라』(서울: 한울, 2000), 238쪽.

68) 『조선말대사전』(평양: 사회과학출판사, 1992), 1708쪽; 『정치사전』(평양: 사회과학출판사, 1973), 1364쪽.

69) 오경숙, "5·25교시와 유일사상체계 확립: 구술자료를 중심으로," 『한국동북아논총』 제32집(2004), 328-329쪽; 성혜랑, 『등나무집』(서울: 지식나라, 2000), 312쪽.

70) 황장엽, 앞의 책, 179쪽.

71) 성혜랑, 앞의 책, 315쪽.

72) Daniel Gordon, 『천리마 축구단(80분)』(서울: 스펙트럼 DVD, 2005).

73) 주성하, 앞의 책, 215쪽.

참고문헌

📖 **국내문헌**

▶ **단행본**

강명도. 『평양은 망명을 꿈꾼다』(서울: 중앙일보사, 1997).

강인덕·송종환 외 공저. 『남북회담: 7·4에서 6·15까지』(서울: 극동문제연구소, 2004).

강진호 외. 『북한의 문화정전, 총서 '불멸의 력사'를 읽는다』(서울: 소명출판, 2009).

고영환. 『평양 25시』(서울: 고려원, 1993).

공로명. 『나의 외교노트』(서울: 기파랑, 2014).

곽태환 외 저. 『북한의 협상전략과 남북한 관계』(서울: 경남대 극동문제연구소, 1997).

국방군사연구소. 『국방정책변천사(1945-1994)』(서울: 국방군사연구소, 1990).

국방부. 『국방사 3집』(서울: 국방부 전사편찬위원회, 1990).

_____. 『북방한계선(NLL)에 관한 우리의 입장』(서울: 국방부, 2007).

국방부 군사편찬연구소. 『국방사건사 제1집』(서울: 군사편찬연구소, 2012).

국방정보본부. 『군사정전위원회편람』 제1집(서울: 국방정보본부, 1986).

_____. 『군사정전위원회편람』 제2집(서울: 국방정보본부, 1993).

_____. 『군사정전위편람』 제3집(서울: 국방정보본부, 1997).

국사편찬위원회. 『북한관계사료집』 제35권(과천: 국사편찬위원회, 2001).

_____. 『6·25전쟁, 문서와 자료, 1950~1953년』(과천: 국사편찬위원회, 2006).

국토통일원. 『북괴법령집』 제1권(서울: 국토통일원, 1971).

_____. 『북한총람』(서울: 국토통일원, 1971).

_____. 『북한개요』(서울: 국토통일원, 1978).

_____. 『북한연표(1945-1961)』(서울: 국토통일원, 1980).

_____. 『북한의 교육실태와 특징』(서울: 국토통일원, 1986).

_____. 『북한의 대학교육』(서울: 국토통일원, 1986).

_____. 『휴전협상에서 나타난 공산측 협상전술』(서울: 국토통일원, 1987).

_____. 『남북대화백서』(서울: 전광산업사, 1988).

_____. 『정전협정 문본(국·영문)』(서울: 국토통일원, 1988).

국회도서관 자료국. 『북한의 외교 연표 1980-1983』(서울: 국회도서관, 1984).

국회도서관 해외자료국. 『북한의 외교 연표』(서울: 국회도서관, 1974).

_____. 『북한의 외교 연표 1974-1977』(서울: 국회도서관, 1978).

_____. 『북한의 외교 연표 1978-1979』(서울: 국회도서관, 1980).

극동문제연구소. 『북괴의 유엔정책: 적화통일을 위한 국제 여건 조성 책동』(서울: 극동문제연구소, 1976).

_____. 『북한전서(1945-1980)』(서울: 극동문제연구소, 1980).

김 덕. 『약소국 외교론』(서울: 탐구당, 1992).

김계동. 『북한의 외교정책: 벼랑에 선 줄타기 외교의 선택』(서울: 백산서당, 2002).

김남식. 『해외교포 북한 방문 실태』(서울: 국제문제조사연구소, 1982).

김달중 편저. 『외교정책의 이론과 이해』(서울: 도서출판 오름, 1999).

김대중. 『김대중 자서전』(서울: 삼인, 2010).

김부성. 『내가 판 땅굴: 남침음모를 증언한다』(서울: 갑자문화사, 1980).

김신조. 『실화수기 1.21의 증언』(서울: 대한승공교육문화사, 1971).

김용호. 『현대북한외교론』(서울: 도서출판 오름, 1996).

_____. 『북한의 협상 스타일』(인천: 인하대학교 출판부, 2004).

김진계 구술·기록, 김응교 보고문학. 『조국—어느 '북조선 인민'의 수기』 상·하(서울: 현장문학사, 1990).

김형찬. 『북한의 교육』(서울: 을유문화사, 1990).

노태우. 『노태우 회고록 (하): 전환기의 대전략』(서울: 조선뉴스프레스, 2011).

대륙연구소. 『북한법령집』 제1권·제5권(서울: 대륙연구소, 1990).

대한민국 국방부. 『2012 국방백서』(서울: 국방부, 2012).

_____. 『2014 국방백서』(서울: 국방부, 2014).

대한적십자사. 『이산가족찾기 60년』(서울: 대한적십자사, 2005).

돈 크로포드. 『북한 335일』(서울: 서광문화사, 1970).

동아일보사 편. 『북한 대외정책 기본자료집 II』(서울: 동아일보사, 1976).

라종일. 『제네바 정치회담에 관한 연구』(성남: 일해연구소, 1988).

린다 파술로 저, 김형준 외 역. 『유엔 리포트』(파주: 21세기북스, 2011).

마이클 한델 저, 김진호 역. 『약소국 생존론』(서울: 대왕사, 1995).

미첼 러너 저, 김동욱 역. 『푸에블로호 사건: 스파이선과 미국 외교정책의 실패』(서울: 높이깊이, 2011).

박동찬. 『통계로 본 6·25전쟁』(서울: 국방부 군사편찬연구소, 2014).

박명림. 『한국 1950 전쟁과 평화』(서울: 나남, 2002).

박승준. 『격동의 외교 비록: 한국과 중국 100년』(서울: 기파랑, 2010).

박재규. 『북한 평론』(서울: 경남대학교 극동문제연구소, 1975).

_____. 『북한의 신외교와 생존전략』(서울: 나남, 1997).

박재규 편. 『북한의 대외정책』(서울: 경남대학교 극동문제연구소, 1986).

북한연구소. 『북한총람』(서울: 북한연구소, 1983).

_____. 『북한 신년사 분석: 1945-1995』(서울: 북한연구소, 1996).

서대숙 저, 서주석 역. 『북한의 지도자 김일성』(서울: 청계연구소, 1989).

서보혁. 『탈냉전기 북미관계사』(서울: 선인, 2004).

서주석·김창수. 『북·미관계 변화에 따른 전략적 대응방향』(서울: 국방연구원, 1996).

서 훈. 『북한의 선군외교』(서울: 명인문화사, 2006).

성혜랑. 『등나무집』(서울: 지식나라, 2000).

션즈화. 『마오쩌뚱 스탈린과 조선전쟁』(서울: 선인, 2010).

소련공산당정치문헌출판부 저, 편집부 역. 『선전선동론』(서울: 새물결, 1989).

스즈키 마사유키 저, 유영구 역. 『김정일과 수령제 사회주의』(서울: 중앙일보사, 1994).

스코트 스나이더 저, 안진환·이재봉 역. 『벼랑끝 협상』(서울: 청년정신, 2003).

시걸 리언 저, 구갑우 외 공역. 『미국은 협력하려 하지 않았다: 북한과 미국의 핵외교』(서울: 사회평론, 1999).

신동아. 『원자료로 본 북한 1945~1988』(서울: 동아일보사, 1989).

신일철. 『판문점회담에 관한 국내 정책 전환 문제점』(서울: 국토통일원, 1972).

아네트 베이커 폭스 저, 백선기 역. 『약소국의 위력』(서울: 동화문화사, 1973).

악셀 호네트 저, 문성훈·이현재 역. 『인정투쟁』(서울: 사월의책, 2011).

양문수. 『북한경제의 구조』(서울: 서울대학교출판부, 2001).

양승윤. 『인도네시아』(서울: 한국외국어대학교 출판부, 2003).

에드워드 버네이스 저, 강미경 역. 『프로파간다: 대중 심리를 조종하는 선전전략』(서울: 공존, 2009).

엠 애플 저, 박부권·이혜영 역. 『교육과 이데올로기』(서울: 한길사, 1985).

여 정. 『붉게 물든 대동강』(서울: 동아일보사, 1991).

와다 하루키 저, 서동만·남기정 역. 『북조선』(파주: 돌베개, 2005).

와다 하루키 저, 이종석 역. 『김일성과 만주항일전쟁』(서울: 창작과 비평사, 1992).

외무부. 『유엔한국문제결의집(1947-1976)』(서울: 외무부, 1976).

유일상·목철수 편저. 『세계 선전선동사』(서울: 도서출판 이웃, 1989).

유재천 편저. 『북한의 언론』(서울: 을유문화사, 1989).

이대용. 『사이공 억류기』(서울: 한진출판사, 1981).

_____. 『6·25와 베트남전 두 사선을 넘다』(서울: 기파랑, 2013).

이명박. 『대통령의 시간』(서울: 랜덤하우스, 2015).

이문항. 『JSA — 판문점(1953~1994)』(서울: 소화, 2001).

이상우. 『국제관계이론』(4정판)(서울: 박영사, 2006).

_____. 『북한정치 변천: 신정체제의 진화과정』(서울: 도서출판 오름, 2015).

이수혁. 『전환적 사건』(서울: 중앙북스, 2008).

이수훈 편. 『북한의 국제관과 동북아 질서』(서울: 경남대학교 극동문제연구
            소, 2011).

_____. 『핵의 국제정치』(서울: 경남대학교 극동문제연구소, 2012).

이신재. 『푸에블로호 사건과 북한』(서울: 선인출판, 2015).

이웅평. 『기수를 삶으로 돌려라』(서울: 한울, 2000).

이정식. 『대한민국의 기원』(서울: 일조각, 2006).

이종석. 『북한-중국관계 1945~2000』(서울: 중심, 2000).

이창하. 『북한의 언론』(서울: 통일연수원, 1991).

이학래. 『한국체육사연구』(서울: 국학자료원, 2003).

_____. 『한국현대체육사』(용인: 단국대학교출판부, 2008).

이홍구·스칼라피노 공편. 『북한과 오늘의 세계』(서울: 법문사, 1986).

임동원. 『혁명전쟁과 대공전략』(3판)(서울: 탐구당, 1968).

_____. 『피스메이커』(서울: 중앙북스, 2008).

장달중·임수호·이정철 공저. 『북미대립: 탈냉전 속의 냉전 대립』(서울: 서울
            대학교 출판문화원, 2011).

장보댕 저, 임승휘 역. 『국가론』(서울: 책세상, 2005).

전인영 편. 『북한의 정치』(서울: 을유문화사, 1990).

전진성·이재원 편. 『기억과 전쟁』(서울: 휴머니스트, 2009).

정규섭. 『북한외교의 어제와 오늘』(서울: 일신사, 1999).

정옥임. 『국제정치환경과 약소국 정책결정』(성남: 세종연구소, 1999).

정용덕 외 공저. 『신제도주의 연구』(서울: 대영문화사, 1999).

정용석. 『카터와 남북한』(서울: 단국대학교출판부, 1979).

정운학. 『한국의 대공산권 접근과 이것이 국내의 정치에 미치는 문제점』(서울: 국토통일원, 1970).

정일형 편. 『유엔과 한국문제』(서울: 신명문화사, 1961).

정창현. 『곁에서 본 김정일』 개정 증보판(서울: 김영사, 2000).

제임스 뱀포드 저, 곽미경·박수미 역. 『미 국가안보국 NSA』 1·2권(서울: 서울문화사, 2002).

제프리 K. 올릭 저, 강경이 역. 『기억의 지도』(서울: 옥당, 2011).

조성남 외 공저. 『질적 연구방법과 실제』(서울: 그린, 2011).

조셉 버뮤데즈 저, 김광수 역. 『북한군』(서울: 황금알, 2007).

조엘 위트·대니얼 폰먼·로버트 갈루치 공저, 김태현 역. 『북핵위기의 전말: 벼랑 끝의 북미협상』(서울: 모음북스, 2010).

존 루이스 개디스 저, 정철·강규형 역. 『냉전의 역사』(서울: 에코리브로, 2010).

주성하. 『서울에서 쓰는 평양이야기』(서울: 기파랑, 2010).

중앙일보 특별취재반. 『비록: 조선민주주의인민공화국』(서울: 중앙일보사, 1992).

척 다운스 저, 송승종 역. 『북한의 협상전략』(서울: 한울, 1999).

최명해. 『중국·북한 동맹관계: 불편한 동거의 역사』(서울: 도서출판 오름, 2009).

케네스 퀴노네스 저, 노순옥 역. 『2평 빵집에서 결정된 한반도 운명』(서울: 중앙M&B, 2000).

통일부. 『2015 통일백서』(서울: 통일부, 2015).

_____. 『2016 통일백서』(서울: 통일부, 2016).

통일원. 『미·북 관계개선과 남북관계 발전방향』(서울: 통일원, 1994).

_____. 『북한의 '평화협정' 제의관련 자료집』(서울: 통일원, 1994).

_____. 『북한 경제 통계집』(서울: 통일원, 1996).

하비 케이 저, 오인영 역. 『과거의 힘: 역사의식, 기억과 상상력』(서울: 삼인, 2004).

한 권으로 읽는 북한사

하영선·남궁곤 편. 『변환의 세계정치』(서울: 을유문화사, 2007).

하영선·이상우 편. 『현대국제정치학』(서울: 나남, 1992).

한국국제문화협회. 『남북대화』 제20호(서울: 대한홍보협회, 1979).

함택영. 『국가안보의 정치경제학』(서울: 법문사, 1998).

_____. 『북한 군사문제의 재조명』(파주: 한울, 2006).

합참 정보참모본부. 『군사정전위원회 편람』 제4집(서울: 합동참모본부, 1999).

헨리 A. 키신저 저. 『키신저 회고록: 백악관시절』(서울: 문화방송·경향신문, 1979).

홍석률. 『분단의 히스테리』(서울: 창비, 2012).

황석영. 『손님』(서울: 창작과 비평사, 2005).

황장엽. 『황장엽 회고록』(3판)(서울: 시대정신, 2010).

▶ 논문

고유환. "한반도 평화체제 구축을 위한 남북협력." 『북한학연구』 제2권 1호(2006), 54-91쪽.

곽인수. "북한의 대남혁명전략 전개와 변화에 관한 연구"(북한대학원대학교 박사학위 논문, 2013).

금기연. "북한의 군사협상행태와 결정요인: 유엔사-북한군간 장성급 회담 사례 연구"(경남대학교 박사학위 논문, 2009).

김계동. "북한의 대미정책." 『국제정치논총』 제34권 2호(1995), 71-97쪽.

김근식. "북한의 핵협상: 주장, 행동, 패턴." 『한국과 국제정치』 제27권 1호(2011), 143-181쪽.

김기정. "현실적 인식과 허구적 해법: 소설 속에 나타난 한반도 국제정치." 『국제정치논총』 제35집 2호(1995), 121-151쪽.

김도태. "북한의 핵협상 관련 전략·전술연구." 『협상연구』 제5집 1호(1999), 135-169쪽.

김수민·윤 황. "북한의 6자회담 협상전략·전술: 평가와 전망."『세계지역연구논총』제26집 3호(2008), 105-128쪽.

김연철. "1954년 제네바 회담과 동북아 냉전질서." 이내영·이신화 편.『동북아 지역질서의 형성과 전개』(서울: 아연출판부, 2011), 230-257쪽.

김영수. "북한의 정치문화: 주체문화 전통정치문화"(서강대학교 박사학위 논문, 1991).

_____. "북한의 대미인식."『현대북한연구』제6권 2호(2003), 9-52쪽.

김용순. "북한의 대미외교행태 분석: 선군 리더십의 위기관리"(연세대학교 박사학위 논문, 2007).

김용철·최종건. "한국인의 반미행동 의도에 대한 인과분석: 미국의 이미지와 한국의 이미지를 중심으로."『국제정치논총』제45집 제4호(2005), 123-143쪽.

김용현. "1960년대 북한의 위기와 군사화."『현대북한연구』제5권 1호(2002), 125-160쪽.

_____. "북한 군사국가화에 관한 연구: 1950-60년대를 중심으로"(동국대학교 박사학위 논문, 2002).

김태현. "세력균형이론." 우철구·박건영 공편.『현대 국제관계이론과 한국』(서울: 사회평론, 2004), 81-117쪽.

로버트 저비스 저, 김태현 역. "전쟁과 오인." 박건영 외 편역.『국제관계론 강의 1』(서울: 한울, 1997), 295-324쪽.

류길재. "1960년대 말 북한의 도발과 한미관계의 균열." 김경일 외 공저.『박정희시대 한미관계』(서울: 백산서당, 2009), 185-242쪽.

_____. "북핵 6자회담 전망: 쟁점과 전망." 경남대 극동문제연구소 편.『한반도정세: 2010년 평가와 2011년 전망』(서울: 경남대학교 극동문제연구소, 2011), 127-139쪽.

모택동. "항일유격전쟁의 전략과 전술." 조영운 편역.『유격전의 원칙과 실제』(광주: 사계절, 1986), 125-295쪽.

박주한. "남북한 스포츠교류의 사적 고찰과 전망"(한국체육대 박사 논문, 1997).

백학순. "북미관계." 세종연구소 북한연구센터 편. 『북한의 대외관계』(서울: 한울, 2007), 23-156쪽.

서보혁. "탈냉전기 북한의 대미 정체성 정치." 『한국정치학회보』 제37집 1호 (2003), 199-217쪽.

_____. "탈냉전기 한반도 안보질서 변화에 관한 연구: 남·북·미 전략적 삼 각관계를 중심으로." 『국가전략』 제14권 2호(2008년), 63-85쪽.

_____. "북한의 평화 제안 추이와 그 특징." 『북한연구학회보』 제13권 1호 (2009), 61-81쪽.

신욱희. "북미관계와 한반도 평화체제: 역사적 고찰." 『한국정치외교사논총』 제33집 제2호(2012), 35-61쪽.

신윤석. "조선로동당과 일본공산당의 관계변화 연구: 1950~1970년대를 중심 으로"(경남대 북한대학원 석사학위 논문, 2000).

신종대. "북한요인과 국내정치: 1968년 북한요인의 영향을 중심으로." 『한국 과 국제정치』 제20권 제3호(2004), 93-130쪽.

_____. "5.16쿠데타에 대한 북한의 인식과 대응: 남한의 정치변동과 북한의 국내정치." 『정신문화연구』 제33권 제1호(2010), 81-104쪽.

안드레이 그로미코 저, 박형규 역. 『그로미코 회고록』(서울: 문학사상사, 1990).

양무진. "북한의 대남협상전략 유형"(경남대학교 박사학위 논문, 2002).

오경숙. "5·25교시와 유일사상체계 확립: 구술자료를 중심으로." 『한국동북 아논총』 제32집(2004).

이수석. "2차 북핵위기에서 나타난 북한과 미국의 협상전략." 『북한연구학회 보』 제7권 2호(2003), 79-97쪽.

이승현. "1960년대 북한의 권력구조 재편과 유일사상의 대두: 제한적 다원성 에서 유일체제로." 『현대북한연구』 제5권 1호(2002), 11-46쪽.

이신재. "북한 자립경제노선의 등장과 과학기술의 역할"(경남대학교 북한대학 원 석사학위 논문, 2003).

_____. "6·25전쟁기 북한공군의 성장과정 고찰." 『군사』 제89호(2013).

_____. "북한의 기억의 정치와 푸에블로호 호명." 『현대북한연구』 제17권

1호(2014).

_____. "주월한국군방송국(KFVN)의 설치와 운영." 『군사』 제92호(2014).

_____. "EC-121기 사건과 한반도에서의 미소협력." 『군사연구』 제139집 (2015).

_____. "남베트남 패망시기 한국군의 인도주의적 구호활동." 『군사』 제99호 (2016).

_____. "한국전쟁 이전 소련의 북한공군 지원 고찰(1945-50)." 『현대북한 연구』 제19권 1호(2016).

이용중. "서해북방한계선(NLL)에 대한 남북한 주장의 국제법적 비교분석." 『법학논고』 제32집(2010), 537-572쪽.

이재봉. "세계의 반미주의: 미국이 '지구상에서 가장 증오 받는 나라'가 된 배경과 과정." 『한국동북아논총』 제35집(2005), 175-193쪽.

이정수. "북한의 3자회담: 내용·배경·저의." 『평화연구』 제4권 1호(1984), 181-195쪽.

이종석. "조선로동당의 지도사상과 구조변화에 관한 연구"(성균관대학교 박사 학위 논문, 1993).

임수호. "북한의 대미 실존적 억지·강제의 이론적 기반." 『전략연구』 제14권 2호(2007), 123-165쪽.

장노순. "약소국의 갈등적 편승외교정책: 북한의 통미봉남정책." 『한국정치학 회보』 제33집 1호(1999), 379-397쪽.

전인영. "북한의 대미 협상행태의 특징." 『북한의 협상행태와 한국의 대응방 안』 광복 50주년 기념 대토론회 발표자료(1995).

정영철. "김정일 체제 형성의 사회정치적 기원: 1967-1982"(서울대학교 박사 학위 논문, 2001).

_____. "북한의 반미: 이데올로기, 문화, 그리고 균열." 『신아세아』 제18권 2호(2011), 146-170쪽.

진희관. "재일동포 사회의 문제와 북일관계." 『한국사연구』 131권(2005년 12월), 149-150쪽.

학군환. "5·16군사정변 당시 북한의 인식 및 중국과의 의사소통 과정 연구:

중국 외교부 기밀해제문서를 중심으로."『북한학연구』제7권 제2
호(2011).

한관수. "6·25 전쟁의 승패인식 재조명."『군사』제81호(2011), 227-259쪽.

홍석률. "1968년 푸에블로 사건과 남한·북한·미국의 삼각 관계."『한국사연
구』제113호(2001), 179-208쪽.

_____. "1970년대 전반 북미관계: 남북대화, 미중관계 개선과의 관련하에
서."『국제정치논총』제44권 2호(2004), 29-54쪽.

▶ 기타 자료(다큐멘터리, 영화, 인터넷 사이트, 신문, 간행물 등)

Gordon, Daniel. 『천리마 축구단(80분)』(서울: 스펙트럼 DVD, 2005).

_____.『푸른눈의 평양시민: 원제 Crossing the Line (91분)』(United States:
Kino International Corp., 2007).

MBC 프로덕션 편.『이제는 말할 수 있다: 푸에블로 나포사건(51분)』(서울:
MBC프로덕션, 2006).

국사편찬위원회(http://www.history.go.kr).

통일부(http://www.unikorea.go.kr).

『국방일보』.

『경향신문』.

『동아일보』.

『세계일보』.

『연합뉴스』.

『월간중앙』.

『월간조선』.

『조선일보』.

『한국일보』.

📖 북한문헌

강석주. 『김정일 열풍』(평양: 근로단체출판사, 2004).

김일성. 『김일성 저작선집』 5권(동경: 구월서방, 1972).

_____. 『김일성 저작집』 제7권(평양: 조선로동당출판사, 1980).

_____. 『김일성 저작집』 제23권(평양: 조선로동당출판사, 1983).

_____. 『김일성 저작집』 제25권(평양: 조선로동당출판사, 1983).

_____. 『김일성 저작집』 제27권(평양: 조선로동당출판사, 1984).

_____. 『김일성 저작집』 제34권(평양: 조선로동당출판사, 1987).

_____. 『김일성 전집』 15권(평양: 조선로동당출판사, 1996).

김정일. 『주체문학론』(평양: 조선로동당출판사, 1992).

_____. 『김정일 선집』 제1권(평양: 조선로동당출판사, 1992).

_____. 『김정일 선집』 제4권(평양: 조선로동당출판사, 1994).

_____. 『김정일 선집』 제6권(평양: 조선로동당출판사, 2010).

김희일. 『미제는 세계인민의 흉악한 원쑤』(평양: 조국통일사, 1974).

리정근. 『판문점』(평양: 조선로동당출판사, 1986).

백보흠·송상원. 『영생』(평양: 문학예술종합출판사, 1997).

북조선로동당중앙본부 선전선동부 강연과. 『제2차 세계대전후의 미국의 대외
　　　정책』(평양: 로동당출판사, 1948).

사회과학원 력사연구소. 『조선전사』 제32권(평양: 과학백과사전출판사, 1982).

사회과학원언어학연구소. 『조선말대사전2』(평양: 사회과학출판사, 2005).

사회과학출판사. 『조선민주주의인민공화국 대외관계사 1』(평양: 사회과학출
　　　판사, 1985).

_____. 『조선민주주의인민공화국 대외관계사 2』(평양: 사회과학출판사,
　　　1987).

외국문출판사. 『위인 김정일』(평양: 외국문출판사, 2012).

원영수·윤금철·김영범. 『침략과 범죄의 력사』(평양: 평양출판사, 2010).

장우현. 『전쟁과 미국』(평양: 사회과학사, 1973).

정기종. 『력사의 대하』(평양: 문학예술종합출판사, 1997).

_____. 『운명』(평양: 문학예술종합출판사, 2012).

『정치사전』(평양: 사회과학출판사, 1973).

조남훈. 『조선체육사』 2권(평양: 금성출판사, 1992).

조선 2·8 예술영화촬영소. 『예술영화 — 대결(74분)』(평양: 조선 2·8예술영화촬영소, 1992).

조선기록과학영화촬영소. 『조선기록영화 — 조선의 대답(30분)』(평양: 조선기록과학영화촬영소, 2003).

조선로동당 중앙위원회 당력사연구소. 『항일혁명투사들의 수기』(평양: 금성청년출판사, 1992).

조선로동당력사연구소. 『조선로동당력사』(평양: 조선로동당출판사, 2006).

조선로동당출판사. 『조선에서의 미국침략자들의 만행에 관한 문헌집』(평양: 조선로동당출판사, 1954).

『조선말 사전』(평양: 과학원출판사, 1962).

『조선말 사전』(평양: 과학백과사전출판사, 2004).

조선중앙방송위원회 기록영화촬영소 편집. 『기록영화 — 미제 무장간첩선 푸에블로호의 말로(20분)』(평양: 조선중앙방송위원회 기록영화촬영소, 2000).

조선화보사. 『조선(특간호) 2016년 5월호』(평양: 외국문출판사, 2016).

평양출판사. 『김정일지도자』 제3부(평양: 평양출판사, 1994).

한재덕. 『조선과 미국관계의 역사적 고찰』(평양: 국립인민출판사, 1949).

황만청. 『항일무장투쟁이야기 — 보천보의 메아리』(평양: 금성청년출판사, 1987).

📖 해외문헌

▶ 단행본 및 논문

Eckstein, Harry. "Case Study and Theory in Political Science." Fred I.
    Greenstein and Nelson Polsby, eds. *The Handbook of Political
    Science*, vol.7(Reading, Mass. et al.: Addison, Wesley, 1975),
    pp.79-138.
Finley, James P. *The US Military Experience in Korea, 1871~1982: In
    the Vanguard of ROK-US Relation* (SanFrancisco: Command
    Historian's office, Secretary Joint Staff, Hqs, USFK/EUSA, 1983).
Lerner, Mitchell B. *The Pueblo Incident: A Spy Ship and the Failure
    of American Foreign Policy* (Lawrence, Kan. University Press
    of Kansas, 2002).
_____. "Mostly Propaganda in nature: Kim Il Sung, the Juche Ideology,
    and the Second Korea War." *Working paper #3* (Washington,
    D.C.: Woodrow Wilson International Center for Scholars,
    2010).
Mobley, Richard A. *Flash Point North Korea: The Pueblo and EC-121
    Crisis* (Maryland: Naval Institute Press, 2003).
Narushige, Michishita. *North Korea's Military-Diplomatic Campaigns,
    1966~2008* (London: Routledge, 2010).
Radchenko, Sergey S. "The Soviet Union and the North Korean Seizure
    of the USS Pueblo: Evidence from the Russian Archives."
    CWIHP Working Paper #47 (Washington, D.C.: Woodrow Wilson
    International Center for Scholars, 2011).
Schaefer, Bernd. "North Korean 'Adventurism' and China's Long Shadow
    1966~1972." *CWIHP Working Paper #44* (Washington, D.C.:

Woodrow Wilson International Center for Scholars, 2011).

Shin, Jong-Dae, and B. Lerner Mitchell. "New Romanian Evidence on the Blue House Raid and the USS Pueblo Incident." *NKIDP E-Dossier #5* (Washington, D.C.: Woodrow Wilson International Center for Scholars, 2012).

Steinmo, Sven et al., eds. *Structuring Politics: Historical Institutionalism in Comparative Analysis* (Cambridge: Cambridge University Press, 1992).

The National Military Command Center. "Loss of USN EC-121 Aircraft (1969.4.17, 1210 EST)." *Research Project No.964* (October 1969).

▶ 기타 자료(신문, 인터넷 사이트)

미국 국립문서기록 관리청(http://www.archives.gov).

미국 국무부(http://history.state.gov).

우드로윌슨센터(Woodrow Wilson International Center for Scholars, http://www.wilsoncenter.org).

푸에블로호 퇴역군인협회(USS PUEBLO Veteran's Association, http://www.usspueblo.org).

The New York Times.

사항 색인

한 권으로 읽는 북한사

한 권으로 읽는 북한사

● 인명 색인

한 권으로 읽는 북한사

색인

❧ 지은이 소개 ❧

❖ 이신재(Lee Sin-Jae)

1973년 강원도 홍천에서 태어났다. 연세대학교를 졸업하고, 경남대 북한대학원을 거쳐 2013년 2월 북한대학원대학교에서 푸에블로호 사건 연구로 북한학 박사학위를 취득했다. ROTC 장교로 임관해 국군정보사령부에서 북한 분석장교로 근무한 바 있다.

현재 국방부 군사(軍史)편찬연구소 연구원으로 재직 중이며, 북한사와 6·25 및 베트남전쟁 등 동아시아전쟁사 연구를 통해 한반도에 항구적 평화구축의 길을 고민하고 있다.

저서로는 『푸에블로호 사건과 북한』(2015), 『6·25전쟁사: 고지쟁탈전과 정전협정 체결』(공저, 2013)이 있으며, 주요 논문으로는 "북한 자립경제노선의 등장과 과학기술의 역할(1945-60)", "조선인민군 총정치국 설치배경 연구", "한국전쟁 이전 소련의 북한 공군지원 고찰(1945-50)", "6·25전쟁기 북한공군의 성장과정 고찰", "북한의 기억의 정치와 푸에블로호 호명", "EC-121기 사건과 한반도에서의 미·소 협력", "주월한국군방송국(KFVN)의 설치와 운영", "파월한국군의 작전지휘권 결정과정 고찰", "남베트남 패망시기 한국군의 인도주의적 구호활동" 등이 있다. 2014년 7월부터 1년간 『국방일보』에 '이야기로 풀어쓴 북한사'를 기획연재한 바 있다.